經盛鴻———著

西方記者
筆下的

vol.II

南京
大屠殺

目次

第八章　美、英記者對南京大屠殺的 進一步揭露與批判

　　西方新聞傳媒，主要是美、英等國家的新聞傳媒，在對日軍南京大屠殺進行報導時，除了德丁、司迪爾等五名記者根據他們在南京的親身經歷與見聞率先寫出了有關報導，在《紐約時報》、《芝加哥每日新聞報》等刊登外，還有其他許多記者，根據留駐南京的西方僑民送出的書信、報告、日記、電影膠片等材料，以及通過其他途徑獲得的各種材料，寫出大量報導與文章，在更多的西方報刊上發表，繼續地、並且是更深入廣泛地報導日軍在南京大屠殺的各種暴行。尤其是當德丁、司迪爾等五名美、英記者離開南京後，更是這樣。這些西方記者在報導南京大屠殺的同時，還寫了大量發生在日本、美國、英國、中國等各地有關南京大屠殺的背景、影響等方面的文章，使南京大屠殺在世界上得到了更廣泛的傳播。

第一節　美、英記者進一步揭露南京大屠殺暴行

　　1937 年 12 月 15 日美國《芝加哥每日新聞報》首次刊登留駐南京的記者司迪爾發回的關於日軍南京大屠殺的報導後，美、英等西方國家的新聞傳媒界第一次得知南京大屠殺的資訊。美、英傳媒界的絕大多數從業人員都立即被日軍的這種慘絕人寰、駭人聽聞的戰爭暴行震驚了。他們出於西方傳統的人道主義，也出於新聞業界的職業敏感，迅速以各種方法，衝破日軍當局的嚴密封鎖，對這一新聞題材進行挖掘採訪，千方百計搜集材料，進行寫作與報導，以致成為美、英許多報刊在那一段時間的熱點與重點新聞消息。

　　1937 年 12 月 18 日，英國最重要的新聞媒體、首都倫敦的《泰晤士報》（The Times）刊登了該報特派記者柯林·M·麥克唐納（Malcolm MacDonald）在 17 日發自上海的報導，題為〈南京的恐怖：劫掠、屠殺，佔領者殘暴的行徑〉。柯林·M·麥克唐納在日軍進攻南京期間，一直在南京採訪。在 1937 年 12 月 9 日他才登上美國炮艇「帕奈號」，避往長江上游的安徽和縣江面。但不幸在 12 月 12 日，「帕奈號」遭到日本戰機轟炸沉沒，麥克唐納幸運脫險。12 月 15 日他與「帕奈號」上的其他倖存者一道乘坐趕來救護的美國炮艦「瓦胡號」，經南京，於 17 日到達上海。沿途，他向剛在南京登船的西方記者德丁、司迪爾、史密斯等人詢問調查，以他們所講述的南京日軍暴行材料很快寫出報導，一到上海就發往英國《泰晤士報》。[1] 他在報導中說：他作為記者路過南京之際，「採訪了幾位外國目擊者，他們向我描述了南京城遭洗劫和陷落的情景。」報導寫道：

> （日軍）進入安全區，發現有人沒什麼原因在戶外活動，即當場擊斃。星期二（12 月 14 日）日軍有計劃地搜捕和中國軍隊稍有牽連的人。他們從難民營中抓出嫌疑者，並將許多中國軍人困在街頭。原本願意投降的士兵被槍殺，而成他人之殷鑒。

> 毫無仁慈憐憫。恐怖籠罩一切。日軍沿大街逐屋搜查，大規模擄掠財物，破店而入，搶劫鐘錶、餐具及一切能拿得走的東西，並脅迫苦力為他們挑運掠奪來的物品。他們闖進美國人辦的金陵大學醫院，搶走護士的手錶、鋼筆、電筒，搜查房屋，洗劫財產，搶走汽車，撕掉車上的美國國旗。他們闖入外國人的住宅，德國人的商店亦遭搶劫。外國人對解除了武裝的中國軍人的惻隱之心亦會激怒日本人。

---

[1] 〔日〕洞富雄著，毛良鴻、朱阿根譯：《南京大屠殺》，上海譯文出版社 1987 年版，第 350 頁。

有可能是軍人的青年男子和許多警察被成群地捆在一起，集體屠殺，後來見到成堆倒下的屍體便是明證。城內無辜居民的屍體鋪滿了街道。靠近江邊的城門口，人與馬的屍體堆成山，高及4英尺。汽車和載重汽車來來往往在屍體上輾過。[2]

這篇報導是英國新聞傳媒刊登的第一篇關於南京大屠殺的稿件。它在歐洲與國際上產生了很大的影響。1937年12月28日，上海租界中的中文報紙譯載了《泰晤士報》的這篇報導，題為〈南京的命運〉。甚至日本外相廣田弘毅對其也分外重視，他在1937年12月20日致電日本駐北平參事官森島，通報英國各新聞傳媒「12月18日前後報導主要內容」時，重點介紹了這篇報導的內容：「《泰晤士報》刊登了駐上海特派員電，其中詳細報導了進入南京的日本軍隊極端殘暴情形：或者槍殺解除武裝的中國兵，或者恣意破壞、掠奪店鋪；還刊登了在美國人經營的醫院裏奪取護士手錶、自來水筆等情形。」[3]

隨著「瓦胡號」於1937年12月17日到達上海，德丁、司迪爾等五位記者帶來了關於日軍南京大屠殺的許多直觀資訊；他們還帶來了金陵大學教授貝德士寫的〈南京一瞥〉以及其他西方僑民的書信、日記等材料。正在上海的許多西方記者立即以這些材料寫成報導和通訊，發往各報社。

1937年12月19日，《紐約時報》駐華首席記者哈立德·阿本德從上海發出報導〈日本人約束南京暴行〉，刊登在當日的《紐約時報》上（因時差關係），揭示了日軍南京大屠殺的血腥暴行：

[2] 〔英〕柯林·M·麥克唐納：〈恐怖的南京：劫掠、屠殺，佔領者殘暴的行徑〉，刊〔英〕《泰晤士報》1937年12月18日；前引《南京大屠殺史料集》（6），第109～111頁；譯文略有改動。

[3] 〔日〕廣田弘毅：〈1937年12月20日、22日發給日本駐北平參事官森島的電報〉，朱成山主編：《侵華日軍南京大屠殺外籍人士證言集》，江蘇人民出版社1998年版，第305頁。

記者哈立德・阿本德致《紐約時報》專訊

〔12 月 19 日，星期日，上海訊〕：日軍在南京掠奪、強姦和屠殺的醜行已經將佔領南京演變成了一個國家的恥辱……（日軍）橫行於南京，恣意殺害已經解除武裝的俘虜、平民和婦女兒童……日軍士兵使南京蒙受的苦難甚至比中國土匪給那些被奪占的城鎮所造成的傷害更加嚴重。[4]

1937 年 12 月 20 日，美國紐約《時代》週刊（The Times）刊登報導，日軍當局仍然禁止外國記者進入被佔領的南京。

1937 年 12 月 24 日，美國《紐約時報》刊登該報駐華首席記者哈立德・阿本德發自上海的報導：〈日軍大佐未被懲戒〉，副題為〈「帕奈號」被擊沉時的指揮官橋本仍在陣中，攻擊杭州的部隊向前推進，兩座城市的外國人被日本人警告撤出，恐怖籠罩下的南京被詳細披露〉，其中關於南京日軍大屠殺暴行的內容，是根據留駐南京的美國傳教士寄出的信件，尤其是大量引用了貝德士在 1937 年 12 月 15 日寫的〈南京一瞥〉。報導寫道：

記者哈立德・阿本德致《紐約時報》無線電訊

〔12 月 24 日，星期五，上海訊〕：

恐怖籠罩下的南京

軍紀幾乎完全敗壞的日本士兵佔領南京之後，對平民實施大屠殺，處死已經解除武裝的中國士兵，強暴並殺害中國婦女，有組織地破壞和搶劫財產，包括那些屬於外國人的財產。今天上海方

4　〔美〕哈立德・阿本德 1937 年 12 月 19 日報導：〈日本人約束南京暴行〉，刊《紐約時報》1937 年 12 月 19 日；前引《南京大屠殺史料集》（29），第486 頁。

面收到的美國傳教士來信中包括更多確鑿的日軍暴行詳情。這些傳教士滯留在被拋棄的中國首都。

數封記錄南京被恐怖籠罩的來信在遣詞造句上非常小心謹慎。這表明這些美國寫信人害怕自己的記述被日本人截獲，並因此招致日本人的報復。不過，其他一些人沒有這麼謹小慎微，他們明確地指出「日本軍隊丟掉了一個千載難逢的贏得南京中外輿論尊敬的機會」。一位傑出的美國傳教士說：「中國當局在本地區不光彩的崩潰，使得人數眾多的平民願意對日本人的命令和日本人所吹噓的組織做出回應。由於頻繁的殺戮、大規模的掠奪和不加控制地騷擾私人房屋，包括令人噁心的侵害婦女安全等，整個這一前景都被毀掉了。」

刺殺平民

那位寫信人還補充道，死亡的平民中有大量的人是槍殺和刺殺的犧牲品。許多起案例發生的時候有外國人和中國人親眼看到。一群群放下武器、脫下軍服的中國士兵被捆綁在一起處決。

有一封信上這樣寫道：「因而，日軍手裏沒有中國戰俘的影蹤，事實上或者說很顯然，他們成群成群地被處決了。」

許多被迫給日軍當挑夫運送掠奪品的中國人據說後來都被槍殺。一名美國傳教士繼續寫道：「首先被搶走的是大量的食物，但隨後就輪到一切有用的或值錢的東西被搶。數萬戶大大小小的家庭，不管是中國人的還是外國人的都毫無例外地遭到搶劫。許多難民營也被日軍侵入。現金和值錢的東西，就連個人的最小的物品也在集體搜查後被搶走。」「金陵大學醫院的職員被搶走了她們的現金和手錶，而宿舍裏的護士卻遭遇到成群結隊的劫匪。」

國旗被扯掉

還是這位美國人寫道，在被扯掉國旗後，那些外國人的小汽車和其他財產通通被攫走。日本軍官和士兵誘拐女孩和婦女的情況非常普遍。這份報告的結尾這樣評述道：「在這種情況下，恐怖無處不在。文雅的日本軍官發表演講說，他們『發動這場針對殘暴中國政府的戰爭，唯一目的就是為了中國人的利益』。這些講話聽起來令人作嘔。必定有負責任的日本政治家，他們為了自己國家的利益會立即充分地彌補這些日子以來在中國的行動給日本造成的傷害。

「有個別的日本士兵和軍官，行為舉止像個紳士，與他們的身份、與他們的帝國相稱。但就整體而言，日軍的行為舉止很下作。」……[5]

1937 年 12 月 25 日，美國《紐約先驅論壇報》（The New York Herald Tribune）刊登報導〈南京淪陷後的恐怖狀況〉。

1937 年 12 月 27 日，美國紐約的《時代》週刊刊登報導〈在（孫中山）墓地〉，揭露日軍在中國民主革命的先驅者孫中山陵墓所在地的南京兇殘地屠殺中國軍民的暴行：

在中國 4,480,992 平方英里的國土中，日本人上個星期佔領了 1,300 平方英里；上個月佔領了 14,565 平方英里；去年佔領了 143,712 平方英里；自 1931 年以來佔領了 643,712 平方英里。

被人稱作「長耳朵」（日本傳統文化中是智慧的標誌）的松井將軍上個星期勝利地進入了被佔領的南京——被遺棄的中國首都。在南京的城牆外屹立著造價為 300 萬美元的神聖的「中國革命之父」孫中山的陵墓。那一歷史時刻，對松井將軍來說比大多數日本人都更有意義，因為革命家孫中山在日本住過許多年，並

---

5 〔美〕阿本德 1937 年 12 月 24 日上海報導：〈日軍大佐未被懲戒〉，刊《紐約時報》1937 年 12 月 24 日；前引《南京大屠殺史料集》（29），第 488～491 頁。

成為松井的親密朋友。在當時心懷感激的孫博士對松井開始從事的大亞洲主義表示熱情的贊成。

正是在他的老朋友的安息之地，上個星期，松井將軍的責任是徹底地屠殺那些可悲地被誤導，不顧蔣委員長的德國軍事顧問的忠告，而留下來守衛南京的中國部隊。讓數以百計的戰俘排好隊，一批批的將他們打倒是一個累人的工作。然而，根據目睹其中一些處決行動的外國記者的報導，日本陸軍士兵邀請日本海軍作為其客人來觀看，顯然，所有的觀看者都「十分欣賞這一場景」。

與此同時，中國平民原先希望日本人的到來至少意味著和平與安全的恢復，但日本士兵以最微不足道的藉口射殺他們，結果街道上有數百具屍體。房屋和商店遭到搶劫，婦女被強姦，整個城市根據一個遠古的戰爭習慣而遭受蹂躪。甚至被日本人抓住的逃亡的難民也被洗劫一空。只是在酩酊大醉的日本士兵失控多天以後，軍官才將其控制住。[6]

這期《時代》週刊還刊登了報導〈我們都老了〉，報導與揭露日軍當局在北京扶植偽政權──「中華民國臨時政府」的情況。當時，日軍於 1937 年 12 月 23 日在南京也剛剛扶植了一個偽政權──「南京市自治委員會」。《時代》週刊的這則報導無疑給南京日偽當局掛起了一面鏡子：

代替日本人對中國被占領土──現在已經十分遼闊了──直接統治的方法就是扶植新的中國政府，當然是作為日本的傀儡而行事。在古老的中國首都北平，上星期一夥中國人，在日本人的祝福下，宣布自己為「中華民國臨時政府」。他們還宣布，在未來一段時期內，他們試圖治理的地區將限制在北京西南大約半徑為

---

[6] 報導：〈在（孫中山）墓地〉，刊美國紐約《時代》週刊 1937 年 12 月 27 日；前引《南京大屠殺史料集》（29），第 585～586 頁。

780 英里的地區，不過日本迄今佔領的領土要比它小的多。湯爾和（Tang Er-ho）博士，一位充滿活力、帶著眼鏡的華北政治的老手，東京帝國大學的畢業生，在北平發表了這一聲明。他宣布：「我們都是老人了，沒有當官的野心，但我們覺得確保使中國恢復常態是我們的責任，在這一目標實現後我們將辭職」。演講中他交替著摸著他的山羊鬍子和吸著悠長的方頭雪茄煙。北平的旗杆上飄起了在推翻滿清王朝後 1912 年在北平成立的共和國的最初的五色旗（紅、黃、藍、白、黑）。在 1927-1937 年間，旗杆上飄揚著的是蔣介石南京政府的青天白日旗。[7]

1938 年 1 月 9 日，美國《洛杉磯時報》（The Los Angeles Times）第一版刊登 1938 年 1 月 8 日發自華盛頓特區的獨家消息，題為〈婦女兒童在南京遭殘酷殺害〉，報導美國駐南京使館秘書阿里森在 1938 年 1 月 6 日回到南京後，給美國政府的一份秘密報告，揭示了日軍在佔領南京後的暴行及對美國權益的侵犯：

〔華盛頓特區 1938 年 1 月 8 日獨家消息〕：一份觸目驚心的報告描寫了在南京的日軍襲擊婦女、小姑娘，屠殺未參戰的平民，搶劫美國人的財產。該報告躲過侵華日軍的審查，今天傳送到首都華盛頓。根據來自南京的外籍人士並已傳到政府官員手上的這份報告的正式聲明：戰鬥結束很久之後，日軍仍繼續著不加節制的瘋狂行為。美國人沒有人員損失，只有當地姑娘、婦女遭強姦。然而，入侵部隊的騷擾襲擊使得美國、英國、法國及德國的白種外籍人士驚懼異常。……[8]

---

[7] 報導：〈我們都老了〉，刊美國紐約《時代》週刊 1937 年 12 月 27 日；前引《南京大屠殺史料集》（29），第 586～587 頁；按：譯文中的「湯爾和博士」，當時出任偽「中華民國臨時政府」的「議政委員會委員長」。

[8] 華盛頓特區 1938 年 1 月 8 日獨家消息：〈婦女兒童在南京遭殘酷殺害〉，刊《洛杉磯時報》1938 年 1 月 9 日；前引《南京大屠殺史料集》（6），第 125 頁。

　　1938 年 1 月 10 日，美國芝加哥的《生活》畫報（The Life）刊登
〈關於攻掠南京的紀事和照片〉，副題是〈海外攝影——征服者日本軍
在中國國民政府首都「地獄般的一週」〉，刊登兩組關於日軍進攻南京與
大屠殺的新聞照片，並配發文字說明。如前所述，**這是西方報紙第一次
刊登有關日軍南京大屠殺的圖片**，具有單純文字新聞報導所難以達到的
直觀效果與視覺震撼作用。照片的拍攝者是美國《芝加哥每日新聞報》
記者阿契包德・特洛簡・司迪爾與美聯社記者麥克丹尼爾等人，而照片
的長篇說明詞則顯然是《生活》畫報（The Life）的編輯所寫。

　　第一組照片，只有一張，題為〈擁擠在輪船裏的南京市民〉，拍攝
於 12 月 5 日，反映南京淪陷前大批難民湧向長江邊，爭先恐後地搶登
上輪船向外地逃難的混亂、悲哀的情景。說明詞論述了中國廣大人民因
日本侵華戰爭而蒙受的深重苦難：

> 12 月 5 日，陷入恐慌中的南京市民中只有少數富人買到了開往上游
> 400 英里的漢口的豪華輪船的票（照片右）。一週後，日軍翻過南京
> 城牆，「帕奈號」事件發生了。難民們開始雇舢板，從淺灘出發，
> 再爬上載重量大些的輪船。汗流浹背的舵手們搖著舢板，舢板上有
> 的人拎著大包，有的人還帶著穿褲裝的充當苦力的女傭人。婦女和
> 孩子很少。男人們幾乎都穿著苦力的衣服，戴著中間折起的帽子（氈
> 帽），可能是管家吧。一批當兵的在甲板上和船舷上監視著上船的
> 情況。有一個難民只穿著滿是補丁的衣服，帶著水壺和鳥籠艱難地
> 走著。逃命的中國難民根本不指望別人的幫助，只是擔心自己會不
> 會受冷。那隻心愛的小鳥會不會是緊急時候的食物呢？……
>
> 船上的難民比夏天的蚱蜢還多，這也如實的反映了在中國最富裕的
> 人口稠密區正在發生著什麼。正在避難的中國人可能達幾千萬。……
>
> 被日軍「佔領」的地方，少數武裝地區裏人們擁擠混雜。今年的
> 冬天比以往都要寒冷，再過一個月，無數忍飢挨餓的人、即將凍

死的人和九死一生的婦女們就要蜂擁到這塊日軍「獲取」的肥沃的土地上。從日軍給的那點種子來看，來年的收成也可想而知。不要說居民了，就連日軍的軍用不足也成定論。購買日貨的錢肯定是沒有的。這個冬天，居民們會受到天花、猩紅熱、斑疹傷寒、腦膜炎、白喉和流行感冒等疾病的侵害；到了春天，又容易感染霍亂、腸道傷寒和瘧疾等。想到現在中國正在增加的難民，世界大戰中歐洲難民的數量真是無法與之相比較。

　　第二組照片，有四張，總題為〈國民政府的首都南京，地獄般的一週〉，反映南京淪陷前後日軍對中國軍民狂轟濫炸與實施大屠殺的恐怖情景。說明詞鮮明地指出，在南京，「近代史上最殘酷的大屠殺確實發生了」，寫道：

> 近代史上最殘酷的大屠殺確實發生了。這件事雖沒有公佈於眾，但是 12 月 10 日到 18 日在中國的首都南京確實發生了大規模的屠殺。……在「無以言狀」的大混亂中，四處逃散的人們和在暗處被逮住的人都遭到槍殺，有士兵嫌疑的人也被分批處死。400 人被繩索捆綁著從安全區的樓裏被帶出來槍殺。還有數起強姦案被報導。……

　　其中的第一張照片，題為〈南京市民〉，拍攝時間是 1937 年 12 月 6 日，當時日軍尚未佔領南京，日機正對南京狂轟濫炸，照片內容是一位負傷的南京市民抱著被日軍炮彈炸死的兒子的悲痛欲絕的淒慘情景。說明詞寫道：

> 有的市民自己被日軍的炮彈碎片擊傷，還忙著搬動快死的兒子，情形十分悲慘。這張照片是 12 月 6 日、日軍縱隊攻入城牆之前拍攝的。門裏堆積著沙袋。在日軍的圍攻中，大約 15 萬市民在由留在南京的 27 名白人自發組織的安全區裏緊張地屏住呼吸，靜靜等待。27 人中有 18 人是美國人。對於安全區，日本人的行動也僅有一點收斂。

1938 年 1 月 10 日，美國《生活》畫報（The Life）刊登〈關於攻掠南京的紀事和照片〉之一，上照題為〈南京市民〉，下照題為〈士兵與市民〉。

　　第二張照片，題為〈士兵與市民〉，反映的是在日軍攻佔南京後實施大屠殺，挹江門前屍體橫陳的恐怖情景。如前所述，這張照片是美國《芝加哥每日新聞報》記者司迪爾拍攝的。照片的說明詞寫道：

日軍把中國軍人與平民 50 人一組，綁在一起處刑。人死後不久，倒下的電線杆子與電線和躺著的屍體交錯在一起。畫面後方的日本兵正用兩輪貨車，有組織地搶劫商店，主要是為了弄到食物。像日本軍這樣受過全面訓練的軍隊，這次對南京有組織有計劃的掠奪行為更加令人匪夷所思。這說明日本兵站的食物緊缺，為了獲得食物，已經到了無暇顧及威信的程度了。

第三張照片，題為〈征服者〉，反映的是松井石根在陽光裏靜靜地冥想的場景。說明詞描述了這位南京大屠殺的最高指揮官正精心策劃陰謀的神態：

松井石根大將大功告成後在陽光裏靜靜地冥想。他已經向南京防衛軍警告，不投降就難免惡戰。讓疲憊不堪的部隊小歇片刻後，松井開始著手追趕跑到 1,400 英里內地的蔣介石。

第四張照片，題為〈中國人的頭顱〉，反映的是一個豎立著的中國人的人頭，嘴裏還被塞進了一枝香煙，被日軍放置在帶刺的鐵絲路障上。這張照片是美聯社記者麥克丹尼爾拍攝的，已在本書前面揭示。照片的說明詞寫道：

這顆始終反抗日軍的中國人的頭顱，12 月 14 日（本書著者按：應為 13 日）南京陷落之前一刻，被日軍用釘子釘在南京城外用鐵絲網和木頭圍起來的柵欄上。由於天氣嚴冷得幾乎結冰，所以這個人頭保存完好，宛如活著一樣，臉望著南京城。12 日，在日本舉行了慶祝佔領的活動，然而在南京 13、14、15 日，戰火仍在繼續。16 日，他們向駐上海的新聞發言人表示：「南京尚未完全平靜，仍須拖延兩三日。」[9]

9　圖片報導：〈關於攻掠南京的紀事和照片〉，刊芝加哥《生活》畫報（The Life）1938 年 1 月 10 日；前引《南京大屠殺史料集》(6)，第 137～140 頁；譯文

Chinese head, whose owner was incorrigibly anti-Japanese, was wedged in a barbed-wire barricade outside Nanking just before the city fell, Dec. 14. It remained in good con-dition in the freezing weather, facing toward Nanking, as the city whose capture was celebrated in Japan on Dec. 13, continued to spit fire at its conquerors through the 19th. 14th, 15th, and on the 16th the Japanese Army spokesman in Shanghai admitted, "We cannot say Nanking is 100 per cent quiet. It will probably require two or three days more."

1938 年 1 月 10 日，美國《生活》畫報（The Life）刊登〈關於攻掠南京的紀事和照片〉
之二，題為〈中國人的頭顱〉。

　　這些血腥的照片暴露了日軍的殘暴野蠻，全然失去了人性，令一切
看過的人都感到驚悸、震怒。

　　在 1938 年 1 月 10 日美國《生活》畫報刊登〈關於攻掠南京的紀事
和照片〉後五天，1938 年 1 月 15 日，英國首都倫敦的《倫敦新聞》在
封面上刊登了一張於 1937 年 12 月 14 日上午近距離拍攝的一些日軍在
南京中華門前場地上懶散地清理中國軍民屍體的照片。稍加辨認，就會
發現這張照片與 1938 年 1 月 10 日美國《生活》畫報刊登的題為〈士兵
與市民〉的照片相同。照片上橫陳的那些屍體有些明顯是中國老百姓
的，有些則是中國軍人的。約在同時期，美聯社對外播發一張原版照片，
也是 1937 年 12 月 14 日上午近距離拍攝的一些日軍在南京中華門前場

略有改動；圖片見朱成山主編：《南京大屠殺與國際大救援圖集》，江蘇古籍
出版社 2002 年版，第 156～157 頁。

地上懶散地清理中國軍民屍體的照片，與前一張照片相比，時間相同，地點相同，只是拍攝角度稍有差別。[10]這兩張照片是在日軍佔領南京後的第二天上午拍攝的，拍攝者可能是同一人。如前分析，根據當時南京的恐怖形勢，拍攝者很可能是當時滯留南京、並能在南京城內活動與拍攝的那五位美、英記者之一。

1938 年 1 月 12 日，美國《華盛頓郵報》（The Washington Post）第九版刊登該報駐日本東京記者發回的報導：〈松井將去職〉，副題為〈據傳日本華中方面派遣軍總司令對魯莽下屬失去控制〉，從傳說日本最高當局準備撤換松井石根等華中日軍高級指揮官，說明日軍在南京等地暴行的廣為傳播已使日本最高當局不安：

1937 年 12 月 14 日上午日軍在南京中華門前場地上清理中國軍民屍體。
刊 1938 年 1 月 15 日，英國《倫敦新聞》封面。

10　報導：〈美籍華人魯照寧向南京江動門紀念館捐贈 71 件文物史料〉，刊南京《揚子晚報》2009 年 9 月 20 日。

〔東京訊〕：根據日本方面消息靈通人士，由於「帕奈號」事件及南京的浩劫而引起轟動的後果，日本華中方面派遣軍司令官松井石根大將不久將從司令官的位置上引退。

《華盛頓郵報》被告知，松井大將的藉口為「健康不佳」，使他難以傾注全部精力到華中和華南迅速擴展的軍事行動方面。……

撤換松井將事件紛繁的日本陸軍編年史上最令人驚異的篇章推向高潮。

這篇報導還較深刻地分析了日軍中的狂妄好戰的少壯派軍官，在日本當局的縱容與支持下，日益掌握了軍隊的實際指揮權，煽動侵華戰爭狂熱，拼命擴大戰爭，形成最殘暴的法西斯軍人集團：

自從分裂了中國的東三省，「少壯派軍官集團」便一直存在。和（日本）貧困農民有著千絲萬縷的聯繫，並極端不滿現存升遷制度的少壯派軍官，竭力贊成廢除腐敗的官僚資本主義，贊成在（中國）大陸建成具有活力的帝國。

佔領中國東三省後，一系列政客和銀行家在日本被刺。法庭輕微的判刑使得這群民族情緒強烈的軍官膽大妄為。

……

1936 年 2 月 26 日，1,400 名官兵的流產政變非常奇怪地進一步增強了少壯派的權力。雖然幾個頭目被槍斃，這場運動的真正領導人物真崎將軍和橋本欣五郎大佐均被釋放。

去年 7 月掀起風潮時（本書著者按：指 1937 年 7 月 7 日盧溝橋事變），少壯派軍官覺得他們的機會來了。一次類似法西斯主義

的計畫在日本本土實施之際，大陸上的軍人將這最受歡迎的夢想變成現實。

由於日本非常缺乏高級軍官，大佐和中佐實際上負責軍事行動。許多這樣的軍官在 1936 年政變之後已列入退役名單，又被召回現役。他們中有政變的精神領袖之一橋本大佐，以及許多在政治謀殺案中被定罪的軍官。

這篇報導揭示了日軍少壯派法西斯軍人集團在製造殘酷的南京大屠殺等暴行中的主導作用：

> 蔑視中國人並竭力反對所有民主政權的少壯派軍官很快發現，無論國內還是國外對他們的行動都絲毫沒有制約。意識到這一點，再加上對戰爭的狂熱及士兵要發洩被壓抑情緒的慾望導致了「帕奈號」和「瓢蟲號」事件，以及在南京大規模洗劫、屠殺與強姦。

> 指揮南京上游蕪湖部隊的橋本大佐最終被陸軍最高當局定為替罪羊。儘管他要負很大責任，他的罪責也應由華中戰場上的廣大軍官共同分擔。……

> 日復一日，中國軍人和平民被鐵絲綁著，30 至 50 個人連成一串，被押往長江畔的下關，用機槍掃射。外國人看見日本兵的刺刀上掛著中國人的頭，大搖大擺的在街上招搖過市。還看見被砍下來的人頭嘴上銜著煙頭或鼻孔插子彈。南京的每一間房屋都遭搜查、被洗劫。即使外國人的財產也難逃此厄運。

> 所有漂亮些的婦女都被帶到無人知曉的地點，一去不復返。一位傳教士在設法拒絕日本兵索要花姑娘的過程中，徹底檢驗了他的

外交手腕。上海到南京一線的城鄉都傳來小姑娘、婦女被日軍劫走後無影無蹤的報告。……[11]

1938年1月23日，美國《紐約時報》第35版刊登美聯社1月22日發自華盛頓的電訊報導，題為〈日軍在南京繼續搶劫；美國領事提出正式抗議〉，報導日軍的暴行仍在繼續：

……

致《紐約時報》無線電訊

〔1月22日，中國香港訊〕：路透社源自南京的消息說，日軍南京暴行還在繼續。消息引用了包括藐視美國國旗在內的15起最新的事例，其中大部分與教會機構被侵入、年輕的中國女孩在刺刀的威逼下被日軍帶走有關。一家英國公司報告說，日軍士兵搶走了他們的白酒和食品。

在佔領南京39天之後，據說這座城市還在燃燒，依然籠罩在恐怖之下。據說商業區成了一堆黑黑的廢墟。據說，除難民區外，這座城市及其周邊地帶幾乎完全被中國人荒棄。[12]

1938年1月25日，美國《紐約時報》第一、八、九版刊登題為〈混亂在南京持續；它暗示嘩變〉的一組報導，副題為〈日本軍官未能制止搶劫和其他醜行，外國人被禁止入城，只有外交官及其難民救濟得到允許；日軍行為令今日方發言人尷尬，羅斯福發出呼籲，敦促紅十字會在美國為中國平民募集100萬美元〉，其中該報記者阿本德1月24日發自上

---

[11] 駐東京記者東京訊：〈松井將去職〉，刊《華盛頓郵報》（The Washington Post）1938年1月12日第9版；前引《南京大屠殺史料集》（6），第140～143頁。

[12] 美聯社1938年1月22日華盛頓電訊：〈日軍在南京繼續搶劫；美國領事提出正式抗議〉，刊《紐約時報》1938年1月23日第35版；前引《南京大屠殺史料集》（29），第527～528頁。

海的一篇報導〈日軍在南京無法無天〉，報導了在日軍佔領下的南京，
到 1938 年 1 月 24 日依然毫無秩序：

日軍在南京無法無天

記者哈立德·阿本德致《紐約時報》無線電訊

〔1 月 24 日，上海訊〕：揭開日方軍事必要性等一切藉口的外衣，
赤裸裸的事實擺在人們的面前：儘管日軍勝利進入中國前首都的大
門已經一個月又十天，但南京的狀況依舊是無法無天、依舊是可恥
的。日本當局不得不繼續拒絕除外交官以外的任何外國人訪問南京。

12 月 26 日，上海方面的日本高級官員羞答答地承認，南京依舊
還有搶劫和強姦發生。但他向記者保證，那些紀律鬆弛、膽大妄
為的日本南京駐軍將被分批調往江北。取而代之的將是經過挑選
的軍紀嚴明、行為端正的部隊。

1 月 7 日，日本當局歉疚地再次向本記者承認，南京的狀況依舊
令人沮喪，但又保證說，在兩三天之內，那些不服從命令、每天
強暴數百名婦女和幼女的師團將會被調離南京。

無法無天的狀況還在繼續

然而，直到 1 月 20 日，毫無約束的無法無天狀況還在繼續。如
果日方所稱部隊調防已經完成，那麼只能說，新來的部隊也和原
來駐守南京、本應該作為法律和秩序維護者的部隊一樣，毫無軍
紀可言。……[13]

---

[13] 〔美〕阿本德 1938 年 1 月 24 日上海電：〈日軍在南京無法無天〉，刊《紐約
時報》1938 年 1 月 25 日；前引《南京大屠殺史料集》（29），第 528～529 頁。

阿本德的這篇「未經檢查的獨家報導」還刊登在同一日的美國《洛杉磯時報》（The LosAngeles Times）第一版與第十四版上，題為〈南京的恐怖，日軍殘酷對待數以百計的婦女兒童〉，內容同於前篇文章，只是做了一些刪節。[14]

1938 年 1 月 28 日，英國《每日電訊報》（The Daily Telegraph）首次發表該報駐香港記者關於日軍南京大屠殺的報導，標題是：〈日本在中國的恐怖統治〉，副題是〈美國人士講述日本軍人在中國的累累罪行，兒童被殺害，少女遭姦淫──首次真實報導〉，「全盤揭露」日軍在南京、杭州的暴行。文中大量援引了留駐南京的美國傳教士約翰‧馬吉（J. Magee）等人的書信和南京金陵大學美國籍教授貝德士（M. S. Bates）寫給日本駐南京大使館的抗議書以及他們向上海「中華全國基督教總會」的報告與函件等。報導寫道：

> 根據金陵大學一些教授的來信，以及美國傳教士發給日本大使館和基督教差會總部的報告，我得以能首次詳細披露日軍在南京所犯下的暴行。這些材料記敘了日軍犯下的大規模的屠殺、強姦、蹂躪婦女、搶劫財物的罪行。一位傳教士估計，南京一地被殺害的人數達 2 萬。有成千上萬的婦女包括幼女被姦淫。信和報告的作者不願披露他們的姓名，但我曾閱讀了所有的材料，對於這些報告的真實性應該是無可懷疑的。[15]

《每日電訊報》是英國的主流媒體，發行量大。這篇報導在國際輿論界產生了很大的影響。中國漢口的《大公報》1938 年 3 月 28 日譯載了這篇文章。

---

[14] 〔美〕阿本德 1938 年 1 月 24 日上海報導：〈南京的恐怖〉，刊〔美〕《洛杉磯時報》1938 年 1 月 25 日第 1 版與第 14 版；前引《南京大屠殺史料集》(6)，第 149～151 頁。

[15] 報導：〈日本在中國的恐怖統治〉，刊〔英〕《每日電訊報》1938 年 1 月 28 日；朱成山主編：《侵華日軍南京大屠殺外籍人士證言集》，江蘇人民出版社 1998 年版，第 326～330 頁。

直到 1938 年 1 月底、2 月初，在國際輿論的強大壓力下，日本最高當局不得不派遣陸軍總參謀部第二部部長本間雅晴等人來南京「調查」。日本當局為了在南京建立穩定的社會秩序，開始約束軍紀，日軍在南京的暴行才有所收斂。

1938 年 1 月 31 日，美國《紐約時報》刊登記者阿本德當日從上海發出的電訊〈據報導南京的混亂受到警告〉，寫道：

記者哈立德・阿本德致《紐約時報》專電

〔1 月 31 日，星期一，上海訊〕：儘管仍然繼續有報告稱，在南京，搶劫、強姦和混亂依然沒有得到制止。但上海日方稱，南京的形勢正在顯著地改善著。

儘管日本相關負責部門並不打算對這些事實加以搪塞，但指出，南京的中國警察組織得很好。而且，儘管每天還得到一、二例違紀案例的報告，但日軍的紀律正在恢復中。他們強調，5 萬中國人已經離開難民營，並返回位於城內 3 個地區的家園和店鋪。在對這些地方隱藏的武器經過徹底的搜查後，已經將它們重新開放為平民住宅區。

日本大使館高級官員以及本間將軍和廣田中校將對美國駐南京大使館負責人約翰・M・阿利森被日軍士兵打耳光一事以及南京的總體狀況進行徹底的調查。本間和廣田在大雪和大雨停止、天氣情況允許飛行後將立即前往南京。由於持續大雨和大雪融化，南京的道路幾乎無法通行。[16]

但侵華日軍歷時約四十餘天的南京大屠殺的暴行，全世界人民是不能也不應該忘記的。全世界人民，尤其是新聞界、知識界人士，應該永

---

[16] 〔美〕阿本德 1938 年 1 月 31 日上海訊：〈據報導南京的混亂受到警告〉，刊《紐約時報》1938 年 1 月 31 日；前引《南京大屠殺史料集》（29），第 149～151 頁。

遠牢記它，分析它的原因，調查它的災難與影響，總結它的教訓，清算它的罪魁禍首，等等事項，一件也不能少，而且十分緊迫與重要。因此，在南京城裏的日軍雖開始收斂起它們的屠刀，但西方記者們仍在調查與報導日軍在南京的大屠殺暴行。

1938 年 2 月 14 日，美國紐約《時代》週刊刊登報導〈目擊者〉，副題為〈南京殘暴事件〉，轉載《芝加哥每日新聞報》1938 年 2 月 3、4 日上刊登的記者司迪爾寫的關於日軍在南京暴行的詳實的目擊報導，寫道：

> 上週，由於日本仍然禁止外國記者進入被佔領的南京（見《時代》週刊 12 月 20 日），《芝加哥每日新聞報》遠東資深記者司迪爾發回了迄今最翔實的關於南京暴行的目擊報告。

> 從日本佔領南京之時起，留在南京的記者司迪爾便試圖將這些殘暴的細節傳給外界。他寫道：

> 「所有（中國人）都知道，被發現擁有軍裝或槍支就意味著死亡。摔壞的步槍被扔在街上，並堆成垛以便燒掉。街上滿是丟棄的軍裝和軍需品。隨著日軍的收網，一些士兵由於恐慌而近乎瘋狂。我看見一個士兵突然搶了一輛自行車飛速衝向日軍先頭部隊前進的方向，當時他距離他們只有幾百碼。當一個路人警告他以後，該士兵立即調轉車頭向反方向衝去。他突然從自行車上跳到一個平民身邊。我最後看到的是他試圖搶走平民的衣服，同時脫掉自己的軍裝。

> 我看過西方驅趕兔子的狩獵活動。狩獵中，一隊獵人將無助的兔子圍住，並將他們趕進圍欄，然後用棍棒或槍把他們打死。南京被日軍佔領後出現了同樣的情景，只不過這次收害者是人……

> 日本人致力於血腥屠殺。直到殺掉所有他們能找到的中國士兵或是官員，他們才得到滿足……一位日本士兵站在不斷增大的屍堆上，將步槍子彈傾注在任何還能動彈的屍體上。

對日本人來說，這也許是戰爭；對我來說，卻是謀殺。」

最準確的估計是日本人在南京城處決了 2 萬人，在上海－南京階段殺死 11 萬 4 千名中國士兵。這個階段日本人損失了 1 萬 1 千 2 百名士兵。[17]

1938 年 3 月 19 日，設於漢口的「中國國際聯盟協會」主辦的英文刊物《中國論壇》（The China Forum）第一卷第五號刊登維克里‧萊比的評論：〈日軍在南京的「死亡舞蹈」〉，指出：

南京被日本陸軍攻陷已經過 100 天了，日軍部隊的紀律沒有任何改善，南京人的擔心沒有得到絲毫緩解。從外國人的報告中收集到的所有證據都可以斷定，日軍只是覺得有趣才殺害了無罪的中國人民，在過去的首都見到東西就興致勃勃地破壞掉。

……日軍在南京的所作所為，其慈悲心的完全喪失，難以用言語形容。任何一個能辨別是非的人都不會坐視不管。

……到目前為止，南京的日軍至少殺害了 8 萬中國人，大多數是（1937 年）12 月和（1938 年）1 月殺害的。……強姦超過兩萬起。下到 11 歲的少女，上到 53 歲的老婦，都遭到強姦。在白天，甚至有 17 個士兵強姦 1 個婦女的事件發生。[18]

1938 年 4 月 18 日，美國紐約的《時代》週刊（The Time）第二十二頁又發表報導〈竹筐慘案〉，報導美國的基督教和猶太慈善組織「上週在美國將南京陷落一個月之內屠殺、強姦的相當完整的目擊報導和圖片資料集中在一起」，並記述了日軍在南京大屠殺期間一次令人髮指的暴行：

---

[17] 報導：〈目擊者〉，刊〔美〕《時代》週刊 1938 年 2 月 14 日；前引《南京大屠殺史料集》（29），第 588～589 頁；譯文略有改動。

[18] 〔日〕維克里‧萊比：〈日軍在南京的「死亡舞蹈」〉，刊《中國論壇》第 1 卷第 5 號，1938 年 3 月 19 日出版；前引《南京大屠殺史料集》（6），第 183～185 頁。

典型而令人驚駭的一椿慘案是 1 月 26 日被人用竹筐抬到南教會醫院的一位年輕姑娘。她說丈夫是一名警察，日軍將她從安全區的一間棚屋劫持到城南的同一天，她的丈夫被日軍的行刑隊抓走。在城南，她被關了三十八天，每天被日軍強姦五至十次。經教會醫院檢查，她已感染上了五種最常見的性病，最終由於陰道潰爛對日軍失去使用價值。

……在南京的大街上，光天化日強姦中國婦女的日本兵被白人趕跑的已不止一個。

由於很多被強姦的婦女遭屠殺，並和被處死的老百姓、中國警察、軍人掩埋在一起，無法得到可靠的數字。然而，上個星期，各個白人國家的當局均同意，現代歷史不能再一次容忍如此大規模的姦淫浩劫。

數週來，南京的搶劫行為亦很猖獗。被處決而不是戰死的中國人的總數據南京最保守的人的估計，也已達兩萬人。節選一段最糟糕的時期發自南京的一封信：

一名 17 歲的（中國）男孩來醫院，他說有 1 萬名 12 至 30 歲的中國男子於（12 月）14 日被押出城到輪渡旁的江岸上。在那兒，日軍用野戰炮、手榴彈、機關槍向他們開火。大多數屍體被推入長江，有的屍體被高高架起焚燒，只有 3 個人逃了出來。男孩推測，1 萬人中，大約有 6,000 是軍人，4,000 為平民。他的胸脯中了一彈，傷勢不重。[19]

1938 年 5 月 16 日，美國《生活》畫報（The Life）在印刷精美的彩色封面內，刊登一組十幅關於日軍南京大屠殺的黑白新聞照片，標題是：〈這

---

[19] 報導：〈竹筐慘案〉，刊《時代》週刊 1938 年 4 月 18 日第 22 頁；前引《南京大屠殺史料集》(6)，第 185～186 頁。

些暴行導致日本鬼子戰敗〉，並配發文字說明。這是《生活》畫報第二次刊登南京大屠殺的多幅照片。如前所述，這些照片來源於約翰・馬吉（J.Magee）在南京大屠殺期間拍攝的電影膠片，膠片中近百幀鏡頭畫面被翻拍成了照片，這期雜誌選用了其中的十幅，內容包括南京城及周邊的慘狀，南京平民被集體屠殺的殘忍場景，較多的是南京鼓樓醫院中正被救治的被日軍傷害的中國難民的悲慘景象，其中就有那位因與企圖強暴她的日軍英勇搏鬥而身中日軍三十七刀重傷的十七歲姑娘李秀英。這些照片第一次進入國際社會的視線，有著極大的視覺衝擊力，與文字報導起著相得益彰的作用。[20]

1938 年 5 月 16 日美國《生活》畫報刊登一組十幅南京大屠殺的照片

---

[20] 朱成山主編：《南京大屠殺與國際大救援圖集》，江蘇古籍出版社 2002 年版，第 158 頁。

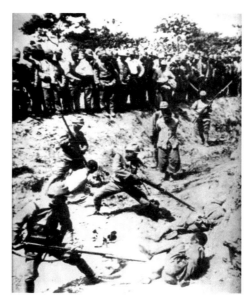

美國《瞭望》（Look）雜誌 1938 年刊登的日軍暴行照片。

　　美國著名的《瞭望》（Look）雜誌在 1938 年刊登了一張由日軍自行拍攝的南京暴行照片，內容是幾個日軍端著步槍刺刀，正用中國俘虜做活靶子，進行刺殺訓練，已有幾個中國戰俘被日軍刺倒在血泊中，另幾個日軍正端著雪亮的刺刀向其他的中國戰俘的胸膛刺去，週邊是眾多圍觀的日本兵。《瞭望》雜誌對照片的說明詞寫道：「照片的真實性是毋庸置疑的，它由漢口的 W. A. Farmer 送到《瞭望》雜誌。W. A. Farmer 說，這張照片是日本人自己拍攝的。膠捲送到上海沖洗時，在一家日本人開的照片館工作的中國人多洗了一套，然後偷偷帶了出來。」[21]這張血腥恐怖的照片再次震驚了西方世界。

---

[21] 尹集鈞、史泳：《南京大屠殺──歷史照片中的見證》，英文版，Chicago: Lnnovative Publishing Group,1995，第 40 頁；又見朱成山主編：《南京大屠殺與國際大救援圖集》，江蘇古籍出版社 2002 年版，第 159 頁。

1938 年 6 月 2 日，美國芝加哥的《視野》雜誌（The Ken）發表報導：〈南京的浩劫——一名在中國居住二十年、南京陷落後留駐下來的美國人講述給約翰·馬勒尼的故事〉，以記述美國基督教男青年會南京分會牧師、「南京安全區國際委員會」總幹事喬治·費奇向他在上海的同事約翰·馬勒尼（John Maloney）所講日軍南京大屠殺暴行的形式，刊登了喬治·費奇在 1937 年 12 月 10 日到 1938 年 1 月 11 日在日軍南京大屠殺期間的日記。《視野》雜誌編輯部在這篇文章的前面加了一段編者按：

> 5 萬名嗜血如狂的野獸身著日本軍服遊蕩在中國淪陷的首都達四週之久，瘋狂地恣意胡為，肆意屠殺，姦淫劫掠，現代歷史上無與可比者。將新聞記者和外交官員趕出南京城的日軍禁止這些故事流傳。為美國政府做「仲介人」在中國服務了 20 年、並且是為數不多留在南京的幾位美國人之一，首次將這個故事講述出來。他親眼目睹用繩索捆作一團的人浸透了汽油，點燃起來為日本人的節日取樂。[22]。

此文後來又經縮寫，刊載在美國《讀者文摘》（The Reader's Digest）1938 年 7 月號第 28～31 頁上，發生了更大的影響，但也遭致一些美國讀者的質疑。這些美國讀者不相信一直以武士道精神相標榜的日軍會幹出如此兇殘野蠻的大規模屠殺血案，他們認為是中國方面的誇大其詞或者是少數美國傳教士的不實之詞。1938 年 10 月，美國《讀者文摘》10 月號以〈我們當時在南京〉為題，發表了一組戰時留駐南京的其他美國僑民的書信、日記等，這其中有鼓樓醫院的威爾遜醫生、金陵大學的貝德士教授、美國聖公會南京德勝教堂的馬吉牧師等，以他們的親身經歷

---

[22] 〈南京的浩劫——一名在中國居住 20 年、南京陷落後留駐下來的美國人講述給約翰·馬勒尼的故事〉，刊〔美〕《視野》1938 年 6 月 2 日；前引《南京大屠殺史料集》（6），第 187 頁。

講述與揭露了日軍南京大屠殺的暴行，同時對那些美國讀者表示的質疑進行論證、澄清與反駁，論證了〈南京的浩劫——一名在中國居住二十年、南京陷落後留駐下來的美國人講述給約翰‧馬勒尼的故事〉一文中喬治‧費奇所講述的內容的真實性。[23]

　　這些在本書前面已有論述。據《讀者文摘》編輯們介紹：「他們費了很大的勁才得到這些信件。信件的作者既有『習慣於血腥場面的外科醫生，也有受過科學精確的語言表達訓練的傳教士、教師』，他們向教會、董事會做彙報，還有基督教男青年會的工作人員。」《讀者文摘》編輯們還說：「他們看過的那些材料，如果發表會占一整期的篇幅，所有材料都證實了這些來信的真實性。」[24]對這次事件，喬治‧費奇後來回憶說：

> 《日記》首次披露，是被《視野》（現已停刊）中的一篇文章引用為根據，其標題是「南京的浩劫——一名在中國居住二十年、南京陷落後留駐下來的美國人講述給約翰‧馬勒尼的故事」。馬勒尼是我在上海時的同事，後來成為海軍部部長洛克斯（Knox）的副官。這篇文章後來也被《讀者文摘》1938 年 7 月號轉載。數月之後我才知道此事。《讀者文摘》的轉載引起了一陣風暴，讀者原先認為我的日記摘錄是不可信的。三個月後，另一些經歷了佔領期的人的文章證明了我所述的真實性。[25]

　　就這樣，經過西方多家新聞傳媒的多次不同形式的報導、宣傳，日軍南京大屠殺的暴行在世界上得到了越來越廣泛的揭露與批判。

---

[23]　〈《讀者文摘》為日軍南京暴行提供佐證〉，刊〔美〕《讀者文摘》1938 年 10 月號；前引《南京大屠殺史料集》(6)，第 198～202 頁。

[24]　〈《讀者文摘》為日軍南京暴行提供佐證〉，刊〔美〕《讀者文摘》1938 年 10 月號；前引《南京大屠殺史料集》(6)，第 198 頁。

[25]　〔美〕喬治‧費奇著，鄺玉明譯：〈我在中國八十年〉；刊朱成山主編：《侵華日軍南京大屠殺外籍人士證言集》，江蘇人民出版社 1998 年版，第 22～23 頁。

第二節　揭露日軍南京大屠殺的用心與新聞封鎖政策

　　對日本當局縱容與組織日軍在南京進行連續多日的血腥大屠殺，以實施其對中國的武力征服與恐怖威懾政策，當時在南京的西方記者與西方僑民，以及國際輿論有了日益深刻的認識與日益深刻的揭露。

　　美國《紐約時報》記者德丁在 1937 年 12 月 15 日離南京赴上海，12 月 17 日從上海拍發出第一份關於他親見親歷的日軍南京大屠殺的新聞報導——特訊，於 12 月 18 日刊於《紐約時報》，題曰〈所有俘虜均遭屠殺〉，在揭露日軍在南京的駭人聽聞的暴行時，深刻地揭示了日本當局以此推行對華武力征服與屠殺威懾政策的用心：

> 日本人似乎想讓恐怖的景象盡可能長久地留住，好讓中國人牢記抵抗日軍的可怕後果。[26]

　　西方僑民在目睹了日軍對南京軍民多日的、無約束、無節制的集體戰爭犯罪行為後，日益形成了「一種強烈的意見」，認為這是「日本軍最高當局所採取的恐怖政策的反映」。[27]英國《曼徹斯特衛報》記者田伯烈在《外人目睹中之日軍暴行》一書結尾部分所下的結論具有代表性，他指出南京大屠殺「代表日軍當局所採取的有計劃的恐怖政策」，寫道：

> 日軍在華所犯的種種暴行，究竟是在勝利的高潮中，士兵失去常態所致呢？還是代表日軍當局所採取的有計劃的恐怖政策？也許若干讀者會發生這樣的疑問。據事實推斷，後者較為可信。

---

[26] 〔美〕德丁 1937 年 12 月 17 日上海特訊：〈所有俘虜均遭屠殺〉，刊《紐約時報》1937 年 12 月 18 日；前引《南京大屠殺史料集》（29），第 481 頁。

[27] 〔日〕洞富雄著，毛良鴻、朱阿根譯：《南京大屠殺》，上海譯文出版社 1987 年版，第 236 頁。

日軍強暴中國婦女後還強行拍攝婦女裸照

士兵失去常態的暴行，往往發生於佔領一個城市之際，或在疲憊的戰爭將近結束之時，這些暴行雖仍難加以寬恕，卻不難明瞭其情形。但日軍的暴行，試以南京為例，則繼續了三個月，直到作者於四月間離華時，尚未完全終止。

因此，據我們推斷，非一部分日軍失去了控制，就是日本最高軍事當局希望以恐怖手段，達到使中國民眾畏懼屈服的目的。不管前一種結論是對的，或後一種結論是對的，這兩種結論同樣令人感到痛苦，此外又找不出第三種結論。[28]

金陵大學的美籍教授貝德士在 1937 年 12 月 27 日致日本駐南京使館官員的信中，指出，日軍在侵佔南京後所實施的政策，是一種「軍事恐怖主義（army terrorism）」[29]

---

[28] 〔澳〕田伯烈著，楊明譯：《外人目睹中之日軍暴行》，前引《侵華日軍南京大屠殺史料》，江蘇古籍出版社 1997 年版，第 203～204 頁。

[29] 章開沅編譯：《天理難容——美國傳教士眼中的南京大屠殺（1937-1938）》，南京大學出版社 1999 年版，第 15 頁。

日本當局策劃與實施南京大屠殺的政治目的很快表露出來。在 1937 年 12 月 22 日，日本外相廣田弘毅請德國駐日大使狄克遜轉交給中國政府一份名為〈為日華和平談判事項給德國駐日大使〉的覆文，向中國政府提出了關於日中和平談判的四項基本條件以及九項條件細目，企圖乘攻取南京的聲勢，脅迫中國政府簽訂極其屈辱的城下之盟。西方新聞傳媒對之表示了極大的關注，竭力設法得到這份重要檔的內容，迅速加以報導。西方新聞傳媒分析了日本當局以戰迫和、迫降的用心，斷定中國政府必將拒絕日方提出的和談條件，拒絕與日方和談、也就是拒絕向日本投降。1938 年 1 月 3 日上海英文《字林西報》報導了日本當局向中國政府提出的關於日中和平談判的條件，基本屬實，其內容：

> 日本人提出的媾和條件如下：
> 日本參與海關事務等；
> 日本控制某些區域（不詳！）
> 中國應加入反共產國際條約；
> 日本要求建立非軍事區；
> 中國必須支付戰爭賠款；
> 成立蒙古獨立政府。[30]

1938 年 1 月 10 日，美國西雅圖《新聞》第四號刊登報導〈在法西斯統治威脅下的日本〉，論述了日軍在南京等地大屠殺的暴行，並分析了日軍暴行的根源：

> 關於如此大規模的慘絕人寰的暴行，其原因，得出的結論是：對橋本大佐以下的軍官們之下克上的擅自行動，未予懲處，這種情

---

[30] 中譯文轉引自〔德〕拉貝著，本書翻譯組譯：《拉貝日記》，江蘇人民出版社 1997 年版，第 328 頁。

況對一般士兵帶來很壞影響，軍規完全混亂。也有一種說法，認為發動這次戰爭是不正義的，所以思想鬆懈。[31]

1938 年 1 月 16 日，近衛首相發表的第一次對華聲明是日本當局對華武力威懾與戰爭恐怖政策的頂峰。美國《生活》畫報週刊著名記者大衛・貝爾加米尼在《日本天皇的陰謀》一書中，進一步揭示了日本當局策劃與實施南京大屠殺的用心──「初試淫威」，揭露道：

> 近衛的無限期繼續戰爭的威脅（按：指近衛於 1938 年 1 月 16 日發表的第一次對華聲明）就是滅亡中國的威脅；南京浩劫就是初試淫威，旨在以此使中國人相信並懾服於這一威脅。[32]

日本當局在策劃與實施南京大屠殺的同時，為了避免引起世界輿論的強烈譴責，精心策劃與實施了對南京佔領區長時間嚴格的新聞封鎖政策。這在本書前面已有論述。西方新聞記者在揭露南京大屠殺的過程中，也對日軍當局的新聞封鎖政策進行了鬥爭與揭露。

1938 年 1 月 25 日，美國《紐約時報》刊登該報駐華首席記者阿本德 1 月 24 日發自上海的報導，題為〈混亂在南京持續；它暗示嘩變〉，其中揭露了日本當局對南京實施的新聞檢查制度：

> 上週五晚上，上海日本當局毫不掩飾地宣布，有關南京情況的新聞報導將不會通過新聞審查。這項宣告事實上禁止任何有可能損害日軍聲譽的、「惡毒」的新聞發往海外。
>
> 但是，那些在南京遭受磨難期間冒著生命危險，致力於難民營工作的傳教士或慈善工作者們發往上海的有關南京狀況的簡要報

---

[31] 〈在法西斯統治威脅下的日本〉，美國西雅圖《新聞》第 4 號，1938 年 1 月 10 日；〔日〕《出版警察報》第 111 號轉載；前引〔日〕洞富雄著，毛良鴻、朱阿根譯：《南京大屠殺》，第 272 頁。

[32] 〔美〕大衛・貝爾加米尼著，張震久等譯：《日本天皇的陰謀》，商務印書館 1984 年版，上冊，第 95 頁。

告，以及那些來自目前身在南京的領事和其他外交官們的報告不至於全都會帶有惡意。然而，這些報告互相印證，所有報告都包含了目擊者有關日軍暴行以及日軍胡作非為的記錄。

……

由於日本實施新聞檢查，上海外國記者已經被禁止向海外發送上海各家有責任感的外國報紙上刊登的社論，這些社論無所畏懼地宣布，南京目前的情況讓日軍蒙羞，並徹底毀掉了以講究禮儀、行為得體而著稱的日軍的名聲。[33]

第二天，1938年1月26日，美國《紐約時報》刊登短評〈日軍在南京無法無天〉，譴責日軍在南京的暴行及其對新聞的檢查政策：

儘管日本在佔領區推行嚴屬的新聞檢查制度，但日本軍隊在中國前首都不斷的違紀的事實還是在昨天由未檢查的、發自上海的《紐約時報》無線電訊給揭露出來。

日軍佔領南京近6個星期之後，用我們記者的話來說，當地的形勢處於一種「毫無制約的無法無天」的狀況。這種情況「非常丟臉，以至於日本當局繼續拒絕除外交官之外的任何外國人訪問這座城市。」

很自然，侵略者被他們所稱的「惡意」報導（軍隊的）不服從感到尷尬。面對美國、英國和布魯塞爾會議對自己侵略中國的抗議，日本堅定地辯稱它在中國的目的就是為了和平，它只不過希望穩定遠東的局勢，反對共產主義，保衛西方文明。現在，得勝

---

[33] 〔美〕阿本德上海報導：〈混亂在南京持續；它暗示嘩變〉，刊〔美〕《紐約時報》1938年1月25日第35版；前引《南京大屠殺史料集》（29），第528～531頁。

的日本士兵正通過掠奪和強暴絕望的中國人而享受自己勝利的果實。日本就這樣給中國帶來秩序嗎？毫無疑問，上海日本當局上週宣布，凡是他們認為對日軍不利的新聞都將難以通過日軍的新聞檢查。[34]

1938 年 1 月 28 日，美國《芝加哥每日論壇報》(The Chicago Tribune Daily) 在第一版刊登美聯社 1938 年 1 月 28 日上海電，報導與揭露日軍當局對上海電訊日益加劇的嚴厲檢查，寫道：

新聞檢查官要求密碼本

日軍今天更加全面地控制了從上海發出的通訊電報。軍方發言人宣布除非各自的領事機構能證實是些「體面的內容」。商業或其他公司已譯成密碼的電訊將不會被受理。

軍方還要求將私人的密碼本交給新聞檢查官以核查電訊稿。美國當局指出日本人對密碼本的要求極易被駁回。[35]

第三節　揭示南京大屠殺的後果
——與日本當局的願望相反

然而，日軍南京大屠殺的後果，除了給中國人民帶來巨大的災難外，並沒有也根本不可能使中國軍民與中國政府屈服，而是與日本當局的願望相反，只能激起中國人民更加強烈的仇恨與反抗；同時，也使日

---

[34] 短評：〈日軍在南京無法無天〉，刊《紐約時報》1938 年 1 月 26 日；前引《南京大屠殺史料集》(29)，第 533 頁。
[35] 美聯社 1938 年 1 月 28 日上海電：〈新聞檢查官要求密碼本〉，刊〔美〕《芝加哥每日論壇報》1938 年 1 月 28 日；前引《南京大屠殺史料集》(6)，第 209 頁。

本國家與日本軍隊在國際輿論中的形象變成了魔鬼，變成了無賴，更加醜惡，更加孤立；卻使中國獲得了廣泛的國際同情。──對此，美、英記者們憑著他們的人道主義思想與記者職業敏感，迅速認識到了，並在他們的報導中，一再有所反映。

　　首先，美、英記者們在報導中揭示日本對中國發動的侵略戰爭與日軍在南京等地大屠殺的暴行，給中國人民帶來深重與長久的災難，同時也給日本帶來沉重的戰爭負擔。中國人民的抗日鬥爭也幫助了為自由和民主而鬥爭的日本人民。

　　設在紐約的「美國援華之友協會」（American Frinnd of Chinaese People）成立於 1933 年，是美國一個同情與支持援助中國抗日救亡的友好組織。該組織的機關刊物《今日中國》（The China Today）1938 年 1 月號刊登皮特・尼爾森寫的評論〈南京大屠殺〉，「根據無偏見的外國人的報告」，記述了日軍南京大屠殺的種種慘絕人寰的血腥暴行；同時憤怒地譴責日軍南京大屠殺的暴行超過了亞洲歷史上的所有暴行記錄：

> 上月中旬南京被佔領前後，法西斯軍國主義的日本皇軍的野蠻行徑和大規模殺戮，在亞洲歷史上曾經記載的有計劃的屠殺和掠奪事件中，都可以說是最殘忍的罪行。……
>
> 東京的日本軍參謀本部通過南京的松井所做的，是史上罕見的殘酷的大規模殺戮，作為最卑鄙的罪行之一可以留在世界歷史上了。

　　這篇評論同時指出，日本軍國主義當局在國內推行的鎮壓政策與對中國的侵略戰爭是互相配合的。因此，「中國同日本軍國主義法西斯英勇作戰，不僅是為了贏得中國的獨立和自由，而且也幫助了為自由和民主日本而戰鬥的日本人民。」[36]這篇發表在 1938 年初的評論，其論述的深刻令人驚歎。

---

[36] 〔美〕皮特・尼爾森：《南京大屠殺》，刊紐約《今日中國》（The China Today）1938 年 1 月號；前引《南京大屠殺史料集》（6），第 180～183 頁。

　　1937 年 12 月 27 日，美國《紐約時報》刊登該報駐華首席記者阿本德當日發自上海的報導：〈勝利成果在混亂中消失〉，副題為〈必須先恢復秩序，天皇才有可能期望從亞洲大陸獲利，混亂狀況到處蔓延，違法行為使中國更加無力應付數百萬難民〉，指出日本侵華戰爭不僅給中國人民帶來深重與長久的災難，造成了巨大的中國難民潮，同時也給日本帶來沉重的戰爭負擔：

記者阿本德致《紐約時報》專電

〔1937 年 12 月 27 日，星期一，上海訊〕：當破壞、戰爭和貧困的難民潮席捲中國越來越多的地區，誘發並伴生著大規模的難民潮時，情況變得日漸明朗，秩序和混亂二者之間的一場根本性的鬥爭正在出現。歐洲在世界大戰期間出現過類似的大恐慌和全民大逃亡，但總人口只有數百萬人口，所牽涉到的全部地區也小得多（俄羅斯戰線除外），且無家可歸、赤貧的民眾可以求助於附近富庶的人口中心。

中國不存在這樣的富庶地區，數百萬難民只能流落到生活著農民和小鎮居民的那些人口本已稠密的地區。現在，與過去了幾個世紀一樣，中國還處在經濟安全和赤貧、飢餓之間的臨界點。日軍侵入廣袤的、人口過剩的地區越深，日本必須承擔的管理和復興的負擔就越重。

佔領了全省和勝利攻入的省會城市日漸增多毫無疑問提供了令日本讀者激動不已的新聞標題。不過，儘管它們提升了日軍在國內的聲望，但也意味著給日本納稅人壓上日益嚴重的負擔。那些人口減少，秩序混亂的鄉下明年夏天生產的糧食甚至不夠滿足軍隊的需要，更別說種糧者自己得到任何返還，也談不上向工廠提供原料。

……外國軍事觀察家認為，在長江地區的日軍再加上佔領華北各省和內蒙古的日軍總數必定達 60 萬左右，滿洲國保持 30 萬兵力，朝鮮駐軍至少 5 萬多。這一龐大的軍隊必須成為法律、秩序和穩定的象徵，否則日本的東亞大陸計畫面臨著不可避免的崩潰。

……但日軍不可能成為這樣的一種象徵，除非它恢復軍紀，除非將來在揚子江戰場其他地區嚴厲制止像伴隨著佔領南京而來的那種掠奪和恐怖。[37]

第二，美、英記者們在報導中揭示，日軍南京大屠殺的暴行，不僅不能威懾與征服中國政府與中國軍民，反而打破了一些中國人的膽怯與幻想，激起中國人民日益強烈的仇恨與反抗，激起中國人民廣泛的覺醒與愛國主義的高漲，召喚起越來越多的中國人投入到抗日救亡鬥爭中去。

美、英記者們在報導日軍於 1937 年 12 月 13 日剛剛攻入南京時，記錄了一些南京民眾由於對長時間轟炸與戰火的恐怖與厭煩，曾經對戰爭的終於結束短暫表示過不切實際的幻想，甚至對日軍的進城表示過一定程度的歡迎。經歷過太多苦難的南京民眾希望戰爭早日結束，希望進城的日軍能維持起碼的軍紀，讓他們恢復貧苦然而相對安定的日常生活。他們的這點可憐的希望也是可以理解的。正如當時任德國駐華大使的陶德曼在 1938 年 1 月 23 日的一份給德國外交部的報告中所分析的那樣：

現在可以經常從中國人的嘴裏聽到希望日軍快點來之類的話。這樣的話，現在的苦惱就可以結束了，也就是說，「比起無盡的恐怖來，還是讓恐怖早點結束的好。」[38]

---

[37] 〔美〕阿本德 1937 年 12 月 27 日上海報導：〈勝利成果在混亂中消失〉，刊《紐約時報》1937 年 12 月 27 日；前引《南京大屠殺史料集》（29），第 493～494 頁。

[38] 〔德〕陶德曼：〈寄往德國外交部的報告〉（1938 年 1 月 23 日於漢口），前引《南京大屠殺史料集》（6），第 345 頁。

　　然而，日軍進入南京城後立即實施的不分青紅皂白的大規模的駭人聽聞的血腥大屠殺，迅速將這些民眾的幻想與希望打破了。鮮血迅速教育與喚醒了中國人民，使他們對日本侵略者有了更為實際、更為正確、更為深刻的認識。美、英記者們在報導中指出，日軍的暴行使他們永遠失去了贏得中國民心的機會，更不可能使中國軍民與中國政府屈服，而只能激起中國人民越來越廣泛、越來越強烈的仇恨與反抗。

　　美國《芝加哥每日新聞報》記者司迪爾在 1937 年 12 月 15 日發出的電訊報導〈日軍殺人盈萬〉中，寫道：

> 由於日本軍人在南京對當地居民進行極為殘暴的屠殺，他們已經失去自稱要爭取對方「同情」的機會。事實上，迄今為止，他們已完全失去了爭取中國當地居民同情的良機。

> 當時，當中國人的士氣全部垮掉之後，緊接著產生了一種盲目的驚恐。在日本人開始進入南京城內的時候，人們稍微鬆了一口氣，因為他們以為日本軍隊的行為也許不會比他們自己已經戰敗的軍隊的行為更壞。

> 但是不久以後，他們才醒悟過來，事實遠非如此。其實，日本人本來完全可以對被困的中國士兵實行寬大政策，因為這些士兵早已放下了武器，準備投降。日本軍隊完全可以一槍不發地佔領整個南京，而結果他們選擇了「斬盡殺絕」的方式，對中國人進行屠殺。[39]

　　美國《紐約時報》記者德丁在 1937 年 12 月 17 日從上海拍發的新聞稿「專電」〈所有俘虜均遭屠殺〉中，也指出：

---

[39] 〔美〕司迪爾 1937 年 12 月 15 日電：〈日軍殺人盈萬〉，刊《芝加哥每日新聞報》1937 年 12 月 15 日；前引《侵華日軍南京大屠殺外籍人士證言集》(6)，江蘇人民出版社 1998 年版，第 317～318 頁。

當第一支日軍隊伍從南門沿中山路向城裏鼓樓廣場進發時，一小批中國百姓為日軍的到來爆發出稀稀落落的歡呼聲。圍城的結束使他們如釋重負；他們原本以為的是日本人到來會恢復和平與秩序。但此刻南京再也沒有人為日軍歡呼了。

劫掠南京，殺害民眾，日軍的所作所為在中國人民的心裏深深埋下了仇恨的種子。這種仇恨的種子日積月累，將長成為各種形式的抗日意志，也許將繼續若干年。然而，東京卻公然聲稱，正是為了消滅中國這種抗日意志而戰的。[40]

1937 年 12 月 19 日，美國《紐約時報》就前一天該報發表的駐華記者德丁關於日軍在南京大屠殺的第一篇報導，刊登短評〈日本人在南京〉，譴責日軍的暴行，並指出其結果將激起中國人民對日本侵略者的經久不衰的仇恨：

這樣野蠻對待中國人，能夠救中國於共產主義之水火中，能夠增強（中國人）對日本人的友誼，甚至為東亞的穩定做出貢獻嗎？德丁先生的報導表達了一個現場觀察家的觀點，「通過掠奪這座城市及其居民，日本人已經加深了中國人被壓抑的仇恨，這種仇恨將以各種反日形式在中國人的胸中慢慢燃燒，經久不衰，而這正是東京宣稱正在為之戰鬥以便連根剷除的東西」。[41]

1937 年 12 月 22 日，《紐約時報》記者德丁從上海發出的長篇航空通訊〈中國指揮官逃走，日軍暴行標誌著南京的陷落〉，刊登在《紐約時報》1938 年 1 月 9 日第 38 版上。他在更詳細地記述了日軍進攻南京與大屠殺的情況的同時，再次指出：

40　〔美〕德丁 1937 年 12 月 17 日「專電」：〈所有俘虜均遭屠殺〉，刊《紐約時報》1937 年 12 月 18 日；前引《南京大屠殺史料集》（29），第 478 頁，譯文略有改動。
41　短評：〈日本人在南京〉，刊《紐約時報》1937 年 12 月 19 日；前引《南京大屠殺史料集》（29），第 481～482 頁。

日軍在中國人心中播種下對日本的深仇大恨的種子，也使他們宣稱對華作戰期望得到中國人的「合作」成為遙遠的將來。[42]

在 1938 年 1 月 23 日，德國駐華大使陶德曼從漢口給德國外交部的報告中指出：

> 戰爭給中國帶來了道義上的好處。中國覺醒了。日軍使埋藏在中國人民心中的、之前沒有發覺的愛國主義萌芽了。[43]

1938 年 2、3 月間，當反映日軍進攻南京戰役與南京大屠殺的美國影片在中國大後方重慶與四川各地放映時，激起了中國民眾強烈的抗日愛國熱情。德國外交官菲舍爾在 1938 年 3 月 9 日從重慶給漢口的德國大使館的報告中，寫道：

> 關於轟炸「帕奈號」炮艇以及上海和南京戰鬥行動的美國影片在這裏一家最著名的電影院裏連續放映了好多天。中國的觀眾十分火爆，而且票價也很低。特別是該影片有關戰爭、毀壞和難民的照片給無數觀眾留下了難忘的印象。銀幕上出現最高統帥蔣介石和中國士兵的軍事行動時，激起了強烈的愛國主義熱情。在重慶和四川的其他地方不斷變換寫有「把反對日本軍國主義的鬥爭進行到底」的標語，通過放映與「帕奈號」有關的戰爭影片，大大地增強了民族主義情緒。[44]

---

[42] 〔美〕德丁 1937 年 12 月 22 日上海航空通訊：〈中國指揮官逃走，日軍暴行標誌著南京的陷落〉，刊《紐約時報》1938 年 1 月 9 日第 38 版；前引《南京大屠殺史料集》(29)，第 518 頁。

[43] 〈陶德曼給德國外交部的報告〉(在 1938 年 1 月 23 日)，前引《南京大屠殺史料集》(6)，第 347 頁。

[44] 〈菲舍爾給駐漢口德國大使館的報告〉，藏德國外交部檔案館；前引《南京大屠殺史料集》(6)，第 435 頁。

1938 年 7 月 21 日，英國倫敦《大不列顛與東方》雜誌（The Great Britain and the East）第 51 卷第 64 頁刊登愛德溫・豪伍德對田伯烈《戰爭意味什麼：日軍在華暴行》一書的書評，題為〈可怖的南京記錄——「沒有比這更能堅定中國人的抵抗」〉，指出：

> （日軍）這些暴行毫無疑問將比任何其他東西更強烈地堅定中國人民的抵抗。日本政客一再聲稱，他們並不是和中國人民爭論，而是要和以蔣介石為首的中國政府爭論。如果他們試圖讓這一論點顯得荒謬愚蠢，那麼他們將不會選擇比慫恿日軍在中國土地上對人類犯下如此可怕的暴戾行徑更為有效的辦法了。此舉不可估量地強化了中國全民族趕走侵略者的決心。[45]

1946 年年初，聯合國統帥部發表的《太平洋大戰秘史》也指出：

> 這次南京的殘酷行為，終於使中國走上了抗戰到底的道路。[46]

美國《生活》雜誌著名記者大衛・貝爾加米尼在《日本天皇的陰謀》一書中，揭露了日本最高當局在南京實施的大屠殺——武力征服與恐怖威懾政策，並沒有使中國人民與中國政府屈服投降，反而使中國政府威信空前提高，使中國人民空前團結：

> 威脅手段對個別中國人說來往往奏效；但是，對作為一個整體的中華民族卻不起作用。近衛聲明沒有引起任何反應，而蔣介石政府卻從來沒有像目前在漢口處於逃亡狀態中這麼得人心。[47]

---

[45] 〔英〕愛德溫・豪伍德：〈可怖的南京記錄——「沒有比這更能堅定中國人的抵抗」〉，刊《大不列顛與東方》雜誌（The Great Britain and the East）第 51 卷第 64 頁；前引《南京大屠殺史料集》（6），第 197 頁。

[46] 聯合國統帥部：《太平洋大戰秘史》，上海改造出版社 1946 年 5 月翻譯出版，第 31 頁。

[47] 〔美〕大衛・貝爾加米尼著，張震久等譯：《日本天皇的陰謀》，商務印書館 1984 年版，上冊，第 95 頁。

　　第三，美、英記者們在報導中揭示，日軍南京大屠殺的暴行，使日本國家與日本軍隊的形象在國際輿論中變成了魔鬼，變成了無賴，更加醜惡，更加孤立；同時使中國獲得國際輿論的廣泛同情。

　　1937 年 12 月 19 日，《紐約時報》刊登該報駐華首席記者哈立德‧阿本德從上海發出的報導〈日本人約束南京暴行〉，指出日軍南京大屠殺的暴行已「演變成了（日本）一個國家的恥辱」，將在國際上喪失信譽：

記者哈立德‧阿本德致《紐約時報》專訊

〔12 月 19 日星期日上海訊〕：日軍在南京掠奪、強姦和屠殺的醜行已經將佔領南京演變成了一個國家的恥辱。……不論作為一個國家的日本還是作為個體的日本人，長期以來一直都以軍隊的勇猛和武士道精神為榮。但現在，日本的國家自豪感因其士兵醜行的曝光而毀掉。……

……當全部證據經過了仔細的查證後，這裏的人們就會覺得，這場奪取南京的輝煌戰役不會成為光榮的記錄載入日本軍隊的史冊，相反，由於日軍駭人聽聞的暴行，它將在日本國家的歷史上留下令其永遠悔恨的一頁。

　　阿本德進一步指出，日軍的暴行使日本國家與日本軍隊的形象在國際輿論中變成了魔鬼後，將「使日本眾多的希望和對華計畫遇到挫折」，使日本當局的侵華計畫與對中國人民的偽善的誘和、誘降活動及建立偽政權的打算將難以實施與獲得成功：

南京所發生的暴行當然會使日本眾多的希望和對華計畫遇到挫折。因為，當日軍的這種罪行蔓延到內地，這必將使得中國政府開啟和平談判比以前任何時候更加不可能。可以想像，南京的恐怖也將使日占區最優秀的中國人士因為害怕而退隱，而這些人之

前一直想與日本扶持下的新政權合作的。其結果是日本將不可避免地與那些聲望和性格都不那麼地道的中國人打交道。⋯⋯今後若干年內都不可能獲得中國人的友誼。[48]

1937年12月22日，《紐約時報》德丁從上海發出的長篇航空通訊〈中國指揮官逃走，日軍暴行標誌著南京的陷落〉，深刻地指出：

日軍攻佔南京城後的屠殺、強姦、擄掠，似乎都屬於那個野蠻的、業已消逝的時代。

⋯⋯⋯⋯

對於日軍而言，攻佔南京具有至高無上的軍事和政治意義。不過，他們的勝利卻因為其野蠻殘忍和大規模地屠殺俘虜、擄掠全城、強姦婦女、虐殺平民及肆意破壞而黯然失色。所有這些醜行都將在日本軍隊和日本國家的名譽上留下污點。[49]

當時擔任英國外交大臣的艾登（Anthony Eden）說：

在第二次世界大戰中日本軍隊是以野蠻著稱的。[50]

艾登的話代表了當時西方各民主國家政府與普通民眾的普遍看法。

甚至納粹德國的駐華大使陶德曼在1938年1月23日給德國外交部的報告中，也毫不客氣地稱日本是「無賴」，說：

---

[48] 〔美〕哈立德·阿本德1937年12月19日報導：〈日本人約束南京暴行〉，《紐約時報》1937年12月19日；前引《南京大屠殺史料集》（29），第486～488頁。

[49] 〔美〕德丁1937年12月22日上海航空通訊：〈中國指揮官逃走，日軍暴行標誌著南京的陷落〉，《紐約時報》1938年1月9日第38版；前引《南京大屠殺史料集》（29），第509～510頁。

[50] 〔英〕艾登：《艾登回憶錄》，中譯文引自李輝：《封面中國》，東方出版社2007年版，第202頁。

日本人，首先是其軍隊通過戰爭沒有獲得任何名聲。全世界都覺得好像是「無賴」和「鬥輸了的狗」在互相瞪眼，大都會和中國人民產生共鳴。[51]

1938 年 3 月 19 日，設於漢口的「中國國際聯盟協會」主辦的英文刊物《中國論壇》（The China Forum）第一卷第五號刊登維克里·萊比的評論〈日軍在南京的「死亡舞蹈」〉，指出：

> 1937 年 12 月 13 日以前，日本也許是個評價很好的國家，受到全世界的尊敬。但在過去的三個月中，他們在南京的所作所為，都將留下永遠抹不掉的野蠻記錄。從今往後，人們談起日本，將會時常記得它是那個為了取樂而屠殺愛好和平的人們的強國，是人類敵人的強國。[52]

1938 年 7 月 21 日，英國倫敦《大不列顛與東方》雜誌刊登愛德溫·豪伍德對田伯烈《戰爭意味什麼：日軍在華暴行》一書的書評，題為〈可怖的南京記錄——「沒有比這更能堅定中國人的抵抗」〉，指出日軍在南京大屠殺暴行的雙重結果：

> 他們沒有意識到這不僅僅對中國人民，而且也對他們祖國的榮譽犯下了滔天的罪行。[53]

第四，美、英報刊指出，日本當局獲知日軍在南京的暴行在國際上遭到廣泛而嚴厲的譴責後，採取了一些措施力圖挽救與掩蓋，然而已於事無補。日軍的暴行正是日本的最終敗亡之道。

---

[51] 〈陶德曼給德國外交部的報告〉（在 1938 年 1 月 23 日），前引《南京大屠殺史料集》（6），第 347 頁。

[52] 〔日〕維克里·萊比：〈日軍在南京的「死亡舞蹈」〉，前引《南京大屠殺史料集》（6），第 183～185 頁。

[53] 〔英〕愛德溫·豪伍德：〈可怖的南京記錄——「沒有比這更能堅定中國人的抵抗」〉，刊《大不列顛與東方》雜誌（The Great Britain and the East）第 51 卷第 64 頁；前引《南京大屠殺史料集》（6），第 197 頁。

美國《生活》畫報雜誌著名記者大衛·貝爾加米尼在《日本天皇的陰謀》一書中，揭露了日本最高當局以在南京實施的大屠殺，對中國軍民與中國政府進行武力征服與恐怖威懾政策失敗以後，不得不改用新的「懷柔」政策：

> 於是，這種不成功的政策便逐漸被放棄。南京街頭和水塘中的屍體被清除了，有組織的縱火停止了。安全區委員會為之提出抗議的最後一次暴行——強姦一名十二歲的小姑娘——發生在 2 月 7 日，即日軍徹底佔領南京並壓服了一切抵抗五十七天之後。[54]

1937 年 12 月 19 日，美國《紐約時報》刊登該報駐華首席記者阿本德當日（因時差的原因）發自上海的特別無線電訊，題為：〈日軍控制在南京的過火行為〉，報導與評價日本當局為掩飾日軍大屠殺暴行在國際上的惡劣影響與嚴重後果，採取了一些「亡羊補牢式的」補救措施。文章寫道：

> 日軍在南京的掠奪、屠殺、強暴已將攻陷南京演變成日本的國家恥辱。為迅速終止這種情況，日本陸軍高層開始採取亡羊補牢式的嚴厲懲戒措施。
>
> 可以想像日軍做了極大的努力，試圖造成這樣的假象，即華中方面軍司令松井石根大將對部下瘋狂殺害已解除武裝的俘虜、平民和婦女兒童的醜行並不知道。實際上，這個老奸巨滑的武將似乎已經覺察到，他的下屬軍官中有人參與了掩蓋真相的活動。
>
> 松井大將在攻陷南京時的指揮手腕本應獲得稱讚，但「帕奈號」攻擊事件抵消了他的功勞。並且，在到達中國首都並得知所發生的一切後，他的失望應當更在「帕奈號」事件之上。這一切使得

54　〔美〕大衛·貝爾加米尼著，張震久等譯：《日本天皇的陰謀》，商務印書館 1984 年版，上冊，第 95 頁。

恐怖和恥辱的色彩愈加濃厚。日本政府和國民曾經長期以久負勇武俠義之名的陸軍為榮，但當屠殺集團在攻佔南京時的行為被發覺後，被視為國家榮耀的陸軍頓時名譽掃地。

然而，日本當局採取的補救措施以掩飾日軍南京大屠殺暴行的惡劣影響「已不可能」。阿本德指出：

> 日本當局痛苦地認識到，想要掩蓋這些驚人的事實已不可能。即使充滿偏見變得歇斯底里的中國人對日軍暴行的揭發是毫無根據的，然而那些至今一直留在市內，值得信賴的美國人、德國人的日記和備忘錄也對不斷發生的暴行做了記錄。日軍士兵的野蠻行為終將暴露。
>
> ……
>
> 日本陸軍最初就不希望任何外國人在南京長期逗留，可以想像今後也不會允許。然而，市內的外國人應該已經找到某種與外部的聯繫手段。在對迄今為止的全部證據進行調查時，當地的人們會得出以下的結論，亦即攻佔南京這一輝煌的戰鬥將不會被作為光榮的記錄寫入日軍戰史，它必將在歷史上寫下令日本舉國上下後悔不盡的一頁。[55]

這真是點到了要害上。其實，不僅是留住南京的西方記者與西方僑民，1938 年 1 月初先後回到南京的一些西方國家外交使節也向各國政府報告了南京的真實情況。日軍在南京大屠殺的暴行已傳遍世界，舉世公認，是任何人都掩蓋不了的。同時應該指出，日軍在南京大屠殺的暴行本來是日本當局對華實施既定的「武力征服與恐怖威懾」政策的直接後果，日本當局沒有也不可能採取任何真正有效的措施阻止日軍的暴

---

[55]　〔美〕阿本德：〈日軍控制在南京的過火行為〉，刊《紐約時報》1937 年 12 月 19 日；前引《南京大屠殺史料集》（6），第 120～121 頁。

行，因此，日軍在南京的暴行一直持續了四十多天，直到 1938 年 2 月初才有所收斂。

阿本德的這篇重要文章被漢口的《大公報》於 1937 年 12 月 25 日譯述轉載。

德國駐華大使陶德曼也有與阿本德相似的觀點，他在 1938 年 1 月 24 日給德國外交部的報告中指出，在南京大屠殺發生以後，「日軍試圖樹立獨立政府的所有嘗試，只產生出一種在日軍的刺刀下才會存在的幻像。」[56]

1938 年 5 月 16 日，美國《生活》雜誌（The Life）再次刊登一組關於日軍南京大屠殺的新聞照片，標題是：〈這些暴行導致日本鬼子戰敗〉，並配發文字說明。這些照片多引自擔任「南京安全區國際委員會」委員兼總稽查（警察委員）的美國聖公會南京德勝教堂約翰・馬吉牧師拍攝的電影紀錄片的鏡頭畫面。文字說明寫道：

> 下面十張照片慘不忍睹，卻從一個側面揭示了日本目前在戰爭中屢遭戰敗的原因。[57]

---

[56] 〔德〕陶德曼：〈1938 年 1 月 24 日給德國外交部的報告〉，前引《南京大屠殺史料集》（6），第 347 頁。

[57] 轉引自劉燕軍：〈西方新聞媒介對南京大屠殺的反映〉，刊朱成山主編：《侵華日軍南京大屠殺史研究成果交流會論文集》，安徽大學出版社 1999 年 5 月版，第 59 頁。

第九章　美、英記者報導
日軍侵害西方權益

　　從 1937 年 8 月 15 日到 1938 年 2 月，在日本出動數十萬軍隊對南京進行空襲、包抄、進攻與大屠殺的半年多時間中，瘋狂的日軍在屠殺中國軍民的同時，刀鋒所向，也蓄意傷及西方國家的僑民，嚴重打擊列強在中國的各種權益，產生了一次次引人注目甚至震驚中外的政治、軍事與外交事件。這是日本軍國主義當局為了獨霸中國而與西方列強矛盾激化的必然結果與表現。這也是日軍南京大屠殺戰爭暴行的重要組成部分。西方媒體記者在報導日中戰事與日軍對中國軍民大屠殺暴行的同時，敏銳地認識到這些重要的政治、軍事與外交事件的新聞價值，進行了及時而深入的報導。

第一節　報導日機空襲傷及西方權益及「帕奈號」事件

　　1937 年 8 月 15 日下午 2 時 50 分，日機發動了對南京的第一次空襲：16 架日本海軍航空隊的 96 式戰機強行衝入南京市區上空，轟炸掃射了明故宮機場、大校場機場以及新街口、大行宮、八府塘、第一公園等商業與人口稠密區，造成數十名南京居民的傷亡與建築的破壞。此後幾個月，日機對南京空襲的次數日益頻繁，規模日益擴大，造成南京軍民的傷亡與財產的破壞也日益慘重。

　　日機對南京的長期的、日益加劇的空襲，甚至傷及到外國駐南京的外事機構。1937 年 8 月 18 日日本駐青島總領事致日本駐北平參事官森島電稱：根據日駐南京使館參事官日高報告，日機在 8 月 15 日和 16

日轟炸南京時，「連外國大使館，包括對我大使館也悍然進行轟炸，並且大膽地低空飛行，令人吃驚。有人說事先沒有任何警告（如英國大使館）。……」[1]但以後日機在對南京的瘋狂空襲中，仍多次傷及西方國家駐南京使領館和辦公機構，以及哈瓦斯、海通、合眾等外國通訊社的駐南京辦事處等，傷及西方國家駐南京的外交官與西方國家僑民。

1937 年 8 月 26 日，日軍戰機又有目的地在南京通往上海的「京滬國道」上，轟炸掃射了英國駐南京大使納希布林‧許閣森（Hughe Knatchbull Hugessen）的座車。當時許閣森正從南京趕往上海，為了避免日機轟炸，特在座車頂上覆蓋一面十分醒目的巨幅英國國旗。但日海軍航空兵軍機飛行員全然不顧，依然多次低空俯衝襲擊，直至將許座車打翻，將許閣森擊成重傷。許閣森被送往上海緊急搶救。英國政府就此事件向日本政府提出抗議。日本政府卻進行百般的抵賴、狡辯，並力圖嫁禍於中國戰機。

1937 年 9 月 6 日，美國《時代》週刊以〈無法遏止的憤怒〉為題，詳細報導日機轟炸英國駐華大使許閣森專車，造成大使重傷：

> 一天上午，兩輛長款豪華轎車從南京向上海行駛，每輛車的前蓋上，都覆蓋著一面英國國旗，在風中獵獵發響。距上海約 50 英里處，沒有發出任何警告，一架日本飛機就俯衝而下，離第一輛汽車還不到 20 碼，用機槍猛烈掃射。開車的是英國武官弗尼澤（Lovat Fraser）少校，停車一看，只見在後座中央坐著的 51 歲的英國大使納希布林‧許閣森，腹部鮮血直流。大使是英國最精明也最年輕的外交家。他的背部受了傷，胸部也中彈。他的此次活動使命就這樣結束：本來要到上海拜會日本大使，遞交一份英國不厭其煩地提出的和平方案。此時，大使不是前去與之見面，

---

[1] 日本駐青島總領事致日本駐北平參事官森島電（1937 年 8 月 18 日），中央檔案館、第二歷史檔案館、吉林省社科院合編：《日本帝國主義侵華檔案資料選編——南京大屠殺》，中華書局 1995 年版，第 9 頁。

而是由同行中未受傷的人急速送往上海公共租界工部局所設的鄉村醫院,一位美國海軍陸戰隊的藥劑師立即為他輸血。[2]

似乎是與日軍戰機對南京日益加劇的空襲相呼應,日本當局對當時生活在南京的各國人士——從各國駐南京的外交使節到各國在南京工作、生活的僑民,多次發出要他們迅速離開南京的外交恫嚇。

為了保護僑民的安全,各國駐南京使領館從 1937 年 8 月中旬開始,就組織他們,首先是婦女和兒童撤離南京。戰前南京共駐有西方各國僑民約六百七十多人,主要是美、英、德等國的僑民。從 8 月下旬開始,駐南京的外國僑民逐步撤離,分別前往上海、武漢、廣州或者回國。到 9 月中旬,除各國駐華外交使節外,還有未撤走的各國僑民約一百二十二人。[3]

1937 年 9 月 19 日,日駐中國的海軍第三艦隊司令官長谷川清海軍中將在上海向各國駐滬領事發出《通告》,威逼西方國家外交使節與僑民迅速離開南京,遭到了英、美、法、蘇等國政府的拒絕與許多僑民的抵制。

直到 1937 年 11 月下旬,當日軍已經迫近南京周邊,戰爭即將在南京打響,英、美、法、德等國使館的外交人員才陸續撤離南京,隨國民政府遷往武漢,只留下少數人看守使館。而美、英等國駐南京江面的艦艇則始終在南京江面駐泊與遊弋,時刻準備接應仍留駐南京的西方外交官與僑民離開南京城。

瘋狂的日軍在進攻南京期間,竟違反國際公法,公然對仍遊弋在這一帶長江江面的英、美艦艇與商船發動了多次攻擊。日軍攻擊美、英船艦的一個目的,就是藉此向西方人士,首先是「南京安全區國際委員會」的成員,傳遞一個資訊:繼續滯留在南京及其附近地區

---

[2]　〈無法遏止的憤怒〉,刊〔美〕《時代》週刊 1937 年 9 月 6 日;中譯文引自李輝:《封面中國》,東方出版社 2007 年版,第 202 頁。
[3]　南京市志叢書:《南京人民防空志》,海天出版社 1994 年版,第 26 頁。

將是十分危險的。日本當局以血腥的事實威逼西方國家人員儘快撤離南京。

美、英記者對日軍攻擊美、英船艦都及時做出了報導。

日軍第一次攻擊美、英船艦發生在 1937 年 12 月 5 日。這天日機炸沉了從南京駛抵蕪湖江面的英商怡和洋行的「大沽號」（Tuckwo）和「大通號」商船，船上有從南京等地逃亡的中國難民 6,000 多人，喪生者有 1,000 多人；還炸傷了英國炮艇「瓢蟲號」（H. M. S. Ladybird），炸翻了蕪湖輪船碼頭。

1937 年 12 月 5 日，美國《紐約時報》刊登美聯社的報導〈日軍飛機轟炸蕪湖英國艦船和碼頭〉（因時差原因），寫道：

> 〔12 月 5 日，星期日，上海訊，（美聯社）〕：在今天對南京南面的長江港口城市蕪湖的空襲中，日軍飛機轟炸了兩艘英國人的船隻和英國人的碼頭。
>
> 兩天之中，日軍總共毀壞 3 艘交戰區內的英國船隻。……
>
> 日軍對蕪湖的空襲致使怡和公司的輪船「大沽號」起火，同時還損毀中國輪船公司船隻「大通號」。每艘船的船員中都有 4 名英國高級船員。
>
> 這兩艘船都懸掛有紅色艦旗。而且與其他內河及沿海英國船隻一樣，這兩艘船的甲板上和兩邊船體都引人注目地漆有英國國旗。[4]

1937 年 12 月 6 日，美國《紐約時報》刊登該報記者德丁 12 月 6 日（因時差原因）發自南京的報導〈日本的轟炸令英國炮艇艇長負傷〉，副題是〈蕪湖空襲令英國商務船兩名英國人受傷，汽船燃燒，多名中國人死亡——飛機阻擊逃亡軍隊，南京遭攻擊，侵略軍離首都僅 25 英里

---

[4] 報導：〈日軍飛機轟炸蕪湖英國艦船和碼頭〉，刊《紐約時報》1937 年 12 月 5 日；前引《南京大屠殺史料集》（29），第 411 頁。

——估計週末佔領〉，其中報導了日機12月5日空襲英國商船與炮艇的情況，報導前的導語寫道：

> 昨天，日軍空襲蕪湖（南京上游）時，一艘英國炮艇、兩艘商務船遭到轟炸。這三艘艦船均明顯地懸掛著英國國旗。炮艇艇長受傷，一艘商務船失火，另一艘被迫靠岸。船上死傷多名難民。南京也遭受了空襲。

接著，在「英國艦船遭到轟炸」的小標題下，報導如下：

> 〔12月6日，星期一，發自南京〕：昨天停泊在距南京上游60英里的蕪湖的兩艘英國船隻遭到了日軍飛機的轟炸。英國炮艇「瓢蟲號」的海軍少校哈里·道格拉斯·巴羅負傷。

> 此外，兩名英國人——英國籍輪船「大通號」的船長及其夫人受了傷。中國人的死傷人數達到200人。

> 遭到轟炸造成失火的船隻是怡和公司的輪船「大沽號」和「大通號」。它們是長江上最新最快的商務船隻。

> 有5架日軍飛機投下了炸彈。大概原本要轟炸附近的蕪湖車站，可是這兩艘商務船被直接擊中，立刻引發了火災，很多躲在甲板下的中國人成了甕中之鱉。「大沽號」向一艘被用作倉庫的老船漂去，火勢蔓延開來。

> 巴羅少校不顧傷勢，駕駛「瓢蟲號」向失火船隻開去，並讓失火船隻遠離其他英國倉庫船。

> 船塢也遭到轟炸，增加了死傷人數。英國亞洲石油公司的新船下水台處也有很多人受傷。[5]

5　報導：〈日本的轟炸令英國炮艇艇長負傷〉，刊《紐約時報》1937年12月6

日軍第二次攻擊美、英船艦發生在 1937 年 12 月 12 日。這天上午 8 時許，在蕪湖的日第十軍野戰重炮兵第十三聯隊炮轟了英國炮艇「蜜蜂號」（H. M. S. Bee）和「瓢蟲號」（H. M. S. Ladybird）以及兩艘英國商船，再次將「瓢蟲號」擊傷，炸死水兵朗厄幹，炸傷另外數人，包括「瓢蟲號」艇長。《洛杉磯時報》1937 年 12 月 13 日報導：

> 兩艘英國炮艇和兩艘英國商船在「帕奈號」被擊中之前，於星期天（本書著者按：指 1937 年 12 月 12 日）在蕪湖遭炮火襲擊。英國炮艇「瓢蟲號」被直接擊中，1 名水手被炸死，另外幾人負傷，其中包括旗艦艦長喬治・奧東納爾。[6]

日軍第三次攻擊美、英船艦也發生在 1937 年 12 月 12 日。這天下午 1 時 38 分，日海軍第十二航空隊的多架戰機輪番轟炸，歷時約半小時，炸沉了正航行在南京上游約四十五公里（二十八英里）處的安徽和縣江面的美國炮艦「帕奈號」（U. S. S. Panay，亦譯「奔尼號」、「巴萊號」、「潘南號」等，排水量四百五十噸[7]），擊傷了由「帕奈號」護衛的美商「美孚火油公司」（亦稱「標準石油公司」）的三艘油輪「美平號」、「美峽號」、「美安號」。

日機對「帕奈號」的瘋狂轟炸與攻擊造成了外籍人員的重大傷亡，其中，「帕奈號」艇長休斯等多人負傷，「帕奈號」水手恩斯敏嘎（Ensminger）、哈塞巴斯（Hulsebus）和「美平號」船長卡爾松（C. H. Carlson）被打死。[8]「帕奈號」上除了該艦官兵外，還載有從南京城裏撤離的美國駐南京使館的外交官與西方國家記者多人。在日機的轟炸和

日；前引《南京大屠殺史料集》（6），第 41～42 頁。

[6] 報導：〈日本人承認炸沉美國軍艦〉，刊《洛杉磯時報》1937 年 12 月 13 日第 1、第 6 版；前引《南京大屠殺史料集》（6），第 78 頁，譯文略有改動。

[7] 〈卡波特科維爾的南京旅行記〉，前引《南京大屠殺史料集》（12），第 73 頁。

[8] 〔美〕〈海軍局調查委員會的報告〉（1937 年 12 月 24 日），前引《南京大屠殺史料集》（12），第 34～38 頁。

機槍掃射中，美國駐南京使館二等秘書J・豪爾・帕庫斯通（J. H. Paxton）等人受傷，義大利記者桑德羅・桑德利（Sandro Sandri）被一塊彈片擊中後腦，於幾小時後死去。

在日機轟炸「帕奈號」時，有兩位美國的新聞短片製作人，美國環球新聞製片公司（Universal News）的攝影記者諾曼・愛黎（Norman Alley）、美國福克斯電影新聞公司的攝影記者艾利克・馬亞爾，冒著生命危險，拍攝下長達 5,300 英尺的日機襲擊該艇的影片。他們最終幸運地得以安全逃生，愛黎只是一個手指擦破了皮，帽子給子彈打穿。

「帕奈號」下沉時，艦上倖存的人員帶著傷員棄艦登上小艇，向岸邊逃去。日機跟蹤掃射。日軍汽艇開抵正在下沉的「帕奈號」炮艇邊，先用機槍掃射，後派遣幾名士兵登上炮艇查看。「帕奈號」的倖存人員只得藏身在江邊的蘆葦叢中。諾曼・愛黎用帆布把他和馬耶爾拍攝的影片膠捲裹好埋入泥中，以防日軍上岸追殺過來。後來他們在當地中國地方政府與居民的幫助下脫險。諾曼・愛黎的電影膠片也被安全挖出並運往上海。

1937 年 12 月 12 日下午，日機還俯衝轟炸了正停泊在南京長江江心的英國商船「黃埔號」與英國炮艇「蟋蟀號」（H.M.S.Cricket）與「甲蟲號」（H.M.S.Scarab），當時，英國與德國駐南京使館的外交人員都避居在這些船艇上。由於「蟋蟀號」炮艇上英國官兵及時、果斷、堅決的回擊，才使他們避免了美國炮艇「帕奈號」那樣的悲慘命運。

「帕奈號」被日機擊沉的資訊首先由安慶等地的美國傳教士報告給武漢的美國駐華使館。西方各新聞媒體在上海與中國其他地方的記者迅速將這一極其重要而敏感的特大新聞傳播出去，刊登在世界各大新聞傳媒上，成為震動一時的「帕奈號」事件。《密勒氏評論報》主編鮑威爾說：「這次暴行的嚴重性，以及它所帶來的國際社會的意義，已被世界各國重要的報社、通訊社的眾多記者加以證實，他們紛紛撰文，從上海向全世界報導整個事件的前因後果。」[9]

---

[9]　〔美〕鮑威爾著，邢建榕等譯：《鮑威爾對華回憶錄》，上海：知識出版社

　　1937 年 12 月 13 日，即「帕奈號」事件發生的第二天，英國路透社電訊報導如下：

〔漢口訊〕：今晨九時三十分，駐華美大使詹森接安慶美教士戴納電話，報告美炮艦「帕奈號」昨在蕪湖附近為日機炸沉消息。據稱，渠由美大使署之亞志森氏報知此事，亞氏當時居於皖省和縣。亞氏報稱，餘生者共五十四人，彼等大約均赴和縣矣。「帕奈號」被轟時，泊於附近之美孚油公司之船五艘有無遇禍者，現尚未悉。「帕奈號」除所載之水兵外，尚載有美大使署職員四人（彼等至最後一時始離南京）。其他美人五、英人一，意人三，餘生者有十五人受傷，內有意人一，且有數人傷勢嚴重。今除美（英）炮艦「蜜蜂號」由蕪湖駛往和縣，援助「帕奈號」之餘生者外，尚有美炮艦「瓦胡號」由九江赴蕪湖，擬載餘生者至上游。昨日下午一時三十分，「帕奈號」正在發無線電報，由此間美炮艦「呂宋號」收接時，電忽中斷，想即此時遇炸也。

〔漢口訊〕：此間美大使館探悉，美炮艦「帕奈號」共載七十六人，內有艦員五十六名，美大使館職員四名，及華人六名。[10]

同一日，上海的《大美晚報》也以顯著的地位做了報導：

英文大美晚報云，今晨（十三日）泊於浦江之美巡洋艦「沃格斯太號」接遞到之消息，謂揚子江美巡隊之炮艦「帕奈號」，昨日下午在距南京上游約二十五哩皖省和縣外之揚子江中中日機炸彈沉沒，此外尚沉美孚火油公司之船數艘。餘生者共五十四人，內有數人受傷，已在和縣登陸。最先之消息乃由美大使署二等秘

1994 年版，第 318〜319 頁。

[10] 路透社 1937 年 12 月 13 日電，刊上海：《申報》1937 年 12 月 14 日第 3 版；前引《南京大屠殺史料集》（1），第 295〜296 頁。

書亞志森由安慶發電話至滬。大美晚報付印時，僅知「帕奈號」
艦長休士亦在餘生者之列。據未徵實之非官場消息，在今日正午
止，死者共十九人，是否為海員，抑為乘客，現尚未悉。英炮艦
聞警後，即駛赴下游，擬載餘生者至蕪湖，但料彼等已全赴安慶
矣。美炮艦「瓦胡號」現亦由九江開往蕪湖。查「帕奈號」共載
五六十人，內有軍官五員，美人中有美大使署職員四人，新聞家
與商家數人，現信艦中並無教士，美人中之著名人物，聞有世界
新聞攝影社之阿萊氏，狐狸影片公司之瑪維爾氏，美聯社之傑姆
斯氏，《紐約時報》之宋諾曼氏（入美國之華人），柯里爾雜誌之
馬歇爾氏，祥泰木行公司之史快亞氏，美孚火油公司之白羅特里
克氏，中國飛機零件公司之裴特森氏。此外尚有倫敦泰晤士報麥
唐納氏，及意國新聞家二人。現信「帕奈號」乃在昨日下午為日
飛機炸沉。昨日下午，「帕奈號」與本埠美國海軍當局通無線電
報時，突然中斷，是否因發電機損壞，抑因受轟炸所致，未能決
定。參加轟炸之飛機，共有幾架，擲彈幾何，中者幾枚，該艦曾
否發炮回擊，今皆未悉。按一二日前，泊於「帕奈號」附近以資
保護美孚火油公司船隻三艘，已遭轟炸，有無沉沒，現亦未悉。
日大使署武官原田少將今晨已乘飛機前往蕪湖，願為謀求解決該
案，並與美當局談判日飛機轟炸美艦事。聞日陸軍飛機曾奉命轟
炸揚子江任何船隻，惟海軍飛機則奉命謹慎將事。日陸軍當局曾
促揚子江中外國船隻駛泊南京蕪湖戰區之外，因華軍現藉揚子江
為唯一退逃之路故也。日軍當局宣稱，中立國船隻宜泊於戰區
之外，如須下碇者，宜泊於華軍運輸外之地點。「帕奈號」因南
京炮火猛烈，且因下關有轟擊之虞，故於星期六日下午駛離南
京。[11]

---

[11] 上海英文《大美晚報》1937 年 12 月 13 日報導，中譯文刊上海：《申報》1937
年 12 月 14 日第 3 版；前引《南京大屠殺史料集》（1），第 295～296 頁。

日機在擊沉「帕奈號」的同時，對停泊或行駛於南京一帶長江中的英國炮艇「蟋蟀號」（H.M.S.Cricket）與「甲蟲號」（H.M.S.Scarab）也進行了攻擊。12月13日英國路透社報導如下：

〔漢口訊〕：據此間接訊，昨日南京之英炮艦與商船屢受日飛機炸彈與機關槍之轟擊。第一次攻擊，乃在下午一時三十分，日飛機三架擲炸彈八枚轟炸英炮艦「克里特號」與「斯卡拉白號」，兩艦均以魯維斯機關炮回擊，日飛機旋轟炸集泊下關上游二哩之英船，擲下炸彈數枚，落於二船之側，險為命中。英炮艦「克里特號」與「斯卡拉白號」至是復發炮以擊日機，而又有日機一隊來攻英炮艦，擲下中等重量之炸彈六枚，但無一命中。英炮艦至是乃用三寸口徑之炮以衛之。英炮艦與商船無一為炸彈所中。垂暮又有日機三架，向英商船作第三次攻擊，擲彈八枚，英二炮艦仍以三寸炮與魯維斯機關炮逐退之。日機第一次攻擊後，英炮艦「克里特號」上之駐南京英海軍長官阿熙璧少佐即向日當局質問，並謂駐滬英海軍長官、英巡洋艦「福克斯通號」艦長鄧達斯，速向日艦隊司令長官長谷川提出抗議，並擔保英船之安全。同時英當局復發與諸英炮艦，遇為飛機實在攻擊時，得發炮回擊之。[12]

「帕奈號」的沉沒與艦上人員的傷亡在美國引起了極大的震動，甚至超過了南京大屠殺暴行在美國引起的震動。美國各大報爭相以顯著的位置報導這一事件。法國通訊社哈瓦斯於1937年12月12日發自華盛頓的電訊〈美國各報大為震動〉，報導如下：

〔華盛頓訊〕：美國炮艦「帕奈號」被日本飛機轟炸沉消息，係在深夜傳到，各報大為震動，咸皆發行號外，爭相登載。國務卿赫爾並發表談話稱，一俟明日當可接獲詳細消息，此際未便加以

---

[12] 路透社1937年12月13日電，刊上海：《申報》1937年12月14日第3版；前引《南京大屠殺史料集》（1），第299～300頁。

評論。此在半官界人士則謂，「帕奈號」因須保護美僑，自有停駐南京附近之必要，加之揚子江已由華軍封鎖，此艦即欲駛往上海，在勢亦不可能。各界人士如紐約州共和黨參議員斐許之流，即將要求政府飭令美國軍艦，盡速離開南京附近，以免意外。但參眾兩院大多數議員答覆報界問話時，均謂美國政府應以強硬態度對付日本云。[13]

　　「帕奈號」事件發生的第二天，即 12 月 13 日，美國總統佛蘭克林‧羅斯福宣布他對日機轟炸「帕奈號」感到「震驚」，並要求日本裕仁天皇立即賠償損失。

　　英國各大報也對日機襲擊英國艦船與炸沉「帕奈號」十分重視，十分氣憤，接連幾天爭相以顯著的位置報導這一事件。到 12 月 16 日，各報「再次熱抄」這次事件。當時納粹德國駐倫敦外交官韋爾曼在 12 月 16 日致德國外交部的電報中，報告如下：

> 今天所有的英國報紙再次熱炒 12 月 12 日遠東的意外事件，其中以炸沉美國炮艇「帕奈號」最為特出。發生意外事件時，《泰晤士報》的一名記者正在「帕奈號」炮艇上。他詳細地描述了日本飛機對「帕奈號」進行投彈和機槍掃射的情況，全體船員離開炮艇登上救生艇後仍繼續遭受攻擊。人員已經撤離的炮艇繼續受到日本軍方汽艇的機槍掃射，日方汽艇上的船員隨後還登上「帕奈號」幾分鐘。其他報紙雜誌刊載了它們上海記者寫的關於該事件的類似描述。
>
> 《泰晤士報》的社論寫道：本報記者的報導千真萬確地證實了對第三國軍艦進行襲擊是蓄意的。日本對汽艇參與襲擊一事闢謠是不可信的。這起意外事件玷污了日本軍隊的聲譽，表明日本最高

---

[13] 哈瓦斯 12 月 12 日的電訊：〈美國各報大為震動〉，刊〔上海〕《申報》1937 年 12 月 14 日第 3 版；前引《南京大屠殺史料集》（1），第 299～300 頁。

司令部和政府沒有履行對日本天皇的義務，即沒有阻止下級軍官對友好國家的無恥挑釁。[14]

數日之後，1937 年 12 月 17 日下午，當奉命前往營救的美國「瓦胡號」炮艇載著「帕奈號」死難者的棺木與疲憊不堪的倖存者終於抵達上海時，美、英等國的公眾的反應更加激烈。「帕奈號」上的倖存者有的僅裹著毯子、中國棉被和破布片，又髒又冷，仍然驚魂未定或已氣息奄奄。他們的遭遇和照片很快便被加上「日軍整整一小時轟炸下的帕奈號受難者」與「在南京的大屠殺和掠奪性統治」之類標題出現在美、英等國的各報上。

留駐南京的五位西方記者由於日軍的封鎖，在南京城裏無法得知「帕奈號」事件的詳情。直到他們於 12 月 15 日在南京港登上運送「帕奈號」倖存者的「瓦胡號」炮艇後，才向那些倖存者採訪到有關詳情。《芝加哥每日新聞報》記者司迪爾當即寫成電訊稿〈「帕奈號」遭日軍襲擊長達半小時〉，於 12 月 17 日發給報社，刊登在當日（由於時間誤差）的《芝加哥每日新聞報》上，報導如下：

> 〔上海，12 月 17 日，發自美國炮艦「瓦胡號」〕：這艘小型軍艦從「帕奈號」的暴行地點開始，向長江下游航行了 220 英里，載著悲慘的死傷者，在日本驅逐艦的護衛下，到達了上海。由一艘英國軍艦和五艘商船隨行的這個奇妙的國際性艦隊為了防止觸及水雷，為了避免遭受來自於岸上的射擊，晚上拋錨停泊，所以這次航程用了將近 3 天。

從在南京乘上「瓦湖號」開始到抵達目的地為止，在這期間，我和「帕奈號」災難的倖存者中的大部分人談了話。他們因為那次連神經都受到折磨的磨難而動容，看來那次 30 分鐘如地獄般的空襲以及之後對飢餓和痛苦日子的回憶還糾纏在他們的心中。

---

[14] 〔德〕韋爾曼：〈致德國外交部的電報〉（1937 年 12 月 16 日），前引《南京大屠殺史料集》（30），第 51 頁。

應被稱做惡作劇的殺戮

船的後面的甲板上有蓋著旗幟的三口棺材。其中一口棺材裏是被殺的 C. L. 恩斯敏噶的遺體，他是芝加哥人，是「帕奈號」的補給員。另一個芝加哥人，新聞攝影師諾曼‧愛黎當時正在冒著生命危險拍攝炮轟的情況，最後僅僅是一根手指受了傷，帽子上開了個洞而倖免遇難。他對我說，恩斯敏噶的死是非人道的惡作劇的直接後果。

「在爆炸的時候，恩思敏噶腳部被流彈的散片打傷，船上的船員棄大船，用小船載著大家向岸邊靠攏時為止，還不是致命傷。」愛黎說，「那時侯，攻擊的飛機中有一架並沒有滿足於大船的沉沒，對著小船衝下來，向我們這些無辜的人猛烈射擊。恩斯敏噶，啊，真是該死，腹部中槍，12 個小時後，在一間簡陋的茅草搭成的房子裏死去了。」

飛機反覆攻擊

愛黎說，攻擊來得太突然，沒有人預料到，炮艦上的人在攻擊發生幾分鐘後才知道到底發生了什麼事情。

「我們當時是聽見有飛機從遠處飛過來的聲音，但是沒有想到有什麼危險。」他繼續說道，「最後只聽到一聲巨響，便有炸彈爆炸了，聲音簡直是震耳欲聾。船激烈地搖動，我們頭朝下被拋了出去，船上裝的貨物像瀑布一樣從上面掉下來。我們爬了起來，我們連逃跑都做不到，只是茫然地站著。我們誤以為日本的攻擊機飛走了。」

「又傳來嗖的一聲，這個聲音轉眼間變成了一片轟鳴，我們感覺到災難就要來臨了。五架飛機向我們飛來，我們還來不及低頭，飛機已經向我們衝下來了。日軍飛機輪番向我們進攻，每次都在我們船的周圍扔下了幾百磅的炸彈。

「大家都嚇壞了，」愛黎繼續說道，……

「義大利的一名報社記者桑德羅‧桑德利跟在我的身後，剛登上樓梯，一塊炸彈的碎片就打進了他的後腦。他叫了一聲『中彈了』，接著用義大利語說了句『這下完蛋了』，最後他痛苦地死去了。」……[15]

但美國政府迫於當時美國國內強大的「孤立主義」勢力的影響，對日本侵華戰爭採取綏靖主義政策，尤其力圖避免介入其中，注意維護美日關係，急於和日本達成經濟與外交上的某種協定，因而他們對「帕奈號」事件在開始表現了一些「震驚」與「抗議」外，並不想將事情鬧大，更不想抓住不放，一開始就採取有節制與努力縮小事態和影響的政策，息事寧人，儘快解決。在「帕奈號」事件發生的第二天，1937年12月13日路透社報導說：

〔華盛頓訊〕：國務卿赫爾昨夜未待關於長江美艦「帕奈號」被日軍轟沉之詳報，即行就寢，故未草擬任何必要之抗議文。事有顯然可見者，國務院現竭力欲使國人反響歸於沉靜。《華盛頓郵報》之言論，可表示國務院之意見。據謂美國未有可使吾人被牽入戰局之關係。吾人根本政策在避免戰事，吾人未有作戰及同時保護遠東美人生命之充分準備云。此間人士以為設被擊沉者係如「魯西台尼亞號」之大船而非為一炮艦，則美國公憤誠可為時局真相所激起。

美國的許多國會議員也表示了強烈的要求對日本侵華戰爭採取綏靖主義的意見，甚至比美國政府走得更遠。國民社1937年12月13日電訊〈美國參議員表示意見〉報導說：

---

[15] 〔美〕司迪爾：〈「帕奈」號遭日軍襲擊長達半小時〉，刊《芝加哥每日新聞報》1937年12月17日；前引《南京大屠殺史料集》（6），第96～98頁。

〔華盛頓訊〕：若干國會議員因美艦「帕奈號」被日本飛機炸沉，今日復向美聯社記者表示，美國軍艦應退出揚子江流域。共和黨眾議員費許稱，美國如必欲在中國境內駐炮艦十艘，則此等事件遲早終將發生，日本已在上海及南京控制揚子江之交通，美艦即早應撤退，現在無論損失如何，尚宜將所有美艦退出戰區。惟美國人民，仍宜以冷靜之頭腦慮之云。民主黨眾議員梅佛里克六稱，美國應早日確定對於遠東之政策，最佳為嚴格之中立，因美國人究以不預他人之為愈。惟民主黨參議員康納里則堅決主張美國應立即要求日本道歉，並賠償一切損失云。[16]

　　1937 年 12 月 14 日，納粹德國駐美國的外交官維希沃夫在向德國外交部的報告中說：

美國的報紙輿論相當一致地支持總統和政府，但議會裏的聲音並不一致。就參議員和眾議員們至今發表的言論來看，他們絕大多數的意見都是不干預與平和的態度，雖然聲明對這起事件表示遺憾，但同時也認為在一個諸如長江三角洲的戰區，無論美國軍艦還是美國公民都不應該留在那裏。只有參議院外交委員會主席皮特曼極為嚴厲地批評這起事件，他在一份強硬的聲明中憤怒地譴責日本軍方的行徑和蔑視美國國旗的態度。[17]

　　當時美國政府甚至不願意將其所知的「帕奈號」事件真相全部公佈於眾，以免激起美國廣大民眾的憤怒影響美日和解。例如，美國環球新聞製片公司的攝影記者諾曼・愛黎和美國福克斯電影新聞公司的攝影記者艾利克・馬亞爾拍攝的長達五千三百英尺的「帕奈號」遭空襲過程的

[16] 國民社 1937 年 12 月 13 日電訊：〈美國參議員表示意見〉，刊上海：《申報》1937 年 12 月 14 日第 3 版；前引《南京大屠殺史料集》(1)，第 298～299 頁。
[17] 〔德〕維希沃夫：〈致柏林德國外交部的報告〉(1937 年 12 月 14 日)，前引《南京大屠殺史料集》(30)，第 50～51 頁。

影片膠片，於 1937 年 12 月 17 日由「瓦胡號」送到了上海，經《紐約時報》駐上海首席記者阿本德等人的安排，迅速轉送美國。阿本德回憶道：

> 「瓦胡號」同時帶來了一組膠片，使《紐約時報》獲得了獨家圖片新聞。這些圖片的重要性與創收能力，均可與 1931 年的林白照片匹敵，這些底片都裝在宋諾曼（本書著者按：即諾曼・愛黎）的口袋裏。諾曼是《紐約時報》的華裔新聞攝影記者，身材瘦小，但勇氣可嘉。

> 諾曼是檀香山土生的華裔美國公民。他一直待在南京。該市淪陷前，他先藏身於美國大使館，直到失守前一刻才登上「帕奈號」，以便前往上游安全地帶。他的處境甚為危殆，因為日本人極可能無視他的美國護照，照樣拷打或殺害他。

> 發生轟炸的那天下午，天氣晴朗，陽光燦爛，出現了不同尋常的暖和天氣。午餐後，諾曼在甲板上找了個庇陰處，伸展四肢，躺下午休。他的相機裏裝滿了膠片，以一根皮背帶掛在胸前。他脫下皮夾克，折起來做個枕頭。幸運的是，皮夾克的口袋裏，還有他塞進去的另外三卷未曝過光的膠捲。

> 最先告訴他輪船挨炸的，是一聲震耳欲聾的爆炸。爆炸掀起的江水和碎木屑灑了他一身。那顆炸彈失之毫釐，落進江水裏。因為離得近，仍把「帕奈號」的一艘救生艇炸成碎片。

> 從那一刻起，宋諾曼便成了那天全球最忙的攝影記者，記錄了炮艇挨炸的每一刻。倖存者逃上岸後，無論受傷與否，都躲進茂密的草叢，日機則來回搜尋，企圖用機槍將他們一一殲滅。這時，宋諾曼又拍下了許多照片。他通過無線電話告訴我，他有滿滿一口袋膠片等待沖洗。「瓦胡號」抵達後，我當即將上海一家最專業的外資沖洗店包下四十八小時，專門沖洗這些照片。

炮艇抵滬前的下午，我找到雅內爾海軍上將（本書著者按：指美國亞洲海軍艦隊司令），請教如何儘量減少耽擱，將「帕奈號」被炸照片送往美國。將軍說，次日上午 7 時，他艦隊最快速的驅逐艦裏，有兩艘將從上海啟程開赴馬尼拉，可讓其中一艘攜帶這批照片。隨後，我通過電報與《紐約時報》駐馬尼拉記者聯繫，得悉若兩艘驅逐艦不受風暴阻滯，它們抵達馬尼拉後三小時，即有一班運輸機飛往三藩市。

我們倆通宵工作，一一辨析每張照片，撰寫圖片說明。驅逐艦起航時，隨艦帶走了三套照片，每套都含照片六十幾張，有些照片有極強的戲劇效果和歷史價值。三套照片一套給紐約總部，一套給《紐約時報》三藩市分社，一套給西雅圖分社。結果，驅逐艦抵馬尼拉遲了，離飛機起飛只剩二十分鐘。我們終於搶到了乾淨俐落的獨家報導。其他記者雖也獲得了照片，看來卻無一知道驅逐艦起航一事，要不，便是不清楚可在菲律賓轉搭運輸機。[18]

　　然而，經阿本德等人千方百計運抵美國的「帕奈號」遭日機空襲過程的影片膠片，在美國影院放映之前，卻被羅斯福總統要求剪去其中的約三十英尺長的膠片。這部分片子的內容是揭露日本轟炸機幾乎貼著甲板向「帕奈號」炮艇射擊，也許是全部片子中的最佳圖像，而且無疑是對日本政府最有力的譴責。但迫於美國政府的壓力，愛黎只得同意刪剪。《帕奈號事件》的作者漢密爾頓·達比·佩里認為，羅斯福要為日本政府對「帕奈號」事件的解釋提供憑證：這次襲擊只是因為錯誤辨認，而不是故意策劃。無疑，美國政府急於平息這次轟炸事件，而它知道那三十英尺的片子會使這樣一種和解成為不可能。

　　但當這部被剪輯過的新聞影片在全美國的影院上映時，仍然激起了美國觀眾的反日的憤怒情緒。1938 年 1 月 18 日，這部新聞影片也在香

---

[18] 〔美〕阿本德著，楊植峰譯：《民國採訪戰》〔原書名《我在中國的歲月（1926-1941）》〕，廣西師範大學出版社 2008 年 7 月版，第 231～233 頁。

港的「國王」與「王后」兩家最大的影院同時上映，並在片首加進了日軍攻進南京燒殺搶掠的鏡頭，作為「帕奈號」遭日機空襲事件發生的背景材料。它使日軍南京大屠殺的暴行進一步向世界廣泛傳播。

日本政府中的主流派基於其對外關係的考慮，在當時要集中力量打擊中國的時候，還不想立即開罪美國，甚至要「維護」與美國的友好關係，因而在「帕奈號」事件發生後，也急於取得美國政府的諒解。在事件發生的第二天，12 月 13 日，日本外相廣田弘毅就迅速向美、英兩國駐日大使表示「道歉」，並表示要賠償損失。路透社 12 月 13 日電訊〈廣田昨向美使道歉〉報導說：

> 〔東京訊〕：今晨十時，駐日美大使格魯訪日外相廣田，謂頃接報告，日本炮彈落於南京美炮艦「帕奈號」附近。謂日當局慎重將事。未幾，廣田接海軍省轉來日飛機轟毀美孚油船數艘，與炸沉美艦「帕奈號」之情報後，即往訪美大使道歉，海陸兩相亦皆因此事往晤美大使署海陸武官。此次意外事件已引起日本官場深切顧慮。因官場極願日美間有友好關係，以期阻止英美兩國在遠東事件中之合作也。日本各報除登載措辭含混之公報外，未發表關於日機轟炸美艦與美孚油船事之情報。[19]

與廣田外相及海、陸兩相「道歉」的同時，日本朝野各界都有向美、英兩國特別是美國道歉的表示，如海軍省次官山本五十六向美國大使與武官的致歉，《東京日日新聞》發出募款造艦賠償的倡議，著名出版商岩波茂雄回應《東京日日新聞》的倡議捐款一千日元，等等。[20]

在上海的日「華中方面軍」司令官松井石根迫於壓力，精心策劃，找來他所熟悉的美國《紐約時報》記者阿本德，發表講話。據阿本德回

[19] 路透社 12 月 13 日電訊：〈廣田昨向美使道歉〉，刊〔上海〕《申報》1937 年 12 月 14 日第 3 版；前引《南京大屠殺史料集》(1)，第 299 頁。
[20] 轉引自程兆奇：〈松井石根戰爭責任的再檢討〉，刊《近代史研究》2008 年第 6 期，第 19 頁。

憶，松井石根與他的會見是在「1937年耶誕節那一週」。松井石根在講話中，將日軍轟炸與炮擊美、英艦船，造成「帕奈號」沉沒的慘案，說成是蕪湖日第十軍野戰重炮兵第十三聯隊聯隊長橋本欣五郎大佐等少數少壯派軍官不聽他指揮的結果：

> 根據松井大將的情況說明，當時，海軍還沒有到達南京。由於陸軍轟炸機不足，海軍轟炸機的多數飛機被送到內陸，而且歸各地陸軍司令的指揮。這樣的一個海軍轟炸機飛行隊在太湖上把12月11日的夜空照得通明。第二天早晨，飛行隊飛向蕪湖，接受橋本大佐的命令，著陸在長江岸邊的飛機場。

> 橋本顯然沉醉在勝利的喜悅中，向飛行隊下達命令：將位於南京上游的「移動物統統轟炸掉」。海軍飛行隊的指揮官向橋本指出：「江面上有美國、英國、法國、義大利的炮艦及中立國的客船、貨船在行駛著，其中也有裝載著從不幸首都逃難的平民的船隻。」於是，橋本情緒激動地威脅海軍飛行隊的指揮官說：如果違抗命令，以在戰鬥區域不服從的罪名，立即正法。

> 以上就是轟炸「帕奈號」，造成美國人及其他中立國人員犧牲，以及標準石油公司輪船爆炸、起火的內情。

> 12月12日的事件是橋本個人直接干預的。屬於他指揮之下的江岸炮兵陣地，奉命向英國內河炮艦「瓢蟲號」、「蜜蜂號」進行直接發炮，從而奪取了英國人的性命。[21]

結果，阿本德「連續發出四篇長篇電訊，從橋本──『帕奈號』──松井三角關係的角度揭露真相，引起巨大轟動，亦造成意想不到的

---

[21] 〔美〕阿本德：《我在中國的生活（1926-1941）》第七章〈是誰下令轟炸「帕奈」號的〉；前引《南京大屠殺史料集》（12），第44頁。

後果。」[22]日方當局不得不將日第十軍野戰重炮兵第十三聯隊聯隊長橋本欣五郎大佐調離現職，但並沒有對他加以懲處。在 1937 年 12 月 24 日，阿本德以〈日軍大佐未被懲戒〉為題，副題為〈「帕奈號」被擊沉時的指揮官橋本仍在陣中，攻擊杭州的部隊向前推進，兩座城市的外國人被日本人警告撤出，恐怖籠罩下的南京被詳細披露〉，報導如下：

記者哈立德•阿本德致《紐約時報》無線電訊

〔12 月 24 日，星期五，上海訊〕：橋本欣五郎大佐還沒有被召回。從可靠部門得到的消息稱，他現在還活躍在戰場上，正率領攜有山炮的部隊向上海南面的杭州進發。

（美國炮艇「帕奈號」12 月 12 日被擊沉、英國炮艇被炮彈攻擊時，橋本大佐是蕪湖地區日軍的指揮官。據說，他告訴過英國海軍軍官，是他下令手下向江面上所有的船隻開火的。據報導，橋本大佐已經調離指揮崗位，以此作為對他的懲戒。）

在前往杭州地區之前，橋本大佐離開蕪湖向南京挺進。上週五，他還參加了佔領中國前首都的入城式。……[23]

1937 年 12 月 22 日，上海《大美晚報》刊登報導〈皇軍在南京的獸行〉，其內容是「紐約電訊」，綜述《紐約時報》所刊該報駐上海「訪員」（記者）亞朋（本書著者按：指阿本德）發去的數則電訊的內容，更著重報導了橋本在「帕奈號」等事件中的作用：

---

[22] 〔美〕阿本德著，楊植峰譯：《民國採訪戰》〔原書名《我的中國歲月（1926-1941）》〕，廣西師範大學出版社 2008 年 7 月版，第 228 頁。

[23] 〔美〕阿本德 1937 年 12 月 24 日上海報導：〈日軍大佐未被懲戒〉，刊《紐約時報》1937 年 12 月 24 日；前引《南京大屠殺史料集》(29)，江蘇人民出版社 2007 年版，第 488～491 頁。

……美國炮艦「帕奈號」橫遭擊沉，與英國軍艦、商船橫遭轟炸，實乃橋本上校直接命令所致。橋本其人，即係去年「二・二六」日本少壯派軍人在東京叛變時首領之一。該訪員並稱：現在應行研究之問題，共有三項：……（三）日軍紀律敗壞之後是否尚可恢復？英、美兩國軍艦、商船被擊案及南京恐怖行為之發縱者與默許者，是否接受懲罰？該訪員對於橋本上校身分加以特別敘述，據稱「二・二六」事變後，橋本上校即為軍事當局予以黜革並削其兵柄，迄至本年秋初，日當局徵集大軍五十餘萬以對華作戰，橋本乃復編入現役。……嗣述及長江英、美炮艦被轟炸事件，該訪員則稱：轟炸各該炮艦之日本飛機，其根據地不在上海，亦不在日本航空母艦，而在極近之太湖方面。此種飛機就一般而言，當與陸軍密切合作。到本月十二日清晨，日機自稱奉命令，對於蕪湖與南京二城之間，所有船隻悉予以擊毀，此後來造成轟動全世界之事件之由來也。[24]

當時西方記者中，抱著像阿本德一樣觀點的，還有不少人。

然而，如本書前面所揭示，將日軍空襲或炮轟美、英艦船完全歸罪於橋本的個人行為，是不符合歷史真實的。正如 1938 年 1 月 12 日美國《華盛頓郵報》所刊報導〈松井將去職〉所指出的：

指揮南京上游蕪湖部隊的橋本大佐最終被最高陸軍當局定為替罪羊。儘管他要負很大責任，他的罪責也應由華中戰場上的廣大軍官共同分擔。[25]

---

[24] 報導：〈皇軍在南京的獸行〉，刊上海：《大美晚報》英文版（The Shanghai Evening Post and Mercury）1937 年 12 月 22 日，漢口：《大公報》1937 年 12 月 25 日譯述；中國第二歷史檔案館、南京市檔案館合編：《侵華日軍南京大屠殺檔案》，江蘇古籍出版社 1997 年版，第 860～863 頁。

[25] 報導：〈松井將去職〉，刊《華盛頓郵報》1938 年 1 月 12 日第 9 版；前引《南京大屠殺史料集》（6），第 143 頁。

　　到了 1937 年 12 月 24 日，日本政府向美國駐日本大使遞交了一份照會，表示同意美國提出的日本所應道歉與賠償的要求。第二天，12 月 25 日，美國駐日大使格魯（Joseph Clark Grew）奉命在一份外交覆照中聲明，美國對日本政府的聲明和提議感到滿意，表示接受日本就「帕奈號」事件的道歉。12 月 26 日，日本外相廣田向格魯表示，美國接受日本的道歉是給他的一件「精彩的聖誕禮物」。[26]「帕奈號」事件就此基本結束。

　　「帕奈號」事件的發生與結局典型地反映了當時美、日、中之間複雜而微妙的關係，反映了美國對日的綏靖政策，更引起了中國輿論的不滿。而西方記者對「帕奈號」事件的最新消息仍繼續關注與報導。1938 年 1 月 4 日，美國《紐約時報》刊登美聯社 1938 年 1 月 3 日發自華盛頓的電訊〈帕奈號倖存者傷勢嚴重〉，副題為〈據報導美國駐南京大使館辦事員加西傷勢嚴重住進上海醫院〉，報導如下：

〔美聯社 1938 年 1 月 3 日，華盛頓訊〕：美國海軍部今天稱，12 月 12 日美國「帕奈號」炮艇沉沒事件中受傷的美國大使館辦事員 E. P.加西傷勢嚴重。

加西先生、炮艇指揮官 J. J.休斯少校以及另外 8 名海軍人員已經住進上海海軍陸戰隊第二旅醫院。

家鄉在新奧爾良的加西先生左腿骨折，且已經被感染。一份致海軍部的報告稱，休斯少校的情況還算令人滿意。他的右髖骨因擠壓骨折。

26　Joseph Clark Grew, The Years in Japan, Reprint of the First Edition(1944) (Westport, CT: Greenwood Press, 1973), P.240；中譯文轉引自楊凡逸：《美日「帕奈號」事件與中美關係（1937-1938）》，臺北：國立政治大學歷史系 2002 年版，第 117 頁。

海軍部稱，另 8 名艇上人員，全都被彈片擊中受傷，情況尚可。他們幾個人不久之後將被轉移到菲律賓群島加納礁上的一家海軍醫院繼續治療。

〔美聯社 1938 年 1 月 3 日，加利福尼亞州阿拉美達訊〕：儘管炮彈碎片還留在腿上和胳膊上，但美國駐南京大使館二等秘書 J. 霍爾‧帕克斯頓仍於今天乘飛機抵達這裏。他準備經轉本地前往華盛頓，向美國國務院彙報「帕奈號」炮艇在中國被炸的情況。

帕克斯頓先生不願意談論轟炸的情況。他的解釋是，他認為自己受到外交官身份的限制，得謹慎自己的言行。不過，他說，他不能理解發動攻擊的日本飛機怎麼會認不出「帕奈號」是美國艦隻的。[27]

　　然而，這已是「帕奈號」事件的餘波，在當時複雜的國際政治中不再能掀起大浪。1938 年 4 月 22 日下午 5 時，日本政府代表在東京向美國駐日大使格魯遞交了一張 2,214,007.36 美元的賠償支票，「帕奈號」事件宣告終結。[28]

　　如前所述，英國在日本侵華戰爭與南京大屠殺事件發生前後，其在華利益，包括其在華的商船、炮艦，以及僑民與外交官的企業、財產甚至生命，也多次遭到了日軍的野蠻侵害，甚至較之美國有過之無不及。在上述事件發生後，日本政府甚至不願向英國做一次像樣的道歉。1937 年 12 月 28 日，日本外相廣田弘毅在答覆英國抗議英國炮艇「蜜蜂號」（H. M. S. Bee）和「瓢蟲號」（H. M. S. Ladybird）以及「瑞和號」等英國商船在蕪湖遭日軍炮擊時，竟稱係日軍無意所致。[29]更有甚者，擔任

27　美聯社 1938 年 1 月 3 日華盛頓電訊：〈帕奈號倖存者傷勢嚴重〉，刊《紐約時報》1938 年 1 月 4 日；前引《南京大屠殺史料集》（29），第 500 頁。
28　楊凡逸：《美日「帕奈號」事件與中美關係（1937-1938）》，臺北：國立政治大學歷史系 2002 年版，第 88 頁。
29　韓信夫、姜克夫主編：《中華民國大事記》第四冊，中國文史出版社 1998 年版，第 226 頁。

日本內相、素以強硬態度聞名的海軍大將末次信正在 1937 年 12 月 11 日發表談話稱，為中國問題不惜與英國一戰[30]，公然對英國進行戰爭威脅。

但英國也像美國一樣，對日本採取了綏靖政策與容忍態度，而且更為軟弱。1937 年 12 月 31 日，英國宣布接受日本的「道歉」，英國炮艇「蜜蜂號」（H. M. S. Bee）和「瓢蟲號」（H. M. S. Ladybird）以及「瑞和號」等英國商船遭日軍炮擊一案遂宣告結束。

第二節　報導日軍在南京大屠殺期間
對西方僑民的粗暴侵害

日軍在 1937 年 12 月 13 日攻佔南京後，在對中國軍民實施四十多天血腥大屠殺的日子裏，多次粗暴侵害居住在南京的西方僑民的人身安全與財產安全，甚至攻擊與侵害西方國家駐南京外交使節人員。這應該成為日軍南京大屠殺暴行的重要組成部分。對此，美、英記者都進行了及時而重點的報導。

1937 年 12 月 15 日，司迪爾在美國炮艦「瓦胡號」上拍發出電訊〈日軍殺人盈萬〉，刊登在當日《芝加哥每日新聞報》上，第一次向世界報導日軍南京大屠殺，其中也揭露了日軍對美國財產的侵奪與搶劫：

〔南京 12 月 15 日，經由「瓦胡號」發出〕……

襲擊美國大使館官員住宅……他們侵入外國人的宅第，包括美國駐華大使納爾遜‧詹森的私人住宅。在美國人所開辦的鼓樓大學醫院中，他們擄走了護士的手錶和錢財，盜走了兩輛美國人所有的汽車，並拔去了車上的美國國旗。……[31]

---

30 韓信夫、姜克夫主編：《中華民國大事記》第四冊，中國文史出版社 1998 年版，第 216 頁。

31 〔美〕司迪爾 1937 年 12 月 15 日電訊報導：〈日軍殺人盈萬〉，刊《芝加哥

1937 年 12 月 18 日，《紐約時報》刊登該報記者德丁發自上海的新聞稿〈專電：所有俘虜均遭屠殺〉，在報導日軍佔領南京後進行慘絕人寰的大屠殺暴行時，指出其中也包括對美國僑民財產的搶劫：

〔12 月 17 日，發自上海美國軍艦「瓦胡號」〕：……

美國人辦的金陵大學醫院（鼓樓醫院）的員工被搶去現金和手錶。護士宿舍的物品也被搶走。美國人辦的金陵女子文理學院的教工宿舍也遭日本兵侵入，食物和值錢的東西被搶。

鼓樓醫院和金陵女子文理學院的建築物上都懸掛著美國國旗，門上張貼著美國大使館用中文寫的官方告示，寫明這是美國人的產權。

甚至連美國大使的官邸也遭侵犯。在得到情緒激動的大使館門役有關大使官邸遭侵犯的報告後，派拉蒙新聞電影社的攝影師門肯和筆者在大使的廚房裏遭遇 5 名日本兵，並要求他們離開。日本兵面露怯色，心有不甘地離開了，只帶走了搶來的一隻手電筒。[32]

在五位美、英記者從南京撤離後，在日軍的嚴密封鎖下，國際新聞界很長時間不能獲得有關南京的任何資訊。直到 1938 年 1 月 6 日，三等秘書兼領事約翰‧摩爾‧阿利森（John M. Allison）、副領事詹姆士‧埃斯皮（James Espy）及其隨員、密碼職員麥克法登（McFadyen）三名美國外交官經日方當局允許，回到南京使館中。阿利森主持大使館的日常事務。他立即進行調查，在許多美國傳教士的幫助下，迅速掌握了關於日軍在南京搶劫美國人的財產、嚴重侵犯美國權益的大量材料。於

每日新聞報》1937 年 12 月 15 日；朱成山主編：《侵華日軍南京大屠殺外籍人士證言集》，江蘇人民出版社 1998 年版，第 317～319 頁。

[32] 〔美〕德丁 1937 年 12 月 17 日發自上海美國軍艦「瓦胡號」專電：〈所有俘虜均遭屠殺〉，刊《紐約時報》1937 年 12 月 18 日；前引《南京大屠殺史料集》(29)，第 477 頁。

是，他在回到南京的第二天，即 1938 年 1 月 7 日，向在武漢的美國駐華大使詹森發出第一次報告。《紐約時報》記者德丁於 1 月 8 日從漢口發出的電訊〈日軍佔領南京以來美國財產遭搶奪〉，副題為〈美國使館官員調查並報告眾多建築物遭洗劫，報告寄給了詹森……〉，刊登在 1938 年 1 月 9 日《紐約時報》第一版上，報導如下：

> 日軍佔領南京以來，美國在該市的財產普遍遭受掠奪。這份情報由已經返回大使館的三等秘書阿利森送給漢口的詹森大使。……

美國財產被搶

記者德丁致《紐約時報》無線電訊

〔1 月 8 日，中國漢口電〕：美國大使館三等秘書阿利森昨天向人在漢口的美國大使詹森提交了一份報告。據該報告稱，自從日軍佔領南京以來，美國在該市的財產遭大範圍掠奪。阿利森先生週四抵達南京，負責美國大使館工作。自 12 月上旬二等秘書艾奇遜以及其他工作人員撤往「帕奈號」軍艦後，大使館裏就沒有美國官方的代表了。

昨天送來的情況通報，實際上是阿利森先生經過數小時匆忙調查後寫出的一份初步報告。他報告說，所有留在南京的美國人均安然無恙。美國房屋只受到輕微損壞，但屋內許多東西遭掠奪，尤其是那些無人守衛的財產。

大使館房屋和財產完好無損，僕役和員工也還安全。不過，替使館年輕的三等秘書道格拉斯·詹金斯（Douglas Jenkins）看房的男孩被日軍濫殺。當時，他正竭力保護詹金斯先生位於使館院落外的家。詹金斯的家被洗劫一空。阿利森先生報告說，總體情況正慢慢恢復正常，但糧食供應受到嚴格限制。阿利森先生，副領事詹姆士·埃斯皮及其隨員麥克法登是週四乘瓦胡（Oahu）號

軍艦抵達南京的。之前，他們幾天都待在停泊在和縣江面段的瓦胡號上。該艦停泊在帕奈號失事現場進行前期救援作業。

貴重保險櫃重新找回

阿利森先生報告說，美國大使館撤退時放在「帕奈號」上的一隻裝有重要文件的保險箱被打撈起來。「瓦胡號」將返回「帕奈號」沉船地，後者沉沒在江面 36 英尺以下的水底。與此同時，打撈工作仍在繼續，如果可行，整條船將被打撈上來。

詹森先生希望儘快得到有關南京形勢的詳細報告，包括美國遭受的損失。……[33]

南京大屠殺期間，英美僑民房屋財產被日軍毀壞。

---

[33]　〔美〕德丁 1938 年 1 月 8 日漢口電:〈日軍佔領南京以來美國財產遭搶奪〉,刊《紐約時報》1938 年 1 月 9 日；前引《南京大屠殺史料集》(29)，第 506～507 頁。

在 1938 年 1 月 9 日《紐約時報》第三十八版上還刊登了德丁於 1937 年 12 月 22 日發自上海的長篇航空通訊〈中國指揮官逃走，日軍暴行標誌著南京的陷落〉，其中也寫到日軍搶劫外國人的財產：

〔1937 年 12 月 22 日，上海訊〕：……

洗劫外國人的財產……

外國人的財產亦未能倖免。日本兵闖入美國教會辦的金陵女子文理學院教師的住宅，隨心所欲地拿東西。

美國人辦的金陵大學醫院也遭到搜查，護士的物品被從宿舍搶走。他們把外國旗幟從建築物上扯下，至少搶去 3 輛外國人的汽車。美國大使尼爾松・詹森的府邸亦被闖入，但是 5 個闖入的日本兵除了拿去一隻手電筒外，還沒搶到東西就被趕了出來。[34]

1938 年 1 月 14 日，《紐約時報》刊登該報當日發自華盛頓的專電，題曰：《美國領事指控南京發生更多的搶劫》，報導阿利森就日本士兵繼續在中國前首都掠奪美國人財產一事，再次向日本駐南京大使館提出抗議：

致《紐約時報》專電

〔1 月 14 日，華盛頓訊〕：美國駐南京領事約翰・M・阿利森已經就日本士兵繼續在中國前首都掠奪一事向日本大使館提出抗議。他今天向國務院報告了此事。他的電報指出，日本士兵侵入美國財產地，毫無理由、毫不客氣地拿走室內物品。

---

[34] 〔美〕德丁 1937 年 12 月 22 日上海電訊：〈中國指揮官逃走日軍暴行標誌著南京的陷落〉，刊《紐約時報》1938 年 1 月 9 日；前引《南京大屠殺史料集》（29），第 517 頁。

阿利森報告說，在過去三天裏，這類案件多次出現。這表明日軍的這種行為不可能再歸咎於一支勝利入城之師的軍紀缺乏。[35]

同日，美國《洛杉磯時報》（The LosAngeles Times）也於第三版刊登美聯社 1 月 14 日發自華盛頓的電訊，題曰：〈（美國）再次向日本提出抗議〉，副題為〈領事報告更多的美國財產遭搶劫〉，報導美國國務院今天宣布，美國駐南京的阿利森領事已照會日本駐南京大使館，儘管美國在此以前已向日本提出抗議，但日軍繼續闖入美國人的房產，擄走美國機構內的僱員。美國政府就美國在華財產遭日軍粗暴踐踏，再次向日本政府提出抗議：

〔美聯社華盛頓 1 月 14 日電〕：

美利堅合眾國就美國在華財產權益遭粗暴踐踏向日本再次提出抗議。

國務院今天宣布，在南京的阿利森領事已照會在南京的日本大使館，儘管美國在此以前已提出抗議，但日軍繼續闖入美國人的房產，搬走物品，擄走美國機構內的僱員。[36]

1938 年 1 月 17 日，美國駐日本大使格魯奉命就日軍在南京連續搶劫美國人的財產，侵犯美國權益，粗暴對待美國國旗事，向日本正式提出抗議。

1938 年 1 月 23 日，美國《紐約時報》第三十五版刊登美聯社 1 月 22 日發自華盛頓的電訊報導，題為〈日軍在南京繼續搶劫；美國領事提出正式抗議〉，報導美國駐南京大使館的三等秘書阿利森於 1938 年 1

---

[35] 〈美國領事指控南京發生更多的搶劫〉，刊《紐約時報》1938 年 1 月 14 日；前引《南京大屠殺史料集》（29），第 521 頁。
[36] 美聯社華盛頓 1 月 14 日電：〈（美國）再次向日本提出抗議〉，刊《洛杉磯時報》1938 年 1 月 15 日第 3 版；前引《南京大屠殺史料集》（6），第 206 頁。

月 22 日向美國國務院的報告，稱，儘管美國駐日本大使格魯向日本正式提出抗議，但日軍在南京仍繼續搶劫美國人的財產：

致《紐約時報》專訊

〔1 月 22 日，華盛頓訊〕：儘管美國已經通過駐東京大使約瑟夫・C・格魯提出過正式抗議，但國務院今天從駐被佔領的中國首都領事約翰・M・阿利森那裏得悉，美國在南京的財產繼續遭到日軍士兵的搶劫。屬於美國人的一定數量的財產已經被日軍士兵從大樓內搶走。而且有一次，10 名在美國建築內避難的中國婦女也被日軍士兵強行帶走。

來自東京方面的報告顯示，已經向上海和南京有關軍事當局下達通令，要求他們阻止非法侵入美國財產地。據說這道通令於 1 月 15 日下達，但阿利森先生幾天後報告說，在 1 月 15 日中午至 1 月 18 日中午之間的這段時間裏，他至少從美國人那裏得到不下於 15 起非法侵入案報告。

「他報告最新發生、最明目張膽的案例發生在 1 月 18 日上午，當時日軍士兵開著 2 輛卡車侵入一座美國基督會大院，搶走一架鋼琴和其他一些財物。為了搬運鋼琴，日本兵在院牆上打開一個大洞。阿利森領事還報告說他不斷讓日本大使館關注這類事件，但日軍仍然每天照常搶奪。」這份聲明這樣說道。

阿利森先生還報告說，兩名日本大使館的外交官和日本南京駐軍司令部的參謀本鄉（Hongo）少佐拜訪過他。他們說收到了日本外務省就此事發來的電報。還說他們已經就此事做出了解釋，並保證採取充分的手段制止今後再發生此類事件。[37]

---

[37] 美聯社 1938 年 1 月 22 日華盛頓電：〈日軍在南京繼續搶劫；美國領事正式

1938 年 1 月 25 日，美國《紐約時報》刊登記者阿本德 1 月 24 日從上海發出的電訊〈混亂在南京持續，它暗示嘩變〉。其中寫道：

> 根據約翰・M・阿利森領事從南京發來的報告，美國對日軍哨兵侵犯美國大使館一事提出了抗議。[38]

1938 年 1 月 28 日，美國《華盛頓郵報》（The Washington Post）刊登美聯社電訊：〈針對美國財產受到襲擊，赫爾對日抗議〉，報導美國政府國務院就日軍繼續侵犯美國僑民財產再次向日本提出抗議：

> 〔發自美聯社〕：美國已經開始對日本「嚴正陳述」，三天內日軍十五次侵犯了南京的美國人財產，不僅是財產，還帶走了十名在那裏避難的中國婦女。

> 昨天美國國務院公佈了此事，之後日本當局又做了「解釋，保證採取措施防止今後再出現此類事件」。

> 美國的抗議源自南京的約翰・阿利森的電報。他報告說，雖已多次提醒日本大使館注意此類事件，但他們連日來毫無收斂。

> 阿利森的報告稱「最近發生了最忍無可忍的」事，日本兵把兩輛卡車開進聯合基督教傳教團的駐地，搶走了一台鋼琴和其他財產⋯⋯

> 國務院已經明確，駐東京的美國大使格魯關於 1 月 15 日日本陸軍省命令上海、南京的日本當局停止侵犯美國人財產的報告屬實。

提出正式抗議〉，刊《紐約時報》1938 年 1 月 23 日第 35 版；前引《南京大屠殺史料集》（29），第 527 頁。

[38] 〔美〕阿本德 1 月 24 日上海電：〈混亂在南京持續，它暗示嘩變〉；刊《紐約時報》1938 年 1 月 25 日第 35 版；前引《南京大屠殺史料集》（29），第 530 頁。

這份東京的命令是繼最近阿利森關於美國人財產受到全面掠奪的報告之後發出的。[39]

美國政府與美國使節對日本政府的一再抗議，不僅沒有遏制住日軍對南京美國權益的侵犯，反而激起了日軍對美國駐南京使節的仇恨。一場更大的外交事件迅速發生了。

第三節　報導日軍毆打美國外交官的「阿利森事件」

在美國政府不斷就日軍多次侵犯美國僑民與外交官人身與財產安全向日本政府提出抗議期間，1938 年 1 月 26 日，美國駐南京使館三等秘書兼領事約翰‧摩爾‧阿利森與金陵大學美籍教授里格斯（C. Riggs，又譯林查理），為日軍強姦一位中國少女事，去日軍憲兵司令部交涉，竟遭到日軍哨兵的毆打；為此，美國政府向日本政府提出抗議。──形成轟動一時的「阿利森事件」。

這是當時國際外交界的一件引人注目的重大事件，是日軍戰機在 1937 年 12 月 12 日轟炸擊沉美國炮艇「帕奈號」後，日、美之間發生的又一起外交事件，也是日軍在南京大屠殺期間的又一起暴行，不僅影響到美、日之間的關係，而且可能影響到正在激烈進行的日、中戰爭，因而引起國際外交界的廣泛關注，更引起了國際新聞界、特別是美、英新聞界的重視與大量的採訪與報導。

約翰‧摩爾‧阿利森（John Moore Allison，又譯愛利生，1905-1978），1905 年 4 月 7 日出生於美國堪薩斯州的小鎮霍頓，生長於內布拉斯加州首府林肯市，1922 年畢業於內布拉斯加林肯高級中學，旋進入內布拉斯加大學，主修政治學，輔修英文，於 1927 年 5 月畢業，獲政治

---

[39] 美聯社 1938 年 1 月 28 日電訊：〈針對美國財產受到襲擊，赫爾對日抗議〉，刊《華盛頓郵報》1938 年 1 月 28 日；前引《南京大屠殺史料集》(6)，第 157～158 頁。

學學士學位。1927 年 6 月，他在內布拉斯加大學基督教青年會的聯繫安排下，前往日本，先後在中學和日本海軍工程軍官學院教授英語，同時開始學習日文。1929 年他來到上海，在美國通用機器公司上海分公司擔任推銷經理。1930 年，他進入美國外交界，成為美國駐上海總領事館的一名職員。1931 年至 1937 年，阿利森先後在東京美國駐日本大使館、神戶美國總領事館和美國駐中國大連、濟南領事館擔任領事。在東京美國駐日本大使館工作期間，他曾參加一個為期兩年的日語研習班，通曉了日語。1937 年 7 月中日戰爭爆發時，阿利森正在濟南領事館任職，時年三十三歲。1937 年 11 月，華北日軍直逼濟南城，華盛頓美國國務院指令阿利森離開濟南，經由青島、上海撤往南京。阿利森於 1937 年 11 月底感恩節前抵達上海，其時日軍正以重兵包抄圍攻南京，戰事激烈，美國駐上海總領事高斯讓他暫時留在上海。

　　1937 年 12 月 12 日日軍戰機轟炸擊沉了美國炮艇「帕奈號」。撤退到該炮艇上的美國駐中國大使館南京留守處的官員等人，有的負傷，有的奉命離開南京。1937 年 12 月下旬，在日軍佔領南京兩週後，美國國務院指示駐華使館派遣人員返回南京，重新開啟大使館，調查處理南京有關美國權益的事務。美國駐華大使詹森因阿利森長期在中、日兩國工作，通曉日語，遂推薦他前往南京。美國有關方面任命阿利森為駐南京大使館的三等秘書兼領事，率領副領事詹姆士・埃斯皮（James Espy，又譯愛斯比）和密碼職員 A・A・麥克法登（McFadyen，又譯麥法迪恩），組成三人領事小組，前往南京，由阿利森主持工作。

　　阿利森一行於 1937 年 12 月 28 日乘美國炮艇「瓦胡號」離開上海。他們先前往安徽和縣「帕奈號」沉沒的長江水域，打撈出美國大使館的外交文件、密碼本及其他重要物件。1937 年 12 月 31 日下午 2 時 30 分，阿利森一行乘美艦「瓦胡號」到達南京下關。他們看到，「岸邊簡直成了屠殺場，可以看見市內到處都發生著小規模的火災，還聽得到槍聲。」[40]

40　〔美〕阿利森 1937 年 12 月 31 日下午 5 時 20 分致美國國務卿電：〈由於繼

顯然，日軍對南京軍民的大屠殺仍在進行中。駐南京日軍當局以「掃蕩仍在繼續」為由，拒絕阿利森等上岸。阿利森等只得隨艦前往蕪湖，查看那裏的美國傳教士等僑民及美國財產受損情況。[41]直至1938年1月6日，日方當局才允許阿利森、埃斯皮和麥克法登三名美國外交官回到南京使館中。他們是南京淪陷後第一批回到南京的外交官。他們下船登岸後，數名日本軍方代表與日本大使館的領事官員到碼頭迎接。他們在進城回使館的沿途，親眼所見都是遭受日軍肆意燒殺搶掠的慘痛景況。[42]阿利森回到南京後，以大使館三等秘書兼領事的身份，主持大使館的日常事務。他經過調查，掌握了關於日軍在南京搶劫美國人的財產、嚴重侵犯美國權益的大量材料。於是，他一方面不斷向日本駐南京大使館提出抗議，另一方面不斷向美國國務院以及移居武漢的美國大使詹森和美國駐上海、北平、東京的外交機構提出報告，使美國國務院多次以美國政府的名義向日本政府提出抗議。同時阿利森還將這些材料提供給美、英新聞傳媒，進行廣泛的揭露與批評。這在本書前面已有記述。

這一切必然引起了日本政府、特別是駐南京日軍對阿利森的極大不滿與仇恨。

日本駐南京使館代理總領事福井淳公開指責阿利森「過於信任美國傳教士的言詞」。[43]

美國《紐約時報》刊登記者阿本德於1938年1月28日從上海發出的電訊《外交官被日軍士兵扇耳光》中指出：

續在「掃蕩」，不許登陸南京〉，前引《南京大屠殺史料集》（12），第65頁。

[41] 〔美〕阿利森：《來自草原的大使》，波士頓：豪頓‧米弗林（Houghton Mifflin）公司1973年版，第34頁。

[42] 〔美〕阿利森：《來自草原的大使》，波士頓：豪頓‧米弗林（Houghton Mifflin）公司1973年版，第35頁。

[43] 〔美〕阿利森：《第40號電報》（1938年1月27日），藏美國國家檔案館，59檔案組國務院檔案，355盒。

日軍發言人還一再指責阿利森自1月6日回南京後不斷嚴詞批評日軍行為的做法。[44]

阿本德於1937年1月31日從上海發出的電訊〈據報導南京的混亂受到警告〉指出：

> 這裏的日方當局稱，每次抗議都出自阿利森先生或其他外交官之手，甚至出自僅與難民營有聯繫的外國人之手。這些案子都得到了迅速的調查，都是由日本領事警察或憲兵陪同外國人進行的。[45]

南京日軍尋機報復打擊阿利森。他們的機會來了。

1938年1月24日晚，幾名日軍強行闖入美國教會開辦的金陵大學，劫持走一名中國姑娘，並對其輪姦。該事件於1月25日由金陵大學美籍教授貝德士和里格斯報告給阿利森。1月26日，阿利森遂和里格斯陪同這名少女前往她被抓去遭受侮辱的地方，一個相當於日軍憲兵司令部的場所查問此事。在那裏，他們竟遭到日軍士兵的毆打。據福斯特1938年1月26日致妻子函記載：

> 我告訴你今天發生的一些事。我們的領事阿利森先生被一個日本兵打了耳光，金陵大學的林查理（即里格斯）先生也受到粗暴對待。日本兵在金陵大學一所校舍中抓走一個少女並加以姦污。她回來時，案情上報領事。阿利森和林查理陪同少女前往她被抓走的地方。這是一個相當於憲兵司令部的地方。有幾個憲兵陪同領事出去。少女被叫進這所建築，也許為了辨認施暴者，但不許阿利森和林查理一同進去，他們站在門內約2英尺處。有個士兵試圖把他們推出去，當時一個官員走過來，怒氣沖沖地吼叫他們

44 〔美〕阿本德1938年1月28日上海電：〈外交官被日軍士兵扇耳光〉，刊《紐約時報》1938年1月28日；前引《南京大屠殺史料集》(29)，第535頁。
45 〔美〕阿本德1938年1月31日上海訊：〈據報導南京的混亂受到警告〉，刊《紐約時報》1938年1月31日；前引《南京大屠殺史料集》(29)，第537頁。

是美國人，一個士兵從背後衝過來並打阿利森一個耳光。當一個曾經陪同阿利森的憲兵告訴別人他是美國領事時，另一個士兵抓住林查理，揪著他的外衣衣領猛搡，直到把它撕破。但他們（堅持）等待著，直到女孩被交還他們。[46]

日軍這種對待美國外交人員的粗暴行為，立即理所當然地引起了美國政府的強烈抗議與國際輿論的廣泛譴責。

阿利森立即前往日本駐南京大使館提出抗議，要求南京日軍當局賠禮道歉。阿利森還迅速向美國國務院做了報告。1938 年 1 月 28 日，美國國務院公佈了阿利森就他於 1938 年 1 月 26 日在南京被日軍一位哨兵毆打之事向國務院的報告，並指示美國駐日本大使格魯向日本提出正式抗議。美聯社 1938 年 1 月 28 日發自華盛頓特區的電訊〈赫爾國務卿抗議（日軍）哨兵侮辱外交官〉，報導如下：

〔美聯社華盛頓特區 1938 年 1 月 28 日電〕：赫爾國務卿今晚指示在東京的格魯大使就日本兵毆打美國駐南京三等秘書阿利森耳光一事向日本政府提出正式抗議。

與此同時，國務院公佈了這一事件的報告，該報告與日本官方的報告有很大的出入。赫爾國務卿就此機會讚揚了阿利森的工作。赫爾的抗議是繼最近向日本強烈抗議日軍粗暴對待美國國旗、劫掠美國人財產之後提出的。……[47]

然而，日本軍方發言人卻搶先在 1938 年 1 月 27 日晚在上海發表聲明，稱「日本兵打美國外交官肇因美國外交官傲慢無禮」。美聯社上海

[46] 章開沅編譯：《天理難容——美國傳教士眼中的南京大屠殺（1937-1938）》，南京大學出版社 1999 年版，第 157 頁。

[47] 美聯社華盛頓特區 1938 年 1 月 28 日電：〈赫爾國務卿抗議（日軍）哨兵侮辱外交官〉，刊《芝加哥每日論壇報》1938 年 1 月 29 日第 1、2 版；前引《南京大屠殺史料集》（6），第 210 頁。

1 月 28 日星期五電訊〈日本人辯稱打（美國）外交官肇因美國外交官傲慢無禮〉，報導如下：

〔美聯社上海 1 月 28 日星期五電〕：日本今天發表的一項聲明說，美國駐南京的高級外交官阿利森顯示出被稱之為「傲慢無禮的態度」後，一名日本哨兵打了他的耳光。

……

由日本半官方的同盟新聞通訊社發佈，並根據日軍發言人對這一事件的描繪而做的這一聲明稱：

事件的發生是由於阿利森採取傲慢無禮的態度，他對待日本士兵的態度猶如警察對待不法之徒。

這也必須歸咎於阿利森不顧本人的外交官身份，對日軍的做法採取公開批評的態度所致。……[48]

美聯社的這則電訊報導刊登在 1938 年 1 月 28 日美國《芝加哥每日論壇報》（The Chicago Tribune Daily）第一版上，四則小標題分別是〈「視士兵為不法之徒」，美國抗議搶劫擄掠〉、〈向領事館抗議〉、〈對事件的報導不盡相同〉、〈新聞檢查官要求密碼本〉。

1938 年 1 月 28 日，美國《紐約時報》刊登記者阿本德 1938 年 1 月 28 日發自上海的電訊〈外交官被日軍士兵扇耳光〉，副題為〈美國駐南京代辦約翰・M・阿利森被打，美國向日本提出抗議，軍方支持士兵的行為，上海日軍發言人稱衛兵在行使權利，國務卿赫爾等待具體報告〉，對「阿利森事件」進行較詳細的報導：

48　美聯社上海 1 月 28 日電：〈日本人辯稱打（美國）外交官肇因美國外交官傲慢無禮〉，刊『芝加哥每日論壇報』1938 年 1 月 28 日第 1 版；前引《南京大屠殺史料集》（6），第 208 頁。

記者哈立德。阿本德致《紐約時報》無線電訊

〔1月28日，星期五，上海訊〕：阿利森給華盛頓方面的報告引發美國官方對日軍 15 次非法進入美國駐南京大使館的抗議。週三，阿利森被一名日本衛兵扇耳光。這次對美國大使館三等秘書的侮辱事件發生在南京，昨天晚上上海日軍發言人就這一事件給出了官方說法：

「這起事件緣於阿利森傲慢的態度，他對待日本士兵猶如警察對待不法之徒。這件事也必定是阿利森不顧其外交官身份，採取公開批評日軍的態度所致。」

可以預見，美國的官方說法完全有別於日方的解釋。因為在阿利森先生向日本駐南京總領事正式投訴之後，日軍駐南京最高指揮官立即派遣一名參謀道歉。

另一起侮辱美國人的事件

另一個名叫里格斯的美國人也被日本衛兵打過耳光。

日軍發言人今天上午說，這個衛兵不會受到懲罰，因為他「只是在履行其職責，因為任何違反衛兵命令的人甚至可以將其擊斃。」當被問及如果這名打人的衛兵沒有過失，那為什麼有軍隊參謀立即表示道歉時，這位發言人說：「這種道歉只是出於禮貌而向官員做出的一種姿態。」

從一批日軍官方發言人對這件事透露出的零星的解釋中可以看出，整個事件全都圍繞著另外一起日軍士兵強姦一名中國婦女的事件而引發的。阿利森先生正在調查一起「涉及一名中國婦女和兩名中國男子的侵害案」，這個事實得到了認可。

這起侵害案之所以引起美國官員的關注，是因為受害者所住的房屋與美國教會大學金陵女子文理學院相連。阿利森先生在一名日本領事館警察和幾個憲兵的陪同下，首先查看了受害者的住所，然後來到附近那棟發生侵害案的樓房。這棟樓房裏住著日軍部隊。

每個人被打了一記耳光

根據日方的說法，由於不讓阿利森先生入內，於是發生了半個小時的爭吵。最後，阿利森先生試圖衝進院子，這時，日本衛兵用英語大聲喝止：「往退後，回去！」但據說，阿利森先生和隨行的美國人里格斯先生已經衝進虛掩的大門裏了。根據日軍發言人的說法，衛兵隨即給這兩個美國人一人一記耳光。

今天上午，日軍發言人還一再指責阿利森自1月6日回南京後不斷嚴詞批評日軍行為的做法。當被問及這些批評是否與阿利森先生最近三天就日軍15次強行、非法侵入美國財產而提出官方抗議有關時，這位發言人說他不得而知。

據報導，某位日軍將軍及其參謀將從東京飛往南京調查美國財產被侵害事件。當記者請告知他們的姓名時，這位日軍發言人表示自己沒有得到通報。這位發言人嚴重不滿上週二發生的一件事，說阿利森先生用粗暴的語言侮辱了日本皇軍。

用了「蠢貨」這個詞

記者提問揭開了這樣的事實：當天阿利森先生即將離開美國大使館院子時，一名日軍憲兵想陪著他，而且試圖跨上汽車踏板。據說，阿利森先生把他推開，並用日語大罵「蠢貨」。

這位日軍發言人說，日本當局認為這是一件非常嚴重的事件。日本大使館發言人宣稱，阿利森先生到南京的時候，他拜會了一位高級參謀，並被告知，由於局勢不穩，許多地方對外保密，如果他要外出，建議他最好接受身著制服的日本衛兵的護送。這位發言人爭辯說，阿利森先生當時同意這麼做。

昨晚，上海日軍發言人把「耳光」事件說成是「另一起最令人遺憾」的事情。他並宣布，「日軍當局已經採取措施制止再次發生類似的不幸事件，並將尋求就地解決方案。」

在上海，公開的、帶有威脅性的不幸衝突事件一直在危險地增長著。日本陸軍、海軍和外交當局向當地全體日本僑民聯合發出呼籲，「不要再做有損日軍美名的事。」這份聲明列舉了上海日本僑民冒充軍官或文官或新聞記者犯下的罪行，並宣稱這些罪行招致中國人的憎恨，對日本的良好聲譽起了反作用，進而破壞了日本在中國的國家政策和目標。聲明威脅將對今後發生的一切違法行為嚴懲不貸。[49]

當日，英國倫敦廣播電臺等在廣播最新消息中，報導了南京日軍毆打美國駐南京使館的三等秘書兼領事阿利森事件。

阿利森事件迅速傳遍全世界。

在 1938 年 1 月 29 日，美國《芝加哥每日論壇報》（The Chicago Tribune Daily）第 1、2 版刊登美聯社 1 月 28 日自華盛頓特區發出的電訊〈赫爾國務卿抗議（日本）哨兵侮辱外交官〉。

在 1938 年 1 月 30 日，上海租界的英文《字林西報》刊登簡訊，報導美國駐日大使格魯，奉美國國務院命，就阿利森事件，向日本政府提出更強烈的抗議；同時報導美國國務院在 1938 年 1 月 28 日公佈了阿利森就他被日軍一位哨兵毆打之事向國務院的報告：

---

[49] 〔美〕阿本德 1938 年 1 月 28 日上海電：〈外交官被日軍士兵扇耳光〉，刊《紐約時報》1938 年 1 月 28 日；前引《南京大屠殺史料集》(29)，第 523～527 頁。

美國官員的報告已發表

〔華盛頓，1938 年 1 月 28 日〕：

國務院今天委託美國駐東京大使約瑟夫‧格魯向日本政府提出強烈抗議，抗議在南京的一名日本哨兵動手毆打美國大使館三等秘書約翰‧M‧阿利森的行為。

目前在駐南京美國大使館代表美國利益的阿利森先生報告，他被一名日本哨兵毫無理由地打了耳光。——在給格魯先生下達指示的同時，國務院公佈了阿利森先生關於這次被打受辱事件的報告，報告與日本人的敘述有很大的不同。[50]

　　在這時，侵佔南京的日軍雖還沒有完全停止對中國軍民的屠殺，但迫於國際輿論的譴責與其自身利益的需要，開始收斂屠刀，著手在南京建立較穩定的殖民主義統治秩序。日本當局更加刻意掩蓋日軍在南京大屠殺的暴行，注意維護與美、英等國的關係，因此，在處理阿利森事件上，在強行辯解了一番以後，1938 年 1 月底，日本陸軍參謀本部派遣第二部（情報部）部長本間雅晴少將來到南京調查處理「阿利森事件」，採取一些措施，緩和與美、英等國的關係。不久，日本駐上海總領事岡崎勝雄作為日本政府的特使，專程赴南京向阿利森當面道歉。[51]

　　1938 年 2 月 13 日，美國《紐約時報》刊登 2 月 12 日東京電訊，題為：〈日本為侮辱美國事件表示道歉〉，副題為〈照會承認南京日軍軍紀敗壞引發混亂，東京方面的命令被強調，日本政府稱將採取「最大努力」制止再度發生攻擊〉。

---

[50] 中譯文引自〔德〕拉貝著，本書翻譯組譯：《拉貝日記》，江蘇人民出版社 1997 年版，第 646 頁。

[51] 〔美〕阿利森：《來自草原的大使》，波士頓：豪頓‧米弗林（Houghton Mifflin）公司 1973 年版，第 41 頁。

致《紐約時報》無線電訊

〔2 月 12 日，東京訊〕：日本今天再次承諾，日本在華部隊將尊重美國國旗、尊重美國公民以及美國財產。這份承諾是在就美國 1 月 17 日抗議日軍攻擊美國公民一事的答覆照會中做出的。

這份寫給美國大使約瑟夫‧C‧格魯並交給大使館參贊尤吉尼‧H‧多曼的照會，內容包括一系列承諾和許多有些意味深長的坦白。照會含蓄地承認，由於全面混亂以及通訊聯絡不善，在攻打南京的最後階段日軍軍紀敗壞。

照會中給出了藉口，也詳細說明了將要採取的措施，以便制止再度發生類似美國人在照會中所抗議的那些事件。

這份照會指出，12 月 24 日，也就是美國炮艇「帕奈號」在長江上沉沒之後，日方就發佈了「最嚴屬的命令」，提請關注美國人的權利和利益。然而，此類事件在南京再度發生了。「由於具體負責保護第三國權利和利益，以及以維護普通治安為目的人員不得已的缺乏，導致對這座城市控制不力，而這種人手不足是由於部隊頻繁向前線調動，各支部隊之間的調防以及需要清除城內殘留的中國潰軍等因素造成的。」

發出「嚴屬的指示」

再則，這份照會接著指出，政府「為使各有關部門完全理解上述命令，於 1 月 15 日和 1 月 20 日發出嚴屬的指示。」

照會強調，「與此同時，各作戰部隊的最高長官一直特別注意盡最大努力爭取令人滿意地解決問題。」

從字面上理解，「最高長官」是指裕仁天皇。但實際上指的是帝國大本營。承認不得不乞求天皇統治下帝國的最高軍事當局讓政府的命令得以遵守，這其中的意味就不需要再明說了。

帝國大本營派往中國的本間（Masaharu Homma）少將，在揚子江流域日軍司令官松井石根大將的總部花了兩天時間，得出結論。松井將軍在軍官會議上一直強調通過屬行嚴厲的軍紀提高帝國軍隊威望的必要性。

根據這份照會的說法，帝國大本營對於「令人滿意的解決」表現出「極大的關注」。首先確認核實情況，然後根據軍法適當地處理責任人，並做出賠償。但照會中對於如何懲罰沒有做出任何承諾。不過解釋說，還需對某些問題作進一步的調查。日美雙方駐華有關部門正在就賠償問題進行評定。

據說，杭州日軍物資短缺，日軍徵發隊犯下錯誤，進入到外國財產地。但據稱，他們只是拿走一些食品而已。

士兵被排除指控

照會中對所謂美國國旗被扔進長江的事件花了很大篇幅進行解釋。據稱，沒有找到直接證據，顯示日本士兵捲入此事甚或知道此事。

比這一否定性辯解更重要的是，照會指出，尊重美國國旗的命令已經下發到每支駐華部隊。所有部隊都傳閱過內有外國國旗圖案以及指示如何對待它們的小冊子。

照會宣稱，日本政府「正在研究採取何種充分有效的措施」以制止類似事件的發生。

同時，照會稱已經採取了以下措施：

1. 從東京派出高級軍官以保障所有的指示得以執行；
2. 在中國重要地點設置專門的軍官，負責處理與第三國權利和利益有關的事務；
3. 加強在中國的憲兵力量。

該照會最後請求格魯大使，向美國政府轉達日本政府迫切希望盡自己最大的努力，制止此類事件再度發生的願望。[52]

同一日，美國《紐約先驅論壇報》（The New York Herald Tribune）刊登美聯社 2 月 12 日發自日本東京的電訊：〈日本針對美國最近的抗議所進行的回答〉，也報導了日本政府外相廣田弘毅就美國所提出的有關美國在華權益受到傷害的抗議，向美國大使格魯提交的照會全文。[53]

阿利森事件解決後，美國政府與南京日軍當局的矛盾集中在要求打破日軍對南京曠日持久的封鎖，重新向美國僑民開放，讓他們回到南京重操舊業。1938 年 5 月 17 日，美國《紐約時報》刊登美聯社 1938 年 5 月 17 日東京電訊〈美國就南京提出抗議，格魯要求東京方面重新向美國公民開放南京〉：

〔5 月 17 日，東京訊（美聯社）〕：美國駐日大使約瑟夫・C・格魯今天就日本依然拒絕美國人返回他們位於南京的家園、重操在南京的事業，向日本外務大臣廣田弘毅提出抗議。

去年 12 月，在日本部隊向南京逼近的時候，美國人撤出了這座城市。自此以後，日本人控制了從上海及其它地方通往南京的交通，並拒絕同意外國人前往南京。[54]

---

[52] 1938 年 2 月 12 日東京電：〈日本為侮辱美國事件表示道歉〉，刊《紐約時報》1938 年 2 月 13 日；前引《南京大屠殺史料集》（29），第 539 頁。
[53] 美聯社 2 月 12 日東京電：〈日本針對美國最近的抗議所進行的回答〉，刊《紐約先驅論壇報》1938 年 2 月 13 日；前引《南京大屠殺史料集》（6），第 165 頁。
[54] 美聯社 1938 年 5 月 17 日東京電訊〈美國就南京提出抗議，格魯要求東京方

第二天，1938 年 5 月 18 日，《紐約郵報》刊登美聯社 1938 年 5 月 18 日華盛頓電訊〈美國向東京訴求在中國的權利〉，報導了華盛頓方面的消息：

> 〔5 月 18 日，華盛頓訊（美聯社）〕：今天，美國國務院方面稱，目前美國正在要求日本允許那些因日軍進攻而被迫撤離的在華美國人返回到他們原來居住的城市。
>
> 駐東京的美國大使格魯已經向日本政府提出交涉，要求日方說明不允許美國人或到他們曾經從事傳道、教育或商務的地方的理由。
>
> 目前，數百位美國人因未能從日本當局得到必要的許可而集中在上海。
>
> 雖然日方宣稱他們的理由是有受傷害的危險，但美國人的看法是，美國傳教士們關於日軍大屠殺的目擊證言激怒了日軍當局。
>
> 這些美國人當中，有的人是希望回到南京進行業務決算的實業家，有的人是聽說住宅和財產受到損害，想回去清點一下，因為如果不這麼做，就不能提出準確的賠償要求。[55]

然而，美國方面的努力與抗議收效甚微，日軍當局有意拖延。除了個別事例外，直到 1938 年 5 月，原在南京的美國傳教士才能比較自由地來往於南京、上海間；外地的美國傳教士直到 1938 年 6 月才被允許進入南京；而美國商人則遲至 1938 年 7 月才最終獲准回到南京做短期的逗留。

面重新向美國公民開放南京〉，刊《紐約時報》1938 年 5 月 17 日；前引《南京大屠殺史料集》（29），第 544～545 頁。

[55] 美聯社 1938 年 5 月 18 日華盛頓電：〈美國向東京訴求在中國的權利〉，刊《紐約郵報》1938 年 5 月 18 日；前引《南京大屠殺史料集》（6），第 203 頁。

　　美國與日本的關係始終處於這種若即若離的狀態。這是由於美、日雙方的軍政利益和外交政策需要所決定的。它遭到了美、英等國家越來越多人的批評，也招致了日本右翼好戰集團的不滿。隨著形勢的發展，美、日間的這種關係行將結束。

　　阿利森本人則在不久後獲准回國度假，於 1938 年 8 月 10 日離開南京，經上海、日本神戶回到美國。他於 1938 年底奉調至美國駐日本大阪總領事館任領事。1941 年 12 月 7 日「珍珠港事件」之後，阿利森與格魯大使及其他美國外交人員被日本羈押達六個月之久。

第四節　抨擊美、英政府的對日綏靖政策

　　美國政府對日本日益露骨的侵略野心與野蠻的戰爭暴行，對日軍侵犯美國的在華權益，甚至公然攻擊傷害美國僑民與美國外交官、空襲炮轟炸沉美國的艦船，所採取的綏靖主義與孤立主義外交政策，遭到了美、英等國家越來越多人的批評。美、英新聞傳媒帶頭發出了越來越強的批評聲音。

　　早在日本當局在 1931 年發動「九・一八」事變，強佔中國東三省，開始了第二次大規模侵華戰爭後，美、英新聞傳媒界的一些有識之士就對美、英政府實行的的綏靖主義政策十分不滿。上海租界的《密勒氏評論報》主編鮑威爾說：

> 自從日本廢除《限制海軍軍備條約》後，美國和參加華盛頓限制軍備的其他列強，至少有兩次機會可以迫使日本屈服，而無須訴諸武力。第一次是在 1931 年 9 月，當所謂的日本「關東軍」在中國發動了「九・一八事變」，侵佔了東北三省時。當時，東京的政府高級官員十分害怕，擔心美國會強調履行條約中規定的保障中國領土主權完整而採取行動。因此，他們想方設法消除美國

人對日本人的猜疑和批評。……日本人的努力獲得了很大的成功。因為美國人不但沒有反對他們在中國的胡作非為，而且還在繼續將戰略物資源源不斷地運往日本。

鮑威爾嚴肅地批評了當時美國盛行的對日綏靖主義政策：

在美國，許多具有影響力的公民，都竭力主張美國政府不要對日本採取強硬的立場，他們錯誤地認為，當時日本政府中主張和平的勢力，完全可能控制住好戰的軍人，使得後者無法輕舉妄動。甚至當時的美國大使格魯也主張採取溫和政策。格魯之所以持這種觀點，是因為他認為如果美國採取強硬立場，可能會刺激日本軍閥採取一種「更為激進的態度」。[56]

在美國的綏靖主義政策的縱容下，日本越來越狂妄大膽，在侵略擴張的道路上越走越快，胃口越來越大。它們霸佔了中國廣大的東北地區、扶植起偽「滿洲國」後，又幾乎馬不停蹄地向更加廣大的中國關內地區擴張、滲透、攻擊，製造了一個接一個的「事變」，展露了鯨吞整個中國的野心與計畫。它也越來越不把美、英等國家放在眼裏。它正積蓄力量，等待時機，徹底將美、英勢力趕出中國，趕出亞洲，讓日本成為亞洲的唯一霸主。

然而，美國的朝野上下，仍然有著相當強大的「孤立主義」勢力，不願美國被裹進亞洲的是非之中，更反對美國政府干預日中戰爭。

在 1937 年 7 月日本發動對華全面侵略戰爭，並一再對英、美的在華權益進行粗暴的打擊與踐踏後，美國政府以及英國政府竟然宣布保持「中立」，除了對日本極為明顯的戰爭暴行提了一些抗議外，卻沒有對日本採取任何實質性的制裁行動，而是實施了妥協、退讓的綏靖主義政

56　〔美〕鮑威爾著，邢建榕等譯：《鮑威爾對華回憶錄》，上海：知識出版社，1994 年版，第 308～309 頁。

策，甚至於繼續向日本供應各種戰略物資。這不僅使中國政府的企盼落空，而且使美、英許多的新聞傳媒十分失望與氣憤。

例如，當日本戰機在 1937 年 8 月 15 日開始對南京大規模空襲後，美國政府害怕引起美、日間的外交糾紛與軍事衝突，一再指示美國駐南京大使詹森對使館與使館外交人員採取嚴密的防護措施，避免被日機傷及，甚至要求他們在日機空襲時逃離南京。《密勒氏評論報》主編鮑威爾在回憶錄中，用諷刺挖苦的筆調對這些生怕惹是生非的美國外交官與美國的外交政策進行了辛辣的批判。這在本書的前面已經寫到。鮑威爾還寫道：

> 當年，住在上海和南京的美國人中間流傳一則笑話，如果旁邊有
> 其他國家的人在場，說話的人就會壓低嗓門。這則笑話雖短，可
> 是卻一針見血。笑話的內容是「你知不知道詹森大使把南京大使
> 館的開支都列為『競選費用』了？」對美國人來說，這句俏皮話
> 具有特殊的涵義，因為它說明了在日本軍隊侵佔南京前的幾個星
> 期裏，南京美國大使館人員的一些不尋常的活動。[57]

再例如，1937 年 8 月 26 日，日本戰機在京滬公路上轟炸了英國駐華大使許閣森的座車，使許閣森身負重傷。這是一起嚴重的外交事件，是日本侵略軍一起野蠻的戰爭暴行，是日本對西方民主國家明顯的惡意挑釁。然而英國政府在接受了日本政府極其勉強、敷衍的道歉後，便不再追究。英國政府對日本侵華戰爭始終採取「中立」、觀望、妥協、逃避的綏靖主義政策與態度。1937 年 11 月 13 日，美國紐約《時代》週刊刊登文章，用頗為俏皮的筆調描述與諷刺英國政府的這種可恥的外交政策：

> 上週，遠東最壞的政治消息，或許可算是英國政府已經讓它在南
> 京的大使，撤離到長江上游距南京 400 英里的漢口，目前那裏是

---

[57] 〔美〕鮑威爾著，邢建榕等譯：《鮑威爾對華回憶錄》，上海：知識出版社
1994 年版，第 310 頁。

中國政府的官方所在地。但忽然又命令大使跋涉 625 英里前往廣
州，再從那裏乘船航行 493 英里抵達上海——日本佔領了的城
市。英國政府與日本商定日本飛機將不轟炸車頂上畫有巨大英國
標記的火車，大使可以坐火車快速前往廣州。美國和其他國家的
駐華使館、代表團，本週還留在漢口，即與蔣委員長的中國政府
待在一起。英格蘭的那些紳士們，心裏在盤算是否承認最終可能
會出現的另一個中國政府，譬如由日本扶植的傀儡形式的政府，
這大概是一個必要的猜想。按照英國外交部的經驗，外交的藝術
就是遠離任何局勢緊張甚至危機四伏的地點，舒適地躲在上海水
域的英國旗艦上。英國國王陛下的大使，將如同一隻貓敏捷靈
活，因為人類戰爭的緣故而跳向任何地方——包括英國。[58]

　　美、英等國的對日綏靖主義政策還典型地表現在 1937 年 11 月 3 日
「國際聯盟」在布魯塞爾開幕的關於中日戰爭的九國會議。中國政府派
遣著名外交家顧維鈞作為代表出席會議。日本政府與納粹德國政府卻拒
絕派遣代表與會。而英國、法國和美國等西方民主國家雖派代表出席了
會議，態度卻並不積極。直至 1937 年 11 月 24 日會議結束，以無結果
而終，並未對日本的赤裸裸的侵略中國行為做出任何實質性的決議。就
在會議期間，日本侵略軍已佔領了上海，並開始向中國首都南京瘋狂進
攻。這使對九國會議滿懷期望的中國政府大為失望，也引起一些美、英
新聞傳媒對西方民主國家的綏靖主義政策的強烈不滿。1937 年 11 月 1
日，美國紐約《時代》週刊刊登文章，對以英國首相張伯倫為代表的綏
靖主義政策進行抨擊：

　　中國政府官員急切地希望羅斯福總統、張伯倫首相，能夠出席布
　　魯塞爾會議，以採取反對日本的具體行動。但他們痛苦地看到張

---

[58] 美國紐約：《時代》週刊 1937 年 11 月 13 日，中譯文引自李輝：《封面中國》，
　　東方出版社 2007 年版，第 202～203 頁；譯文略作改動。

> 伯倫先生上週在倫敦對下院發表的講話：「集中一起參加這次（布魯塞爾）會議，談論有關經濟制裁、施加壓力和採取軍事行動，顯然是錯誤的。我們去是要實現和平。我們到那裏去，不是為了擴大矛盾。」
>
> 假如這意味著張伯倫首相認為以制裁、壓力、武力來反對日本，只是「擴大矛盾」，中國人就擔心張伯倫先生肯定不會採取更強硬的措施——既然沒有任何更強硬的——反而是採取更軟弱的措施，甚至比「壓力」更軟弱。他們想證實越來越多的傳言，說英王陛下的內閣中的大多數成員，更偏向於日本、義大利、德國，而不是中國、左翼西班牙和蘇聯。[59]

美、英等國的對日綏靖主義政策企圖安撫與滿足侵略者，以避免戰爭的擴大，尤其要防止日本將矛頭指向自己，表現了十足的自私與怯懦；然而事與願違，卻進一步助長了日本的侵略戰爭氣焰，終於在 1937 年 12 月 12 日下午 1 時 38 分，公然出動多架日機輪番轟炸，炸沉了正航行在南京上游安徽和縣江面的美艦「帕奈號」，擊傷了由「帕奈號」護衛的美商美孚火油公司的三艘油輪；在這前後，日軍炮兵炮擊了英國商船，日機轟炸了英艦「蟋蟀號」與「甲蟲號」等。這些轟炸與攻擊都造成了西方國家人員的重大傷亡。然而，美、英政府再次對日本製造的這些嚴重外交事件與戰爭挑釁行為採取了可恥的綏靖主義政策，僅僅滿足於日本政府虛偽的道歉與賠償，以及保證不再發生類似事件。這在本書前面已有論述。

當「帕奈號」事件發生時，正在上海的美國海軍亞洲艦隊司令亞內爾（Harry E. Yarnell）海軍上將立即採取了行動，下令停泊在上海的旗艦「奧古斯塔」號留在原地待命，而不按原先計畫開往馬尼拉，並宣稱：

---

[59] 美國紐約：《時代》週刊 1937 年 11 月 1 日，中譯文引自李輝：《封面中國》，東方出版社 2007 年版，第 203～204 頁。

「在中國水域的美國海軍艦艇，是為了保護美國公民的生命和財產，只要這種需要存在一天，美國海軍就將在這兒停留一天。」可是，亞內爾上將的表態並沒有得到華盛頓方面的支持。在美國參議院內，為討論美國炮艦和部隊是否應該從亞洲撤回，引發了一場複雜的爭論。有位參議員甚至主張：「如果日本承認它的過錯並向美國道歉，美國政府就無須再提更多的要求。」[60]美國政府始終沒有提出懲處日方應對這一事件負責的人員。

《密勒氏評論報》主編鮑威爾認為，美國政府對「帕奈號」事件的軟弱態度，是繼 1931 年「九・一八」事變後，又一次錯過了可以迫使日本改變侵略中國政策的機會。他在回憶錄中，寫道：

> 對美國政府來說，第二個可以迫使日本改變侵略中國政策的機會，是在 1937 年 12 月。當時，日本飛機在南京附近的上空有計劃地轟炸、掃射，終於炸沉了長江中的美國海軍炮艦「帕奈號」。然而，美國國務院居然採取了一種軟弱而又優柔寡斷的政策，反而促使日本對美國在遠東的利益，玩弄一種忽緊忽鬆的手法，最終導致了四年後日本軍閥偷襲珍珠港。[61]

面對著美、英等國政府推行的頑固的綏靖主義政策，美、英一些報刊在對之進行批評的同時，還發表文章正告中國政府與中國人民，不要對這些西方大國存有過多的幻想與希望。例如上海租界的《密勒氏評論報》1937 年 12 月 18 日刊載了題為〈歐洲國家的外交〉的社論，文中引述了上海有些中國報紙對當時的歐洲局勢與日本侵華之間關係的評論。當時英、法兩國高層在倫敦舉行會談，英國首相張伯倫（Neville Chamberlain）、外相艾登（Anthony Eden）、法國總理蕭當（Camille

---

[60] 〔美〕鮑威爾著，邢建榕等譯：《鮑威爾對華回憶錄》，〔上海〕知識出版社 1994 年版，第 316 頁。
[61] 〔美〕鮑威爾著，邢建榕等譯：《鮑威爾對華回憶錄》，上海：知識出版社 1994 年版，第 310 頁。

Chautemps）及外長德柏阿（Yvon Delbos）一致認為當前世界局勢需要
西方民主國家採取堅定行動。在會談結束後不久，德柏阿風塵僕僕地訪
問波蘭、羅馬尼亞、南斯拉夫及捷克，這是由於納粹德國有意對此四國
採取行動。中國報刊因此期望，若德柏阿能給四國在財政及軍事上後援
的保證，英、法兩國將能成功地使歐洲局勢穩定與明朗化，就能運用更
多的時間來思考本身在遠東的問題與利益，關心與干預中日戰爭。《密
勒氏評論報》就此評論道，在英、法兩國有時間處理遠東事務之前，英、
法兩國仍會付出更多的心力在中歐的問題上，忙於應付納粹德國的攻
勢，反而更無力顧及遠東局勢與中日戰爭問題。[62]這是希望中國政府與
中國人民在堅持抗戰時，不要將更多的希望寄託在西方大國身上。誠為
至論！

---

62 China Weekly Review, December 18,1937, p.60.；中譯文轉引自楊凡逸：《美日
「帕奈號」事件與中美關係（1937-1938）》，臺北：國立政治大學歷史系 2002
年版，第 126～127 頁。

第十章　英報記者田伯烈及其
《外人目睹中之日軍暴行》

在報導南京大屠殺的西方記者中，英國《曼徹斯特衛報》駐華記者田伯烈無疑是其中最傑出、最優秀、貢獻最大、影響最大的一位。他編寫的英文著作《戰爭意味什麼：日軍在華暴行》及其中譯本《外人目睹中之日軍暴行》是影響世界、名垂千古的不朽名著。

第一節　英國《曼徹斯特衛報》記者田伯烈

哈樂德·約翰·田伯烈（Harold John Timperley，又譯丁博來、廷珀利），1898 年誕生於澳大利亞。他是英國早期移民的後代。後來他去英國定居。第一次世界大戰後，1918 年任英國路透社駐北京記者，來到中國，常駐北京。1928 至 1938 年他改任英國《曼徹斯特衛報》（1821 年創刊）和美國「聯合通訊社」（美聯社）駐北京記者。他在新聞報導工作中成績斐然，聲譽卓著。他還關注與參加了多種社會工作。他是北平公理會教堂的主席。1936 年 7 月他在北平創建了一個社區文化活動中心。田伯烈的辦事處設在北京，但足跡遍全中國與遠東地區。在近二十年的新聞採訪工作中，他結識了中國政界、軍界和新聞界的不少朋友，也結識了一些日本友人。

1936 年初，田伯烈遷居上海，很快成為「中國華洋義賑救災總會」的成員。該會上海秘書辦公室的 V. T.班周在 1936 年 5 月 7 日致上海中心委員會的報告中，寫道：

田伯烈（右一）與國民政府外事顧問端納（左二）等人合影

從上級來的指令：居住在上海的田伯烈先生，現在已經是我們委員會的一名成員了（CIFRC）。田伯烈先生是《曼徹斯特衛報》的記者，他在北平過了十二年，他有許多中國和外國的朋友。他是一個自由開放、有自由觀點的人，他是中國人民的好朋友。……請他出來，我想他會盡他的努力來幫助委員會的。他的住址：上海愛德華七世大道電纜大樓六樓三十四號。[1]

不久，因西班牙內戰爆發，《曼徹斯特衛報》調派田伯烈前往西班牙前線進行實地採訪。田伯烈支持西班牙政府、軍隊和民眾，反對佛朗哥的法西斯暴政。他的正義言行與新聞報導贏得了國際聲譽。

1937 年 7 月 7 日，日本發動盧溝橋事變，日中戰爭全面爆發。英國《曼徹斯特衛報》社深知田伯烈與中國政府及社會各界有廣泛的聯繫，對中國和日本都有很深的瞭解，就立即調派他回中國來觀察戰局與採訪新聞。

---

[1]　「中國華洋義賑救災總會」上海秘書辦公室 V. T. 班周致上海中心委員會的報告（1936 年 5 月 7 日），藏〔南京〕中國第二歷史檔案館；中譯文由郭存孝提供。

　　1937 年 8 月 13 日，上海戰事爆發。田伯烈在這中國的危難時刻來到了上海，並旗幟鮮明地站在中國人一邊。8 月 15 日，日機開始空襲南京。田伯烈冒著危險，親自來到南京採訪。中央社 8 月 16 日的電訊中，報導了田伯烈在南京採訪的一些情況：

〔中央社 8 月 16 日，南京訊〕：十五日，日機十六架進襲首都，被我空軍奮勇抵抗，擊落六架於大校場與句容之間。英國大使與軍事參贊洛伐弗賽、秘書蓋治，及英國《孟卻思特導報》（本書著者按：即《曼徹斯特衛報》）南京特派員田波烈（本書著者按：即田伯烈），十六日午特驅車前往句容視察。以時間關係，只視察毀機兩機而返。據談，渠等親見毀機旁七陣亡之日本飛行員，殘體身上俱縛有安全傘。另一日機則擊落於二百碼以外，機旁亦有日飛行員殘骸。據彼等觀察，日機顯係被華機擊落。（十六日中央社電）[2]

　　當時，上海麥倫書院校長夏晉麟博士[3]和上海滬江大學校長劉湛恩博士[4]、國民政府立法院立法委員溫源寧[5]等人，自發組成「抗敵委員會」，開展抗日救亡各項工作。田伯烈是夏晉麟、溫源寧的朋友。他很快主動參加了「抗敵委員會」，並成為這個委員會的核心人物之一。

---

[2]　中央社南京 1937 年 8 月 15 日電；刊上海：《申報》1937 年 8 月 17 日，張憲文主編：《南京大屠殺史料集》(1)，經盛鴻等編：《戰前的南京與日機的空襲》，江蘇人民出版社 2005 年版，第 246 頁。

[3]　夏晉麟，浙江人，在英國愛丁堡大學獲哲學博士，專攻國際法；在抗戰期間先任中國國民黨中央宣傳部駐倫敦代表，後到美國主持「中國新聞社」的工作；抗戰勝利後，1946 年擔任中國國民政府駐聯合國大使級副代表。

[4]　劉湛恩（1895-1938），湖北陽新人，在美國哥倫比亞大學獲哲學博士；日軍佔領上海後，因拒當南京偽「維新政府」的教育部長，於 1938 年 4 月 7 日被日偽特務暗殺於上海街頭。

[5]　溫源寧，曾任教於北平燕京大學英文系，當選為國民政府立法院委員；在抗戰期間任中國國民黨中央宣傳部國際宣傳處香港辦事處負責人；後任中國國民政府駐希臘大使等職。

　　為適應抗戰形勢的需要，在 1937 年 9 月 8 日，南京中國國民政府軍事委員會在上海設立第五部，從事對外宣傳工作。1937 年 11 月 6 日，軍事委員會撤銷第五部，另組國際宣傳處，繼續原第五部的工作。該處的負責人董顯光、曾虛白等人對上海「抗敵委員會」夏晉麟、田伯烈等的抗日宣傳活動十分讚賞，認為他們是「上海數一數二的（抗日）思想的領導者」，尤其看中田伯烈的才華和能力。董顯光、曾虛白幾次與夏晉麟、田伯烈商議，終使「抗敵委員會」成為國際宣傳處進行抗日救國宣傳的周邊組織。對此，田伯烈很是感動，經常深入前線採訪與報導，頗受好評。

　　在 1937 年 8 月到 11 月日軍進攻上海期間，田伯烈還參與籌建著名的上海南市難民區，救護成千上萬流離失所的中國難民。日本同盟社上海分社社長松本重治曾與他一道工作。松本重治在戰前就與田伯烈熟識，稱田伯烈「是個堅持人道主義、極富正義感的人」。[6]

　　1937 年 11 月 12 日，上海淪陷。日軍迅速發起對中國首都南京的包抄攻擊。田伯烈住在上海英租界，密切關注著中國的戰局，筆耕不輟，向《曼徹斯特衛報》發出一篇篇報導與評論，聲援中國人民的抗日鬥爭。

　　1937 年 12 月 13 日，中國首都南京淪陷。中國的抗日戰爭的形勢更加嚴峻危急。田伯烈卻對中國的抗日戰爭始終充滿信心。在本書前引的、於 1937 年 12 月 17 日發表於英國《曼徹斯特衛報》上的時評〈其後的南京〉，據筆者考證，可斷言其出自田伯烈的手筆。他在南京淪陷的幾乎同時所寫下的這篇時評文章中，指出：「首都是陷落了，但是日軍還沒有給中國的主力部隊以致命的打擊。日本陸軍司令官急著想在中國民眾的警戒沒有擴大的時候，直追中國軍隊至內陸，但結果未能得逞。中國雖然失掉了主要的都市、最大的港口和富裕地區，但是還不能說已經輸掉了這場戰爭。」[7]

6　〔日〕松本重治著，曹振威、沈中琦等譯：《上海時代》，上海書店出版社2005 年版，第 87 頁。
7　專論：〈其後的南京〉，〔英〕《曼徹斯特衛報》1937 年 12 月 17 日；前引《南京大屠殺史料集》（6），第 105〜106 頁。

　　1937 年 12 月 13 日，日軍攻陷南京，隨即對無辜的南京平民展開了瘋狂的虐殺、姦淫、焚燒及掠奪，日軍大屠殺的暴行震驚了全中國，也震驚了全世界。1937 年 12 月底到 1938 年 1 月初，在上海的田伯烈多次向日軍當局提出申請，要求赴南京採訪，但都遭到日方當局的斷然拒絕。田伯烈深感自己「身為新聞記者，職責有關，曾將所見所聞的日軍暴行，擬成電稿，拍發《曼徹斯特衛報》」[8]，力圖將日寇在南京製造慘絕人寰的大屠殺真相迅速地向全世界揭露出來。

　　1938 年 1 月 16 日，上海租界的英文《字林西報》報導：在日軍佔領下的南京，一個日本兵尋找女人不得而槍殺三名六十歲以上的中國婦女，又射傷其他無辜平民數人。當日，田伯烈根據《字林西報》報導的這則「特別令人震驚的（日軍在南京的暴行）案件」，以及他多日對上海、南京等地日軍暴行的調查材料，擬成新聞電稿稿，準備拍發回英國報社。田伯烈寫道：

> 　　自從幾天前回到上海，我調查了日軍在南京及其他地方所犯暴行的報導。據可靠的目擊者直接計算及可信度極高的一些人的來函，提供充分的證明：日軍的所作所為及其繼續暴行的手段，使我們聯想到阿提拉（Attila）及其匈奴人。不少於 30 萬的中國平民遭殺戮，很多是極其殘暴血腥的屠殺。搶劫、強姦幼童及其他對平民的殘酷的暴行，在戰事早已於數星期前即已停止的區域繼續發生。這裏比較優良的典型日本平民感到深痛的恥辱──日軍在各處應受譴責的行為更為日本兵在上海本地瘋狂地製造的一系列地方事件而高漲。今天《字林西報》報導了特別令人震驚的案件：一個日本兵尋找女人不得而槍殺 3 名 60 歲以上的中國婦女及射傷其他無辜平民數人。[9]

8　〔澳〕田伯烈：〈《戰爭意味什麼：日軍在華暴行》作者自序〉，前引《侵華日軍南京大屠殺史料》，第 157～158 頁。

9　〔日〕廣田弘毅：〈1938 年 1 月 17 日發給駐美大使館的電報〉，中譯文引自朱成山主編：《侵華日軍南京大屠殺外籍人士證言集》，江蘇人民出版社 1998

　　田伯烈為了讓西方讀者對日軍在南京大規模的殘暴而血腥的暴行更容易理解，更容易有形象的記憶，在這篇報導中將日軍的暴行比喻為「阿提拉及其匈奴人」。在歐洲的歷史上，從亞洲蒙古高原遷徙到歐洲的匈奴人，在西元五世紀，曾有一位名叫阿提拉的匈奴王。他率領兇悍無比的遊牧部落大軍，橫行歐洲大陸，所向披靡，燒殺淫掠，毀壞了歐洲許多繁華的城市，給羅馬人與日爾曼人帶來巨大的災難。這是歐洲人民的一場浩劫，是歐洲歷史上最黑暗的一頁，是西方幾乎人人都十分熟悉的有關暴虐殺戮的歷史典故，所謂「東方式殘暴」的典型。

　　田伯烈的這則報導有很重要的意義。它在掌握了大量的、翔實而又準確的調查材料的基礎上，**第一次從宏觀上對日軍在上海到南京地區的戰爭暴行做了綜合性與整體性的報導，第一次提出日軍在該地區屠殺中國平民「達三十萬人」的數字**。它不同於留駐南京的西方記者司迪爾、德丁等人以自己個體的觀察與自己的親身經歷所寫的報導。它是綜合、整理、研究了大量的許多像司迪爾、德丁那樣的記者所寫的報導與許多像貝德士、馬吉那樣的西方僑民所提供的材料，才寫出的、帶有結論性的文章。因而，它更有權威性，更有震撼力與說服力，更有史料價值。

　　1938 年 1 月 16 日晚，上海外文電報局的日本檢查員發現田伯烈新聞報導的電稿後，「向當局請示」，予以扣壓。日方的理由是報導內容「過於誇張」，有辱日軍聲譽，「可能危及（日本）軍方的感情」。日方並要求田伯烈前往日軍軍部接受盤問，對報導的「不適當處」進行修改後，方可拍發。田伯烈拒絕了日方的無理要求，並就此事通過英國總領事館向日方提出抗議。1 月 17 日下午，在日軍當局於上海舉行的記者招待會上，田伯烈特就日方當局阻撓他拍發電訊稿及被命令前往日軍軍部一

事，提出責問。日方官員進行詭辯，竟稱「並非如此」，並建議與田伯烈「直接商談此事」，遭到田伯烈的斷然拒絕。[10]田伯烈雖與日軍當局「屢經交涉，都不得要領」。[11]

這樣，田伯烈這篇必將有重要影響與重要意義的報導終沒能及時拍發給英國報社，從而影響世界。

田伯烈這篇必將有重要影響與重要意義的報導卻引起了扣壓下這篇電訊稿的日方當局的高度重視與高度警惕。日本外相廣田弘毅考慮到「因為此事可能為路透社和美聯社大為渲染」，形成對日本政府不利的國際輿論，因而在1938年1月17日特地將田伯烈的這份電報稿作為「特別消息」，拍發給日本駐歐、美各使館，予以通報。廣田的這份電報當時被美國有關方面秘密截獲，後來一直保存在美國國家檔案館中。

接著，在1937年1月19日，廣田又特地向日本駐歐、美所有使館發出電報指示，誣衊田伯烈是「有意以此事製造事端」，還造謠說田伯烈「最近其往漢口時，是由其友人端納出資，讓他去接管蔣介石政權的宣傳工作。」[12]其目的是欲破壞田伯烈作為一個中立國家記者的形象，詆毀他的新聞報導的客觀性與公正性。廣田弘毅要求日本駐歐、美所有使館提高警覺，共謀對策，加以防範。

但田伯烈的這篇電訊稿的中譯文不久在中國的報刊上披露出來。1938年1月24日，武漢《申報》（漢口版）等刊登了這篇報導的中譯文的主要內容：

10　〔日〕廣田弘毅1938年1月19日拍發給日本駐美國大使館的1257號電報，藏美國總統國家檔案館；中譯文引自《民國檔案》1998年第3期楊大慶：〈1938年1月17日「廣田電報」考證〉。
11　〔澳〕田伯烈著，楊明譯：《外人目睹中之日軍暴行‧作者自序》；《侵華日軍南京大屠殺史料》編委會、南京圖書館合編：《侵華日軍南京大屠殺史料》，江蘇古籍出版社1997年版，第158頁。
12　〔日〕廣田弘毅1938年1月19日拍發給日本駐美國大使館的1257號電報，藏美國總統國家檔案館；中譯文引自《民國檔案》1998年第3期楊大慶：〈1938年1月17日「廣田電報」考證〉。

自余返上海後，余曾設法調查日軍在南京及其他各地殘暴行為之
真相，據目睹者之口述及極可靠方面的函述，日軍行動的暴虐，
較中世紀匈奴之殘暴猶有過之，在長江下流一帶被日軍殘殺之中
國人民，達 30 萬人。至於日軍其他之姦淫掠奪之行為，更不勝
枚舉，即中年婦女，亦不免被姦。此種殘暴行為，在日軍佔領已
數星期之地方，仍極盛行，被殺之華人，亦與日俱增，此種行為，
皆為日軍之羞。高尚之日人聞之，皆無以自容。[13]

1938 年 1 月 31 日，武漢《大公報》（漢口版）刊登該報總編輯張
季鸞寫的社評〈春節念受難同胞〉，就以田伯烈的這篇報導作為日軍在京
滬沿線屠殺三十萬中國平民的原始依據，寫道：「英記者田伯烈氏報告，
敵軍在京滬線殺戮的平民至少三十萬人，姦污婦女，雖老婦不免。」[14]

在日方當局於 1938 年 1 月 16 日扣壓田伯烈的新聞稿後僅五天，在
1938 年 1 月 21 日，田伯烈再次遭遇日軍當局蠻橫無理地扣壓其報導日
軍暴行的新聞電訊稿的事件。

如前所述，在 1938 年 1 月 21 日，上海租界的英文《字林西報》發
表了一篇社評，痛斥日軍在佔領南京一個多月後，「南京的殘暴行為還
在繼續，甚至自南京陷落直到最近幾天，仍然有強拉婦女、姦淫擄掠的
事情」，日軍軍紀弛蕩，任意屠殺市民，姦淫擄掠，「到現在已經發展成
了一種習慣。在全世界的面前，擺著這樣殘酷的行為，我們還能夠猶疑
嗎？」[15]田伯烈當即寫成一篇新聞電訊，其中援引《字林西報》的這則
社評，參照他本人從南京所得到的消息，證明《字林西報》社評所述不
誤，再次記述了日軍在南京的種種暴行，準備拍發給英國的報社。然而，

[13] 〔澳〕田伯烈：〈1938 年 1 月 16 日新聞電訊稿〉，中譯文刊〔武漢〕《申報》（漢口版）1938 年 1 月 24 日。
[14] 社評：〈春節念受難同胞〉，刊《大公報》（漢口版）1937 年 1 月 31 日；前引《南京大屠殺史料集》（6），第 475 頁。
[15] 中國第二歷史檔案館等合編：《侵華日軍南京大屠殺檔案》，江蘇古籍出版社 1997 年版，第 850～852 頁。

他再次遭到了日本當局的阻攔。上海外文電報局的日本檢查員見到田伯烈的這則新聞電訊稿後，先以電話要求田伯烈將新聞電訊稿撤回。在田伯烈予以拒絕後，日本檢查員遂扣壓了這則新聞電訊稿。田伯烈就此向日本駐上海總領事提出了抗議，同時將這則新聞電訊稿原件抄呈英國駐上海領事館，請求對日本當局進行嚴正交涉。[16]

當日，日方上海當局匆忙舉行外國記者招待會。日本官方發言人在會上斥責《字林西報》的社評批評日軍在南京的暴行是「惡意的誇大內容，無從證實，且兼誣衊日軍名譽。」在場的田伯烈以英國記者的身份，當即與日本官方發言人辯論。田伯烈說，南京暴行消息均可證明，使日方發言人語塞。[17]

第二天，1938 年 1 月 22 日，上海租界的英文《密勒氏評論報》（The China Weekly Review）第 1～2 頁刊登報導《日本新聞檢查扣下所有關於暴行的報導》，其中重點揭露了田伯烈關於南京大屠殺的新聞電訊稿於 1938 年 1 月 16 日晚被上海外文電報局的日本檢查員予以扣壓的情況。1938 年 1 月 23 日晚 22 時 10 分，上海「中華全國基督教總會（NCC）」的廣播電臺也廣播報導了有關消息，說：「《曼徹斯特衛報》記者田伯烈先生欲採訪日軍司令部，遭到日本人阻止。」並援引英國《曼徹斯特衛報》就此發表的評論：「沒有一支軍隊會喜歡別人報導它的惡行，但絕沒有權利禁止新聞監督。」[18]果然，田伯烈並不氣餒。一方面，他繼續深入採訪寫作關於日本侵華戰爭與南京大屠殺暴行的新聞消息，連續向報社拍發電訊稿。例如他在 1938 年 2 月 7 日《曼徹斯特衛報》第十版發表了報導〈南京的恐怖狀態（1）〉，副標題為〈在這座被佔領的城市到處是搶劫和暴行，日本士兵失控〉，詳盡報導了日軍南京大屠殺的暴行，報導一開頭寫道：

---

[16]　前引《南京大屠殺史料集》(6)，江蘇人民出版社 2005 年版，第 471 頁。
[17]　前引《南京大屠殺史料集》(6)，江蘇人民出版社 2005 年版，第 471 頁。
[18]　轉引自〔德〕拉貝著，本書翻譯組譯：《拉貝日記》，第 495 頁。

日本軍事檢查員已經阻止了《曼徹斯特衛報》駐上海特派記者發出的有關日軍在南京暴行的任何報導。當這名記者提出申述時被告知，這些報導是「誇大其詞」和「不真實的」。然而，通過直接從南京得到的一些證據所披露出來的細節，日本人在南京現在可能已經到了恐怖統治的程度。

然後，這篇報導以血的事實揭露了日軍在南京的暴行：

日本軍隊於 12 月 13 日進入南京城，第二天就有大約 5 萬名日本兵在這座擠滿了中國難民的城市內大開殺戒。日本士兵在城內隨處遊蕩，搶劫中國人的錢財、食品和衣物，闖入民宅，企圖強姦婦女，並且打傷或殺害抗拒其要求的任何人。成千上萬的難民都聚集到外國傳教士保護下的金陵大學裏避難。在一些建築上還插著美國國旗，但是也起不到任何的保護作用。日本兵破門而入或者翻牆進入，扯下美國國旗，並用刺刀威脅外國人。國際安全區委員會和金陵大學當局多次向日本大使館提出抗議，都沒有結果。……

這篇報導可貴的是，以「外國人所目擊的情況」做證言，逐日記載了「南京到底發生了什麼」。

報導最後總結道：

以上所述僅僅是所發生事件的一小部分，由於外國人的存在和「保護」，那裏的局勢相對而言要好一些。要完全想像出那座被日本佔領下的城市裏的的恐怖和苦難程度恐怕是很困難的。

報導還指出，現在南京的局面有所改善，然而，「這不是由於日本將軍們發了慈悲——他們自己已顯示出十足的冷酷無情，而是由於相關報導不顧審查制度已開始傳向外部世界，引起了外交官們的焦慮。」[19]

---

[19] 〔澳〕田伯烈：《南京的恐怖狀態（1）》，〔英〕《曼徹斯特衛報》1938 年 2 月 7 日；張憲文主編：《南京大屠殺史料集》（31），江蘇人民出版社 2007 年

多麼真實，又多麼深刻！在這裏我們看到了田伯烈名著《外人目睹中之日軍暴行》的最初表述。

　　田伯烈於 1938 年 2 月 8 日又在《曼徹斯特衛報》第九版發表了〈日軍在南京的暴行〉，副標題為〈松井將軍擔憂，外國的批評已經奏效，對指揮官的講話〉；於 2 月 11 日在《曼徹斯特衛報週刊》(The Manchester Guardian Weekly) 上發表了《關於日軍的掠奪與暴行》；於 1938 年 2 月 14 日在《曼徹斯特衛報》第 13 版發表了〈南京的恐怖狀態（2）〉，副標題為〈進一步詳情，外國人財產遭受劫掠〉。這些報導文章進一步揭露了南京大屠殺的暴行。

　　在這同時，田伯烈「決定搜集檔憑據，以證明我所發電稿的真實性」。結果，他「從最可靠各方面獲得許多確鑿的憑證，同時發覺事態之慘，殊出人意表，因此我才想到這些憑據大有公諸世界的必要。」[20]即他從「南京安全區國際委員會」以及在南京的西方僑民貝德士、馬吉、費奇等人那裏搜集了關於日軍南京大屠殺暴行的大量第一手材料，還搜集了上海租界《密勒氏評論報》、《字林西報》等報刊的有關報導，對日軍南京大屠殺的暴行有了更全面、更深刻的瞭解與認識。田伯烈感到，僅寫一些短篇的新聞報導刊登在不同國家的不同報紙上，是不能充分地向全世界揭露日軍在侵華戰爭中的暴行，尤其不能在世界人民中引起長時期的關注、震撼與鼓動作用。必須要編寫出一本有份量的較長篇的專門著作來詳實報導與充分揭露日軍的在華暴行，特別是南京大屠殺。因此，大約在 1938 年 1 月下旬，田伯烈有了編寫有關日軍在南京等佔領區戰爭暴行專著的打算與計畫。

　　當時，田伯烈曾將編書的打算與計畫告訴他的好友溫源寧，徵求他的意見。溫源寧當時正在香港任「國際宣傳處香港辦事處」負責人，進行對外抗日宣傳工作。他於 1938 年 1 月 28 日給田伯烈回信說：

版，第 560〜562 頁。

[20] 〔澳〕田伯烈著，楊明譯：《外人目睹中之日軍暴行》；前引《侵華日軍南京大屠殺史料》編委會、南京圖書館合編：《侵華日軍南京大屠殺史料》，第 158 頁。

關於你的編書計畫，我還沒有最後的考慮，不過我會放在心上，
稍後會把我的看法告訴你的。[21]

田伯烈也將他準備寫作關於日軍在南京等地暴行的專門著作，告訴
了戰時留駐南京的西方僑民，特別是幾名美國傳教士，得到了他們的完
全贊同與大力支持。

如前所述，1938 年 2 月 11 日，金陵大學美籍教授貝德士從南京給田
伯烈寫信，鼓勵田伯烈寫作系統揭露日軍在南京暴行的專門著作，還讓
田伯烈去上海「中華全國基督教總會（NCC）」，找該會幹事鮑引登（Charles
L.Boynton），在教會的圖書館裏查看、複製保存在那裏的「南京安全區
國際委員會」的文件。1938 年 2 月 16 日，田伯烈來到上海「中華全國
基督教總會（NCC）」幹事鮑引登的辦公室，仔細閱讀了收藏在這裏的「南
京安全區國際委員會」的文件，並做了複製。田伯烈得到的「南京安全
區國際委員會」的文件中，最為重要的有貝德士寫於 1937 年 12 月 15 日
的〈南京一瞥〉，寫於 1938 年 1 月 10 日的那封著名的〈致朋友函〉，以
及貝德士在日軍大屠殺期間寫給日本駐南京大使館的多封抗議信件；有
擔任「南京安全區國際委員會」總幹事的基督教男青年會牧師喬治·費
奇（G. A. Fitch）在 1937 年 12 月 10 日到 1938 年 1 月 11 日在日軍南京
大屠殺期間的日記；還有「南京安全區國際委員會」的重要文件等。

1938 年 2 月 12 日，擔任南京安全區國際委員會總稽查的約翰·馬
吉牧師請回南京視察的瑞記祥泰木行的美籍經理比舍普立克在返回上
海後，將其拍攝的記錄日軍南京大屠殺的影片《南京暴行紀實》拷貝一
份。田伯烈對該紀錄電影片進行了剪輯加工，並在必要的地方插入一些
畫面標題。他委託居安·阿若德（Julean Arnold）將膠片帶到美國去。
1938 年 2 月 16 日，田伯烈在給豪恩貝克博士的信中寫道：「我的任務
是剪輯這個影片多餘的地方，做了為了不解釋就能讓人明白插入一些標

---

[21] 溫源寧：《給田伯烈的信》（1938 年 1 月 28 日），中國國民黨中央宣傳部檔
　　案，藏南京：中國第二歷史檔案館。

題之類的事情。……該片以生動的圖像向我們展示了日軍佔領中國首都時的恐怖景象。」[22]

所以，田伯烈是最先看到馬吉影片的人士之一。他從電影紀錄片中翻印了一套照片，並得到了馬吉撰寫的影片解說詞。這些材料後來都成為田伯烈撰寫《戰爭意味什麼：日軍在華暴行》內容的重要來源之一。

田伯烈最初的想法，是準備將他編寫的著作的主題與題材，限定在日軍在南京一地的暴行，即日軍南京大屠殺上；書名為《在南京的考驗》（The Ordeal of Nanking）或其他類似的名字。全書以貝德士、費奇等的書信、日記為主要內容，而把與南京安全區相關的全部文件，作為貝德士、費奇等人書信後的附錄收入該書。1938 年 2 月 17 日，田伯烈在給貝德士的信中說：

> 你 2 月 11 日來信證實了你帶給鮑引登的消息，鼓勵我寫作這本書，而且意味著你同意費奇順便訪問美國。……
>
> 昨天我去鮑引登的辦公室，仔細閱讀了他們有關南京和其他地區的檔。僅南京一地的資料就很多，我真想把這本書限定在這個主題，寫成一本個案歷史，書名叫《在南京的考驗》（The Ordeal of Nanking）或其他類似的名字。
>
> 經過進一步研究，我想把與南京安全區相關的全部文件，作為費奇、你和其他人書信後的附錄。你認為我這樣做合適嗎？是否會有一些文件你認為不宜出版？如果你能得到更多目擊者的故事，這對書的第一部分十分有用。如果你能給我一個明確的指示，哪些文件或哪部分文件應當刪除，這將會幫我大忙。

22　〔澳〕田伯烈：〈有關喬治‧費奇來美和紀錄影片〉（1938 年 2 月 16 日），前引《南京大屠殺史料集》（12），第 183～184 頁。

> 我希望能給貝德士夫人提供一些速記幫助，減輕在鮑引登辦公室
> 拷貝材料的負擔，並為公眾目的搜集其他材料。[23]

貝德士不同意田伯烈將該書的主題與題材僅限定在南京一地，建議應增加收錄日軍在中國其他城市暴行的材料。田伯烈接受並採納了貝德士的絕大多數意見。他將這本專著編寫的範圍擴大到日軍在長江三角洲各地乃至在華北、華南等地區的暴行，當然，重點是南京大屠殺。

第二節　英文著作《戰爭意味什麼：日軍在華暴行》

從 1938 年 1 月底、2 月初開始，田伯烈在搜集了大量的「南京安全區國際委員會」的資料，特別是貝德士、馬吉、費奇等人提供的關於日軍南京大屠殺暴行的材料，以及其他各地傳教士提供的關於日軍施暴的材料，還有上海租界《密勒氏評論報》、《字林西報》等報刊的有關報導材料，在佔有了這些豐富、翔實的第一手資料後，便隱居起來，編寫專著。

1938 年 3 月中旬，田伯烈由上海到武漢，繼續搜集有關資料，編寫專著。在 1938 年 3 月 21 日，全書脫稿，約十餘萬言。他將書名定為 What War Weans: The Japanese Terror in China（《戰爭意味什麼：日軍在華暴行》）。

1938 年 3 月 23 日，田伯烈在武漢為此書作序。他說明了他編寫此書的緣由與資料來源，指出「本書的目標，扼要言之，在以日軍如何對待中國平民的事實，向全世界公佈，力求真確，不存偏見，使讀者清楚地認識到戰爭的悲慘現實，並剝奪掉戰爭的虛偽魔力。後者是好大喜功

---

[23] 〔澳〕田伯烈：〈致貝德士函〉（1938 年 2 月 17 日），中譯文引自章開沅編譯：《天理難容——美國傳教士眼中的南京大屠殺（1937-1938）》，南京大學出版社 1999 年版，第 34 頁。

的軍閥們所不能忘情的。」他衷心地將此書「貢獻給全世界為維護世界
和平、消滅戰爭恐怖而奮鬥的人士」。同時，他聲明，「本書的目標絕非
挑撥對於日本人民的仇恨」，他誠摯地向一些反對日本侵略中國的正義
的日本人士甚至在華的日本官員表示了敬意。[24]

　　1938 年 4 月初，田伯烈回到上海。他為即將出版的英文《戰爭意
味什麼：日軍在華暴行》一書，專門來到日本同盟社上海分社事務所，
找到日本同盟社上海分社社長松本重治。他們曾在 1937 年 8 月到 11 月
日軍進攻上海期間，一同籌建上海南市難民區，建立了較密切的交往與
關係。田伯烈告訴松本重治，他編寫的《戰爭意味什麼：日軍在華暴行》
一書，決定出版發行了。田伯烈介紹了這本書的主要內容是揭露日軍在
佔領南京後實施大屠殺的暴行等。田伯烈向松本重治解釋說：

> 這件事，雖說非常對不起善良的日本人民，但從廣義上講，我只
> 是想告訴世界，戰爭改變了人，是應該讓人感到可悲可憎的事。
> 可這本書還是作為反日刊物編輯的。特別是對於日高先生和松本
> 先生兩位，南市難民區的建立得到了你們的鼎力相助，而我卻好
> 像用這樣的惡意回報了你們的好心，所以我的內心也感到萬分痛
> 苦。另外，鑒於目前的時局，我避免使用真實姓名，但在序文中
> 我還是向兩位表示了衷心的敬意。不管怎樣，說到底還請把它作
> 為反戰刊物接受吧！

　　聽了田伯烈這番語重心長、頗有感情的話後，松本重治說：

> 田伯烈君，我也是一個普通的日本人，我也認為日軍在南京的暴
> 行和屠殺是最可恥的行徑。你的著作，也許現在具有反日的作
> 用，但絕不會一直如此。對於中國還有全人類，我們日本人才該

---

[24] 〔澳〕田伯烈著，楊明譯：《外人目睹中之日軍暴行》作者原序；前引《侵
　　華日軍南京大屠殺史料》，江蘇古籍出版社 1997 年版，第 157～159 頁。

在真誠謝罪的同時，把你的書作為精神食糧認真反省。你這樣有
禮貌地來向我說明，反而讓我感到非常痛苦。[25]

田伯烈眼看在日軍暴力威脅下的上海已無法出版他的「反日」著
作，因此決心回英國尋找機會。

董顯光支持田伯烈的計畫，希望他去英國、美國出版此書，擴大影
響，竭力揭露日本侵華罪行，爭取國際和平力量對中國抗日大業的聲援
和支持。

田伯烈於 1938 年 5 月回到了英國。他以最快的速度，使書稿在倫
敦出版。全書 220 頁，計有正文九章，另有七個附錄：

第一章　南京的活地獄

第二章　劫掠、屠殺、姦淫

第三章　甜蜜的欺騙和血腥的行動

第四章　惡魔重重

第五章　華北之恐怖

第六章　黑暗籠罩下之城市

第七章　空襲與死亡

第八章　惡魔的陰謀

第九章　結論

附錄之一　南京暴行報告

附錄之二　南京暴行報告（一續）

附錄之三　南京暴行報告（二續）

附錄之四　國際委員會之信函文件

附錄之五　攻佔各城市之日軍部隊

附錄之六　南京的「殺人競賽」

附錄之七　請看日方之報導

25　〔日〕松本重治：〈上海時代——記者的回想〉；前引《南京大屠殺史料集》
　　（10），江蘇人民出版社 2005 年版，第 430 頁。

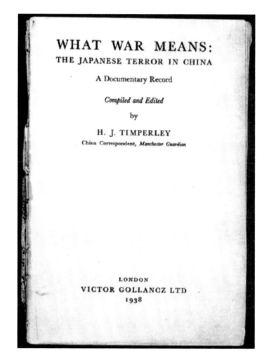

田伯烈編著的 *What War Weans: The Japanese Terror in China*
（《戰爭意味什麼：日軍在華暴行》）封面。

　　第一到第四章，是全書的核心部分，其內容是記述日軍在南京大屠
殺的暴行，引用的是貝德士與費奇的書信、日記等材料。第五章的內容
是記述日軍在華北地區的暴行；第六章的內容是記述日軍在長江三角洲
地區蘇州、無錫、蕪湖、杭州等地的暴行。這兩章引用的都是當地西方
傳教士提供的書信與日記等材料。第七、八章是引用上海租界英文《字
林西報》、《密勒氏評論報》等「洋商報」的文章，記述日軍對中國各地
的野蠻的空襲與有計劃的破壞行為，其中有日機對南京長期的空襲與空
中屠殺。第九章是田伯烈作為全書著作者寫的「結論」。附錄則收錄了
「南京安全區國際委員會」的書函與關於日軍的暴行報告，以及有關的
報刊文章。

顯然，該書的前四章關於南京大屠殺的內容，是全書最重要的章節。作者在該書「第九章　結論」一章說明，前四章是他「致力於搜集目擊者所提供的直接敘述，以及若干通訊社和報紙的紀錄，尤其是目擊者所提供的直接敘述，構成本書的主體」。其主要內容已在本書的前面章節中做了介紹。單從前四章的標題便可看出此書的主要內容和特色。田伯烈嚴厲譴責日軍在當局縱容下瘋狂屠殺南京無辜平民的暴行。他並指出他所編著此書所揭示的內容僅僅是日軍整個侵華暴行的一部分，「僅足以代表日軍侵華整個暴行的橫斷面」：

> 本書的正文及其附錄，包羅種種暴行的具體材料和憑據，因此，所有懷疑皆可一掃而空了。但列入本書的許多材料和憑據，僅足以代表日軍侵華整個暴行的橫斷面，其範圍僅限於若干較大城市，且有中立的外國人身歷其境。

田伯烈在本書中，還針鋒相對地駁斥了日軍當局與日本新聞傳媒為日軍暴行辯護的種種謬論。如前所述，當日軍在南京的暴行在西方新聞傳媒的揭露與論證面前無可抵賴時，「日本官方則似乎以下列兩種理由，為自身辯護：第一，這些是單獨的偶然的事件；第二，在別的戰爭中發生同樣的事態。」[26] 對日方當局的這種強詞奪理的詭辯，田伯烈針鋒相對地進行了駁斥。他首先指出日軍在侵華戰爭中犯有暴行的人數，絕不是少數，絕不是「單獨的偶然的事件」：

> 這一種強辯，很像一個撒了謊的人，以「這不過是一次小謊」的理由，為自己掩飾。鑒於確鑿有據的報告之多，可以斷定造成暴行的日本兵，占日本在華軍隊總額的比率，遠在百分之一以上，至少當在四千人到五千人之間。

26　〔澳〕田伯烈著，楊明譯：《外人目睹中之日軍暴行》；前引《侵華日軍南京大屠殺史料》，江蘇古籍出版社 1997 年版，第 202～203 頁。

　　後來揭露的事實證明，日軍在南京大屠殺的暴行也絕不是數千人的問題，而是從上到下，遍及日軍的各個部隊與各級官兵。

　　田伯烈還以西方英、美等國家為例，指出日軍在中國所犯下的戰爭暴行，絕不是世界各國軍隊的普遍行為。他寫道：

> 假使英國或美國的軍事當局發覺其部下四、五千人濫事燒殺搶掠，一如前幾章所述，必大為不安。假使他們知道許多暴行的發生，曾受軍官的指揮監督，這不安的心理必更為增強。[27]

　　田伯烈進一步指出，即使將日軍的普遍暴行，說成「僅代表例外，非代表常規」，也不能「對於戰爭的恐怖和軍隊的殘暴成性，應該熟視無睹，假做癡聾」。因為如果這樣，「這就等於否認了正義和道德的根本存在。如果暴行是例外，我們就更易向日方責難，表示我們嫉惡如仇的正義感；如果暴行是常規，我們就更須設法阻止事態的發展。我們目前所需要的，是對於法律道德表示絕對的忠誠，而不附帶任何條件，否則忠誠也就不成其為忠誠了。」[28]

　　田伯烈還駁斥了另一個為日軍暴行辯護的似是而非的錯誤論調，即「以『老生常談』的藉口替日軍洗刷，表示一切戰爭均不免產生恐怖的結果。」田伯烈駁斥道：

> 他們似乎忘記了日本在華的行動，尚未經承認為正式的戰爭，而且受難者主要是非戰鬥員的平民呵。[29]

　　田伯烈以豐富的史實與嚴密的邏輯，深刻地揭示出，日軍在南京的大屠殺暴行，實際上是日本當局對中國軍民的「有計劃的恐怖政策」。

27　〔澳〕田伯烈著，楊明譯：《外人目睹中之日軍暴行》，前引《侵華日軍南京大屠殺史料》，江蘇古籍出版社 1997 年版，第 203 頁。
28　〔澳〕田伯烈著，楊明譯：《外人目睹中之日軍暴行》，前引《侵華日軍南京大屠殺史料》，江蘇古籍出版社 1997 年版，第 203 頁。
29　〔澳〕田伯烈著，楊明譯：《外人目睹中之日軍暴行》，前引《侵華日軍南京大屠殺史料》，江蘇古籍出版社 1997 年版，第 203 頁。

他甚至正確地預見到日本在未來發動的侵略戰爭中，也將以同樣的殘暴血腥手段對付其他國家人民。他寫道：

> 日軍如果侵略任何國家，顯然也將採取同樣手段，對於這一點，似乎也找不出可以懷疑的理由。[30]

後來的歷史發展不幸被田伯烈言中了。田伯烈在深刻揭露日軍南京大屠殺暴行的同時，為世界各國敲響了預防日本法西斯侵略的警鐘。

這位受尊敬的英報記者，在「結論」中向全世界大聲疾呼：

> 中國已經發生的和正在發生的事態，對於全世界人士，不管是集體安全主義者或孤立主義者，都有切膚的關係。作者熱烈希望，中國目前苦難的過程以及南京中外仕女的高尚行為，將給予擁護國際正義的人士以有力的激勵和感應。除非人類準備長期放棄決定是非曲直的權利，除非人類甘冒絕大的危險，使中國目前所遭遇的無可名狀的恐怖苦難，再演於未來，那麼，全世界人士對於英勇抗戰的中國，就不應該袖手旁觀、漠不關心。[31]

田伯烈在書中所提供的七個附錄是極為珍貴的歷史文獻，它是南京難民區的日軍暴行錄和南京市民的災難史。田伯烈當時搜集到日軍暴行事例四百七十件之多，在附錄一、二、三中選用了一百二十九件，它是由西方僑民記錄下來向南京日本當局提出抗議的暴行報告。這些報告主要內容是記錄下日軍強姦輪姦的實情，有時間、地址、人次、甚至受害女子的姓名以及因姦致死的慘狀；也有日本兵在美國牧師馬吉和許多中國人面前強姦中國婦女的記載；還有日軍撕毀美國國旗，強令漢奸掛五色旗等暴行記載。當然田伯烈也為一些南京難民在大屠殺中倖存逃出而

30 〔澳〕田伯烈著，楊明譯：《外人目睹中之日軍暴行》，前引《侵華日軍南京大屠殺史料》，江蘇古籍出版社1997年版，第203～204頁。
31 〔澳〕田伯烈著，楊明譯：《外人目睹中之日軍暴行》，前引《侵華日軍南京大屠殺史料》，江蘇古籍出版社1997年版，第206頁。

高興。他還將一個叫劉培坤的市民為保護妻子免遭姦污而痛打日軍面
頰，嚇得日寇抱頭鼠竄等材料收集在內，表現出南京市民英勇的抗暴精
神。田伯烈在「國際委員會之書函文件」一節，收集了「南京難民區國際
委員會」致日本有關方面和美、英、德使館，關於保護救濟南京難民的三
十四件公函和這個委員會人員的名單，為後人提供了重要文獻，彌足珍貴。

第三節　從《戰爭意味什麼：日軍在華暴行》 到《外人目睹中之日軍暴行》

　　田伯烈的英文著作《戰爭意味什麼：日軍在華暴行》完成後，迅速
在世界許多地方，以多種語言出版，成為最早、最全面、最深刻揭露日
軍南京大屠殺與侵華暴行的著作，吸引與震動了世界。

　　據現有檔案記載以及有關學者研究，該書出版時有多種語言的不同
版本。

(1) 英文版，又有所謂倫敦版和紐約版之別。倫敦版由維克托・戈
　　蘭茨公司（Victor Gollancz）出版，書名為《What War Means：
　　The Japanese Terror In China》，發行六萬冊；紐約版由美國現
　　代叢書出版公司（Modern Age Books，Inc）出版，書名為
　　《Japanese Terror In China》，發行六萬冊。未幾，此書的英文
　　印度加爾各答版問世。

(2) 丹麥文版，在哥本哈根出版，發行一萬冊。

(3) 法文版，由比利時中國友誼會根據英文版本譯成法文，在比利
　　時印行。

(4) 日文版，有三種譯本：一是由中國國民黨中央宣傳部國際宣傳
　　處翻譯，書名《所謂戰爭》；二是日軍大本營的譯本，作為在
　　日軍內部出版發行的特殊讀物；三是日本進步學者新島淳良的
　　譯本《外國人の見證日本軍の暴行》。

(5) 中文版，由中國國民黨中央宣傳部國際宣傳處翻譯，1938 年 6
月中旬翻譯完成，中文書名定為《外人目睹中之日軍暴行》，
1938 年 7 月盧溝橋事變一週年時由漢口國民出版社出版。

田伯烈的《戰爭意味什麼：日軍在華暴行》各種文字的版本在世界
各國產生了巨大的震動與影響。

首先，此書在歐洲、美洲產生了很大的影響。

《戰爭意味什麼：日軍在華暴行》英文版在英國出版後，許多讀者
投書報社，談自己的讀後感受，抨擊日本軍隊的暴行，表示對中國人民
的同情與聲援；許多報刊在連續刊登讀者來信的同時，紛紛發表社評，
表明自己的鮮明態度。該書在倫敦出版的當日，英國的主流媒體之一《衛
報》在新聞欄目中對其發表評論。《愛丁堡晚報》（Edinburgh Evening
News）當天的主要社論也是對該書的評論。

1938 年 7 月 16 日，倫敦《泰晤士報》的「文學增刊」欄發表評論
文章，評價田伯烈的《戰爭意味什麼：日軍在華暴行》，指出，「安全區
國際委員會的這些報告肯定是可信的，即便有人做出最好的解釋，那
也表明在日本侵略軍中存在著完的、可悲的軍紀敗壞。毫無疑問，
以一種極端恐怖的方式對平民進行集體屠殺是在執行日本軍官的命
令。」[32]

1938 年 7 月 21 日，英國倫敦《大不列顛與東方》雜誌（The Great
Britain and the East）第五十一卷第六十四頁刊登愛德溫・豪伍德對田
伯烈《戰爭意味什麼：日軍在華暴行》的書評，題為〈可怖的南京記
錄——「沒有比這更能堅定中國人的抵抗」〉，高度評價了此書的卓越
貢獻：

> 日軍的辯護者經常企圖否定來自中國的報導。他們的說詞是這些
> 報導過度誇張，以及應有根據當時在場的中立國觀察家的獨立報

---

[32] 《中國國民黨黨務系統全宗彙編》，中國國民黨中央黨部檔案，藏中國第二
歷史檔案館，檔案號：「九-733」。

導為依據而對真實情況所做的冷靜記載。田伯烈先生以他所著
《戰爭意味什麼：日軍在華暴行》一書提供了這樣的服務。[33]

田伯烈還收到了英國讀者的大量來信，他們均稱「被書中講述的事
實所震撼」。有的讀者稱，這是一本「充滿駭人聽聞故事的圖書」。[34]

《戰爭意味什麼：日軍在華暴行》英文版在美國出版後，1938 年
10 月《讀者文摘》發表推薦介紹文章〈《讀者文摘》為日軍南京暴行提
供佐證：一本記載侵略者對中國平民進行非人道戰爭完整文件證據的新
書〉，說：

> 一本以反映日軍在南京及其他中國城市暴行的書信及其他資料
> 為內容的圖書即將由現代圖書出版公司出版。該書由田伯烈編
> 寫，作者是《曼徹斯特衛報》、《基督教科學箴言報》的駐華記者、
> 《亞洲》雜誌的名譽編委。該書在英國出版時用的書名為《戰爭
> 意味什麼：日軍在華暴行》（倫敦維克多・戈蘭茲公司出版。現
> 在即將在美國出版，讀者可向現代圖書出版公司訂購，公司地
> 址：紐約市 44 號大街東 155 號。）[35]

此書在日本也產生了重要的影響。在戰時的日本，看過田伯烈這本
書的人為數不少。

例如日本同盟社上海分社社長、著名記者松本重治在 1938 年 6 月
份，在《戰爭意味什麼：日軍在華暴行》英文版出版後不久，就買來一
本閱讀，感覺「其中陳述的事實令人不忍卒讀」。他說：

---

[33] 〔英〕愛德溫・豪伍德：〈可怖的南京記錄——「沒有比這更能堅定中國人
的抵抗」〉，刊《大不列顛與東方》雜誌（The Great Britain and the East）第
51 卷第 64 頁；前引《南京大屠殺史料集》（6），第 195～197 頁。

[34] 《中國國民黨黨務系統全宗彙編》，中國國民黨中央黨部檔案，藏中國第二
歷史檔案館，檔案號：「九-733」。

[35] 〈《讀者文摘》為日軍南京暴行提供佐證：一本記載侵略者對中國平民進行
非人道戰爭完整檔證據的新書〉，刊〔美〕《讀者文摘》1938 年 10 月號；前
引《南京大屠殺史料集》（6），第 198 頁。

大約在 6 月份左右，我買來了這本書，原想通讀一遍，但其中陳述的事實令人不忍卒讀，最終唯讀了一半就沒有再讀下去。聽說這本書在倫敦發行的同時，也在中國被翻譯成中文出版。對田伯烈先生出於反對戰爭的善意我深表敬意，就是在這個時候，我開始認真考慮「日本軍隊是否該從中國撤退」的問題，雖然這以前我已經暗暗想過。[36]

中國國民黨中央宣傳部國際宣傳處將《戰爭意味什麼：日軍在華暴行》翻譯成日文出版，書名《所謂戰爭》，書首刊有日本著名反戰作家青山和夫寫的序文，並附有日軍暴行照片多幀，在香港、上海及海外各地發行了一萬冊。[37]

值得注意的是，日軍統帥部也曾將此書譯成日文，作為在日軍內部出版發行的特殊讀物而秘密傳閱。當時的日本大本營參謀總長、日本皇族閑院宮載仁親王讀了此書之後，曾發表〈告全體將士書〉，承認「皇軍」在華有「辱國行動」，並提出「訓誡」。[38]

日本進步學者新島淳良在 1938 年 7 月，在田伯烈的英文本和楊明的中譯本問世後，據這兩個版本，譯成日文《外國人の見證日本軍の暴行》，並出版發行。譯者在序中說：「為了更認真地考慮我們的國家究竟是個什麼樣的國家，希望更多的人讀此書。」這樣，《戰爭意味什麼：日軍在華暴行》英文版在日本就有了兩個日文譯本。但新島淳良的日文譯本印數很少。直到二十世紀八〇年代，「日中促進會」會長齋藤正雄先生在一個偶然的機會，在日本發現了一冊這種日譯本，齋藤正雄隨即

36 〔日〕松本重治著，曹振威、沈中琦等譯：《上海時代》，上海書店出版社 2005 年版，第 608～609 頁。
37 李祚明、文俊雄：〈田伯烈《外人目睹中之日軍暴行》出版前後〉，刊陳安吉主編：《侵華日軍南京大屠殺史國際學術研討會論文集》，安徽大學出版社 1998 年 1 月版，第 515 頁。
38 中國國民黨中央宣傳部檔案，藏中國第二歷史檔案館館，檔案號：「七一八 947」。

將這本幾乎絕跡的日譯本，影印了一千冊在日本發行。1990 年齋藤正雄訪華期間，將他發現的那本原版日譯本交給了中國有關單位。1991年 7 月 7 日，天津人民出版社便據此日譯本重新翻譯成中文出版。最新版本與它的歷史上的各種母本一樣受到了中國、日本及全世界愛好和平人士的熱烈歡迎。

在南京大屠殺期間以日本外務省參事官身份來到南京主持日本駐南京使館工作的日高信六郎與日本同盟社上海分社社長、著名記者松本重治，是田伯烈在《戰爭意味什麼：日軍在華暴行》英文版〈作者原序〉中特地提及的兩個人：

> 我有許多日本朋友，非常尊敬他們，假使適宜的話，我很想指出他們的大名。其中有一位是重要的官員，還有一位（半官方的），其情操與才智的高超，不易多見。他們都在上海，在人道的事業上，我和他們接觸已不止一次，他們在十分艱苦的環境下，仍然給我以同情的合作與友誼，我不能不表示誠摯的感謝。[39]

文中所說的「一位重要的官員」就是指日高信六郎。他在戰後談到田伯烈這本書的內容時，說：「我本人認為田伯烈絕對不會是個反日的人，毋寧說他是個天真的反戰主義者。」[40]

從上述反映，可以看出《戰爭意味什麼：日軍在華暴行》對日本官、民的重大影響。

不過，也有日本人對該書揭露出來的日軍暴行不以為然，反而質問「為什麼以前同盟國的代表人物會把出版這樣一本書當成了他自己的事？」[41]把該書的作者當成了仇恨的對象。

[39] 〔澳〕田伯烈著，楊明譯：《外人目睹中之日軍暴行》作者原序，前引《侵華日軍南京大屠殺史料》，江蘇古籍出版 1997 年版，第 158 頁。
[40] 轉引自〔日〕洞富雄著，毛良鴻、朱阿根譯：《南京大屠殺》，上海譯文出版社 1987 年版，第 357 頁。
[41] 中國國民黨中央宣傳部檔案，藏中國第二歷史檔案館館，檔案號：九-735。

《戰爭意味什麼：日軍在華暴行》在中國影響更大。

大約在 1938 年 3 月下旬，在武漢的中國國民黨中央宣傳部國際宣傳處得悉田伯烈編寫完成英文著作《戰爭意味什麼：日軍在華暴行》後，將回英國出版，即派人在田伯烈離滬之前拜訪了作者，向他商購該書的中文譯本的版權與購買該書書稿。田伯烈慨然應允，並將英文原稿的副本送給國際宣傳處。國際宣傳處將它「視若珍本」[42]，立即組織力量據之日夜趕譯，於 1938 年 6 月中旬翻譯完成，中文譯本定名為《外人目睹中之日軍暴行》。國際宣傳處特地邀請擔任軍委會政治部第三廳廳長的著名文化人士郭沫若為中譯本作序。郭沫若在序言中指出了田伯烈《外人目睹中之日軍暴行》出版的偉大意義，說：

> 田伯烈氏所編纂的這部《外人目睹中之日軍暴行》，正是我們所築著的血肉長城的一部分寫照了。這樣公平的客觀的寫照在我們是很難做到的，深賴明達的編者與本書中對於編者提供出寶貴資料的國際友人們，冒著莫大的危險與艱難，替我們做出了，這不僅橫溢著人類的同情，更高漲著正義的呼聲。……本書的出現備受了全世界熱烈的歡迎，也正明白地表示著，我們的友人佈滿全世界。[43]

《外人目睹中之日軍暴行》書前由中文譯者題有〈附言〉一篇，寫得雖短，卻言簡意賅，犀利深刻：

> 日本帝國主義強盜軍隊的一切暴行，絕非偶然的或例外的現象，而是故意、整個的、有計劃的和有組織的舉動，只要看本書內各中立國家旅華公正人士的觀察和敘述，就可以明白。

[42] 中國國民黨中央宣傳部檔案，藏中國第二歷史檔案館館，檔案號：「七一八948」。

[43] 郭沫若：《外人目睹中之日軍暴行》序，前引《侵華日軍南京大屠殺史料》，第 159～161 頁。

本書的作者田伯烈氏，是英國最有地位最有聲譽的新聞記者之
一。……田伯烈氏站在愛護正義、愛護公理、愛護世界和平、愛
護人類和平的立場上，報導展開在遠東大陸上黑暗吞噬光明的最
瘋狂的一幕。日本帝國主義的代理人當然要認為非常不利，而在
各方面予以牽制、干涉和阻礙；我國軍隊退出上海附近後，這一
種趨勢更為明顯，「變本加厲」。日本帝國主義的代理人，一方面
在國外進行虛偽荒謬的宣傳，一方面則在暴力控制的範圍內，以
種種方法遏制公正忠實的報導，想以一手掩盡天下人的耳目。然
而，這企圖是失敗了。《外人目睹中之日軍暴行》的問世，實在
是最有力的反擊。

……

譯者代表受難的同胞，向本書的作者致敬，向國際的友人們致
敬。[44]

　　從郭沫若的序與譯者的附言，可以看到中國文化界人士對田伯烈
《外人目睹中之日軍暴行》一書的崇高的評價與對此書出版的期待。
　　為了迅速出版此書，蔣介石下令軍委會軍需署專門撥付出版印刷費
用。國際宣傳處委託軍委會機關報《掃蕩報》負責承印。鑒於戰時紙張
緊缺，國際宣傳處還請該報社給予特別優待。經費、紙張落實後，國際
宣傳處決定以「漢口國民出版社」的名義出版，譯者署名楊明。在 1938
年 7 月「七・七」抗戰一週年前夕，在田伯烈的英文版於倫敦出版的幾
乎同時，該書正式出版，趕印出第一批一萬冊。至同年 9 月底，該書
共印六萬冊。國民政府西遷重慶後，該書又有加印，最後總印數達十
萬冊。

---

[44] 《外人目睹中之日軍暴行》譯者附言，前引《侵華日軍南京大屠殺史料》，
　　第 162 頁。

1938 年 7 月出版的《外人目睹中之日軍暴行》。

　　在國內抗戰地區，國際宣傳處奉蔣介石委員長諭，「分發前線將士傳觀，以資激勵」，將第一批出版的六萬冊《外人目睹中之日軍暴行》，以四萬五千冊由戰地文化服務處分送前線將士，以一萬冊由正中書局代售，向民間推銷，五千冊由國際宣傳處分送黨政軍各機關長官、各民眾團體。據報告，「前線將士對於本書，均深表歡迎」[45]，圖書供不應求，紛紛請求增加印刷發行。1938 年 7 月 13 日，《武漢日報》第四版刊登專文，向廣大軍民鄭重推介《外人目睹中之日軍暴行》。該書的出版使廣大的中國軍民對侵華日軍的戰爭暴行有了深切的瞭解與深刻的感性認識，激發了中國軍民對日本侵略者的無比仇恨和憤慨，對堅定中國軍民的抗日決心、鼓舞中國軍民的抗日鬥志發揮了極大的作用。

---

[45] 《國際宣傳處致軍委會辦公所箋函》（1938 年 9 月 26 日），中國國民黨中央宣傳部檔案，藏〔南京〕中國第二歷史檔案館，檔案號：七一八（4）4711；前引《南京大屠殺史料集》（12），第 601 頁。

　　即使在日偽統治的淪陷區，該書也在民眾中秘密流行。據南京金陵女子文理學院美籍女教授魏特琳在 1938 年 9 月 14 日的日記中記載：

> 吃完晚飯，福斯特及夫人克拉麗莎（Clarissa）來訪，他為我們大聲朗讀田伯烈《戰爭意味什麼》，我得說，在聽到某處時我想我應當離開，因為，回憶太令人辛酸。我們正在列出事實和印刷上的錯誤，以便告訴作者。南京已出現了該書的中文版。[46]

　　這說明，英文版《戰爭意味什麼：日軍在華暴行》以及中譯本《外人目睹中之日軍暴行》在 1938 年 6、7 月間剛剛出版後不久，就開始在南京秘密流行。南京人民從此書中更全面地瞭解了日軍南京大屠殺的暴行，勾起辛酸的回憶與強烈的國仇家恨。

　　當英文版《戰爭意味什麼：日軍在華暴行》以及金陵大學美籍教授史密士的調查報告《南京地區戰爭損失，1937 年 12 月～1938 年 3 月》在南京秘密流傳時，在金陵大學圖書館難民所工作的中國職員邱長仁，為了讓更多的人看到這兩本書，冒險將這兩本書全部偷偷地列印成油印稿，歷時數月，在 1938 年 11 月 8 日裝訂成冊。這本油印書稿在南京秘密流傳，一直到抗戰勝利。[47]

　　抗戰結束以後，1946 至 1947 年間，中國國民政府國防部成立軍事法庭，審判日本南京大屠殺案主犯谷壽夫時，司法行政部將田伯烈的《外人目睹中之日軍暴行》作為侵華日軍南京大屠殺的罪證資料，檢送軍事法庭。貝德士和史邁士作為南京大屠殺目擊證人應邀出庭，證明日寇之殘暴行為，並當場宣誓具結證明。他們均聲明田伯烈所著《外人目睹中之日軍暴行》一書引用的是他們提供的書信和安全區國際委員會的文件，從而證實了該書的真實、可靠性。軍事法庭將該書列為可信之證據使用。

---

[46]　〔美〕魏特琳著，南京師範大學南京大屠殺研究中心譯：《魏特琳日記》，江蘇人民出版社 2000 年版，第 444 頁。
[47]　該油印書稿現在保存在「南京民間抗日戰爭史料陳列館」。

曾被日軍刺傷頸脖的金陵大學鼓樓醫院美籍行政主管麥卡倫牧師的日記，亦曾在南京審判庭上被朗誦作證。

第四節　田伯烈在出版《外人目睹中之日軍暴行》以後

1938 年 6、7 月間，在《戰爭意味什麼：日軍在華暴行》英文版在西方國家出版，《外人目睹中之日軍暴行》中文版在中國幾乎同時出版後，田伯烈便辭去了《曼徹斯特衛報》的記者職務。1938 年 7 月，他出於對中國人民抗日救亡事業的同情與支援，正式受聘擔任中國國民黨中央宣傳部國際宣傳處駐歐洲辦事處主任，駐節倫敦，負責聯絡歐、美各國朝野重要人士，推動歐、美民眾團體的援華反日運動，並報告國際情況。因工作出色，後來他又被國際宣傳處聘為顧問。

田伯烈在倫敦期間，與中國國民黨中央宣傳部駐倫敦代表、他的好友夏晉麟相會，並一道主持國際宣傳處駐歐洲辦事處的工作。

田伯烈為了增加中國的抗日外援力量，在 1938 年年中特地向國際宣傳處處長董顯光推薦了一位剛從美國哈佛大學畢業的美籍青年記者白修德（White Theodore Harold，懷特・希歐多爾・哈樂德）充該處英文編輯。1938 年 10 月武漢失守前，白修德隨董顯光撤往重慶，進行對外抗日宣傳工作，曾到中國各抗日戰場採訪，寫下了《中國的驚雷》等著名作品，在世界上產生了很大的影響。

1941 年 4 月，田伯烈又應國際宣傳處的要求，以他個人的名義，出面向美國司法部登記申請在美國設立「泛太平洋通訊社」，得到批准。這實際上是國際宣傳處在美國設立的一個新宣傳機構。不久，該社社名改稱「中國新聞社」，由田伯烈的好友夏晉麟主持其工作。

據督導國際宣傳處工作的董顯光說，在 1941 年，田伯烈獲悉擔任過民政府外事顧問的端納已經退休，遂寫信給宋美齡希望繼任，還向宋

索要一輛專車和遊艇。宋美齡拒絕了他的要求，希望他繼續在國際宣傳處貢獻力量。此後，田伯烈對中國的工作熱情銳減。[48]

1942 年 9 月，田伯烈被國際宣傳處派遣到澳大利亞的墨爾本，擔任國際宣傳處駐墨爾本辦事處的主任，在澳大利亞從事抗日宣傳工作，直至 1943 年 4 月。此後他離開了國際宣傳處。

田伯烈為國際宣傳處前後工作歷時約五年，為中國在海外的抗日宣傳做出了長期而重要的貢獻，如國際宣傳處所稱，是「用外國人的身份替中華民國做宣傳」。

從上述情況可知，田伯烈是在 1938 年 2、3 月間開始編寫《戰爭意味什麼：日軍在華暴行》，在 1938 年 5、6 月間完成寫作並出版了此書；而他受聘擔任中國國民黨中央宣傳部國際宣傳處駐歐洲辦事處主任及顧問是在 1938 年 7 月以後。這有足夠的史料可以證明。而且，《戰爭意味什麼：日軍在華暴行》的編寫與出版也並不是田伯烈一個人完成的，事實上也不可能由他一個人完成。如本書前面所述，當時在南京從事難民救濟的美國僑民貝德士、史邁士、米爾士以及在上海的鮑引頓等人都參與了《戰爭意味什麼：日軍在華暴行》一書的籌畫，貝德士、費奇、馬吉等南京大屠殺事件的目擊者以及蘇州、無錫、蕪湖等其他城市的傳教士提供了自己的日記、書信等資料，成為該書的最重要內容。其中貝德士為田伯烈編寫該書提供了最大的幫助。沒有這許多人士的幫助，田伯烈是寫不成此書的。因此可以說，《戰爭意味什麼：日軍在華暴行》在一定程度上是一部集體創作的作品。

但近年來，日本有一些右翼人士卻抓住田伯烈的所謂「身份」大做文章。例如一位名叫北村稔的日本右派於 2001 年出版了一本《「南京事件」之探究》。在書中，他為了否定南京大屠殺，就以田伯烈後來成為中國國民黨中央宣傳部國際宣傳處顧問一事，斷言「想以記者這個第三

---

[48] 董顯光：《董顯光博士自傳》，臺北：臺灣茗光圖書中心社會風尚 75 年版，第 124 頁

者身份來揭露日軍佔領南京的田伯烈的著作，實際上根據國民黨中央宣傳部的意思出版的。」[49]進而質疑田伯烈的著作《戰爭意味什麼：日軍在華暴行》「記述裏的內容，肯定存在為國民黨外交戰略而效力的成分。」[50]他的邏輯很簡單：既然田伯烈的身份是中國國民黨中央宣傳部國際宣傳處的顧問，那麼他的書──被公認為是世界上揭露日軍南京大屠殺暴行影響最大的出版物之一，就必然是「根據國民黨中央宣傳部的意思出版的」，是「為國民黨外交戰略而效力」，因此，這本書的價值或者說它的公正性就值得懷疑，隨之，這本書中所公佈的南京大屠殺的事實也就值得懷疑，它必然是田伯烈根據國民黨宣傳部門的指示捏造的。

然而，歷史的真相卻完全不是這樣。這有前面我們所開列的田伯烈著作時間表為證。

田伯烈在 1938 年 7 月以後確實曾長期作為國民黨中央宣傳部國際宣傳處的顧問在歐美領導海外宣傳工作，但那是在《戰爭意味什麼：日軍在華暴行》一書出版以後。田伯烈在 1938 年初編寫《戰爭意味什麼：日軍在華暴行》時，還與國際宣傳處沒有任何官方關係。田伯烈完全是基於人類的正義與偉大的人道主義精神，出於他個人對蒙受侵略戰爭苦難的中國人民的深切同情和對日本法西斯的憎惡，以西方「中立國」記者的身份，自覺地、主動地而又客觀公正地編寫此書的。如前所述，田伯烈在準備編寫此書時，曾將他的想法和計畫告訴他的好朋友、「國際宣傳處香港辦事處」負責人溫源寧，徵求他的意見。1938 年 1 月 28 日溫源寧在給田伯烈的一封信中有這樣一句話：「關於您的編書計畫，我還沒有最後的考慮，不過我會放在心上，稍後會把我的看法告訴您的。」[51]這說明，國際宣傳處事先並不知道田伯烈有編寫此書的想法，

[49] 〔日〕北村稔：《「南京事件」之探究》，〔日〕文藝春秋株式會社 2001 年 11 月版，第 26 頁。

[50] 〔日〕北村稔：《「南京事件」之探究》，〔日〕文藝春秋株式會社 2001 年 11 月版，第 44 頁。

[51] 中國國民黨中央黨部檔案，藏中國第二歷史檔案館，檔案號：「九-724」。

甚至在田伯烈有了編寫此書的計畫，他們「還沒有最後的考慮」。當然，國際宣傳處此後就一直關注著田伯烈編寫此書的進展情況，並趕在書稿完成後、田伯烈離滬之前從他手中購得原稿副本，供翻譯出版之用，但這與田伯烈是「根據國民黨中央宣傳部的意思出版的」是兩碼事。

1945 年德國和日本先後戰敗投降、第二次世界大戰結束後，身在倫敦的田伯烈欣喜萬分，此後他便投入建立「聯合國」有關機構的籌備工作中去。1945 年 10 月，「聯合國」正式成立，田伯烈便在聯合國及其誕生於倫敦的專門機構──「聯合國教育科學文化組織」（UNESCO）任職。田伯烈在該組織工作達七年之久，繼續獻身戰後為改善人類的物質建設與精神需求的艱苦戰鬥中去了。

1950 年，印尼加入了聯合國。當時的印尼是個貧窮的國家。田伯烈辭去在教科文組織所擔任的職務，以具有豐富經驗的技術專家的身份來到印尼，分隸於外交部，負責培養訓練青年如何做好外交工作。一年多後，田伯烈因操勞過度，健康狀況日下，不得不於 1951 年離開印尼，返回倫敦休養。在生命的最後時日，田伯烈雖然身體虛弱，仍參加了一個名為「向匱乏開戰」的運動，意在利用輿論，喚醒人們去瞭解那些不發達國家和人民的不幸遭遇，而為他們提供技術和貨幣的援助。田伯烈擔任這個運動的秘書與司庫。他不遺餘力地工作，直到他生命的最後一刻。

1954 年 11 月 29 日，田伯烈在英國塞薩克斯郡的一家醫院去世，享年僅五十六歲。當時英國《泰晤士報》為這位澳籍英國著名記者和傑出的社會活動家刊登了「訃告」，簡述了田伯烈的一生。

第十一章　是拒絕收買，堅持真實；還是養虎遺患，與狼共舞？
——美、英新聞界報導南京大屠殺的異同與分化

　　就像世界上的所有事物都是有矛盾，都是「一分為二」一樣，西方新聞傳媒在報導南京大屠殺時，也不可能是整齊劃一、鐵板一塊，而是有不同的表現、不同的反映。不僅德、意等國的新聞傳媒與美、英等國的新聞傳媒不一樣，就是美、英等國不同的新聞傳媒之間，表現與反映也不完全一樣，甚至還有原則的差別與重大的鬥爭。

第一節　拒絕收買，頂住壓力，堅持新聞操守的美、英記者

　　美、英傳媒界在日軍進攻南京與大屠殺時，不僅有五位記者冒險犯難，留駐在炮火硝煙中的南京城採訪，面對著窮兇極惡的日軍的槍口刺刀，無所畏懼，最先寫下與拍發出反映南京屠城實況的報導；而且有更多的記者拒絕日方當局的收買，頂住壓力，不怕報復打擊迫害，始終堅持客觀、公正、真實的新聞操守與職業道德，克服重重困難，連續報導與抨擊日軍在南京的暴行。他們是美、英傳媒界的主流。他們的報導與評論在世界上產生了重要而廣泛的影響，形成為世界輿論的焦點與熱點。日軍在南京的戰爭暴行引起了世界輿論的強烈震動與廣泛譴責。

　　日本最高當局對此十分關注，也十分害怕，引起了高度重視與高度警惕。

　　1937 年 12 月 20 日，日本外相廣田弘毅致電日本駐北平參事官森島，通報了英國各新聞傳媒「12 月 18 日前後報導主要內容」，指出「該

國各報對日中事變的報導，自發生對英美艦船射擊事件以來，愈加憎惡、尖刻，特別是對『帕奈』號事件和香港防衛問題，非常關注。」其中，關於日軍在南京暴行，寫道：

> ……還有，《泰晤士報》刊登了駐上海特派員電，其中詳細報導了進入南京的日本軍隊極端殘暴情形：或者槍殺解除武裝的中國兵，或者恣意破壞、掠奪店鋪；還刊登了在美國人經營的醫院裏奪取護士手錶、自來水筆等情形。18 日傍晚接到的路透社電也報導了關於該問題大致與《泰晤士報》報導相同的事實，即醫生威爾遜大夫及其他人關於此種暴行和掠奪的目擊談話。

1937 年 12 月 22 日，廣田弘毅再次致電日本駐北平參事官森島，通報了西方記者報導日軍在南京暴行的內容，寫道：

> 12 月 18 日上海哈巴斯報導路透社特派員目睹我軍佔領南京後的行動的有關談話。
>
> 日軍雖不見得攻擊難民區，但其入城後的舉動，可稱得上殘暴。強迫懸掛日本國旗，將中國軍俘虜逐一槍殺。……徵發並逐一掠奪大學、醫院、美國護士宿舍和美國大使詹森住宅（僅掠去一盞燈，並將留下的美國人趕走）等……還沒收美國人汽車，扔掉車上美國小國旗。

同日，廣田弘毅在致日本駐北平參事官森島的另一則電文中，通報了另一些西方記者報導日軍在南京暴行的內容，寫道：

> 19 日上海阿本德《紐約時報》特電報導，日軍進入南京後，軍紀極端紊亂，駭人聽聞。日軍對非戰鬥人員——婦女、兒童殘殺、掠奪、強姦，種種暴行，罄竹難書。其殘暴程度遠超過中國匪賊。素以忠勇武士道聞名的日軍，可謂已名譽掃地。時至星期

四，雖為時已晚，但軍官已在恢復軍紀，而松井司令官則對此極力保密。[1]

1938 年 1 月 17 日，廣田弘毅致電日本駐歐、美各使領館，將在前一日被上海日方新聞檢查辦公室扣壓下的英國《曼徹斯特衛報》記者田伯烈關於日軍在南京等長江下游各地戰爭暴行的報導，其中有屠殺中國軍民三十萬人，作為「特別消息」，親自簽發給他們參考，以謀對策。廣田弘毅擔心「因為此事可能為路透社和美聯社大為渲染」，形成對日本政府不利的國際輿論。[2]

同日，廣田弘毅還致電日本駐外各使領館，轉發了美國政府就日軍侵犯美國在華權益而向日本提出的抗議。其中關於日軍在南京等地暴行的主要內容如下：

> 在近來的軍事行動當中，南京、常州及其他地方的美國居民報導與控訴日本軍隊屢次非法侵犯美國人的駐地，掠奪財物與僱員，及其他對於美國財產的損毀，而這些財產幾乎都經美國當局懸掛了美國國旗並以文字表明。按照這些報導，日本兵不僅表現對於這些標誌完全不理，並進而無數次地撕下、焚毀，或是撕碎美國國旗。[3]

接著，在 1 月 19 日，廣田弘毅又特地向日本駐歐、美各使館發出電報指示，誣衊田伯烈是「有意以此事製造事端」，還造謠說田伯烈「最

[1] 〔日〕廣田弘毅：〈1937 年 12 月 20 日、22 日發給日本駐北平參事官森島的電報〉，朱成山主編：《侵華日軍南京大屠殺外籍人士證言集》，江蘇人民出版社 1998 年版，第 305～307 頁。
[2] 楊大慶：〈1938 年 1 月 17 日「廣田電報」考證〉，刊南京：《民國檔案》1998 年第 3 期。
[3] 〔日〕廣田弘毅：〈1938 年 1 月 17 日發給駐美大使館的電報〉，朱成山主編：《侵華日軍南京大屠殺外籍人士證言集》，江蘇人民出版社 1998 年版，第 262 頁。

近其往漢口時，是由其友人端納出資，讓他去接管蔣介石政權的宣傳工作。」[4]其目的是欲破壞田伯烈作為一個中立國家記者的形象，詆毀他的新聞報導的客觀性與公正性。廣田弘毅要求日本駐歐、美所有使館提高警覺，共謀對策，加以防範。

日本當局在多年的對中國侵略與擴張期間，一直十分重視對西方國家新聞傳媒界的工作，並為此採取了各種手段，希望得到西方國家新聞傳媒界對日本發動侵華戰爭的「理解」、同情與支持，發揮日本新聞傳媒界所不能起的作用，進而爭取到西方各國民眾與政府對日本發動侵華戰爭的「理解」、同情與支持。當日軍進攻南京並實施大屠殺以對中國軍民「膺懲」時，日本當局對西方國家新聞傳媒界就更是無所不用其極，其主要手法，一方面是用金錢、美女、榮耀、地位以及花言巧語進行拉攏、收買，一方面是用特務、打手、刺客進行威脅、報復、打擊甚至暗殺，兩手並行，交替使用。

首先，日本當局以種種方法，企圖拉攏、收買西方國家新聞傳媒界的記者，從而軟化西方國家的新聞輿論。

早從 1931 年 9 月 18 日製造瀋陽事變、侵佔中國東北開始，日本當局就對西方新聞界進行卑鄙而狡猾的收買與欺騙工作，並獲得了「相當的成功」。

當時在上海租界擔任《密勒氏評論報》主編的老資格美國報人鮑威爾在回憶錄中，寫道：

> 在 1931 年 9 月，當所謂的日本「關東軍」在中國發動了「九·一八」事變，侵佔了東北三省時。當時，東京的政府高級官員十分害怕，擔心美國會強調履行條約（本書著者按：指 1921 年 11月 12 日至 1922 年 2 月 6 日在美國華盛頓召開的九國會議簽訂的

---

4 〔日〕廣田弘毅：〈1938 年 1 月 19 日拍發給日本駐美國大使館的 1257 號電報〉，藏美國國家檔案館；中譯文引自《民國檔案》1998 年第 3 期，楊大慶：〈1938 年 1 月 17 日「廣田電報」考證〉。

《關於中國事件應適用各原則及政策之條約》，即著名的《九國公約》）中規定的保障中國領土主權完整而採取行動。因此，他們想方設法消除美國人對日本的猜疑和批評。日本政府不惜動用大量的金錢，從事宣傳和其他工作，竭力想影響美國的公眾輿論，從而可以阻止華盛頓採取強硬立場。應該承認，日本人的努力獲得了相當的成功，因為美國人不但沒有反對他們在中國的胡作非為，而且還在繼續將戰略物資源源不斷地運往日本。

鮑威爾指出，日本當局對西方新聞界的卑鄙而狡猾的收買與欺騙工作，在 1937 年 7 月日本發動全面侵華戰爭後得到加強，並在日軍攻佔南京、實施大屠殺時期，一度影響了美國的公眾輿論與政府外交政策：

> 在美國，許多具有影響力的公民，都竭力主張美國政府不要對日本採取強硬的立場。他們錯誤地認為，當時日本政府中主張和平的勢力，完全可能控制住好戰的軍人，使得後者無法輕舉妄動。甚至當時的美國駐日大使格魯（Joseph C. Grew）也主張採取溫和政策。格魯之所以採取這種觀點，是因為他認為如果美國採取強硬立場，可能會刺激日本軍閥採取一種「更為激進的態度」。[5]

松井石根大將於 1937 年 8 月 23 日率軍到達上海、指揮對中國軍隊發動猛烈攻擊以後，更以各種方式開展對西方新聞傳媒界的宣傳與爭取工作，甚至進行赤裸裸的收買。

1937 年 10 月 1 日，正是日軍空前殘酷激烈地進攻上海之時，擔任「上海派遣軍司令官」的松井石根竟然專門抽出時間，在司令部會見日本駐上海的外交官，直截了當地提出，「希望他們要操縱好駐上海的外國新聞記者。之所以痛切地感到這種必要性，是因為國際聯盟通過了非法決議」。松井石根嘴中的「國際聯盟通過的非法決議」，是指在日內瓦

5　〔美〕鮑威爾著，邢建榕等譯：《鮑威爾對華回憶錄》，上海：知識出版社 1994 年版，第 308～309 頁。

舉行的由英、法、美等國家為主導的國際聯盟大會於 1937 年 9 月 28
日一致通過了《譴責日本在華暴行案》，譴責日本飛機轟炸南京等不設
防的中國城鎮與和平居民，聲稱日本的這種行為是沒有任何理由的，「已
在全世界激起了極端的厭惡與憤慨」。松井石根為了應付與平息對日本
不利的國際輿論，更加重視對駐上海西方記者的「工作」。當他聽說日
本駐上海的外交官對收買與操縱駐上海的西方新聞記者工作不力，十分
「憂慮」與不滿。他在這天的陣中日記中寫道：

> 聽說駐上海大使館方面對於收買外國記者的問題還沒有採取任
> 何措施。真令人驚訝萬分。就算是陸海軍武官們努力不夠，如果
> 現在還不儘快採取措施的話，對今後的宣傳戰是非常不利的。為
> 此，我十分憂慮。[6]

松井石根決定親自出馬，對西方國家新聞傳媒界駐上海記者進行拉
攏、收買。其中，他用心用力最勤的，就是美國《紐約時報》記者阿本
德。如前所述，阿本德是美國資深報人，擔任《紐約時報》駐華首席記
者多年，與中國、日本政界、軍界許多高層人士都有長期的交往與良好
的關係。他的關於中日關係的新聞報導以客觀公正聞名，在世界新聞界
有很高的威信與廣泛的影響。為了拉攏阿本德，早在 1936 年，日本駐
上海總領事館與日本軍方經日本天皇首肯，居然出其不意地向他贈送了
一尊日本武士銅像，並伴有一紙華麗獎狀，以表彰阿本德「在報導滿洲
戰役時『發揚了不偏不倚精神』」。這在日本方面看來，簡直是至高無上
的榮譽。阿本德說：

> 銅像的底座刻有幾個金字。我留意到，凡有日本人來我居所作
> 客，總要認真看看那幾個字，然後便嘶嘶有聲地吸氣，急急鞠上
> 一兩個躬。頭幾個月，我猜想他們之所以鞠躬，大概是要表示對

6　〔日〕松井石根：〈陣中日記〉；前引《南京大屠殺史料集》（8），第 82 頁。

日本陸軍的敬意。後來實在不勝其困，便問一個極熟的日本友人，這麼鞠躬到底用意何在。他踟躕半晌才說：「要一字一句直譯的話，還真挺困難的。基本的涵義是，天皇差不多是認你為結拜兄弟了。送你這尊銅像是天皇本人首肯的。」[7]

松井石根與阿本德早有交往，建立了較密切的關係，這在本書前面已有論述。他在率軍進攻上海與南京期間，在百忙中抽出時間，幾次專門在司令部接見阿本德，發表長篇講話，力圖影響這位有影響的著名記者。「松井石根大將說，當時在上海有許多外國通訊社記者，他認為阿本德先生是最可信賴的人物，所以特地同他見了兩次。」[8]

1937 年 10 月 10 日中午，松井石根在司令部專門會見者阿本德與英國倫敦《泰晤士報》（The Times）駐上海記者弗萊扎。因為這兩家報紙是當時西方規模最大、影響也是最大的報紙。松井石根深知這兩家報紙對世界輿論的重要導向作用。松井石根在這一次召見中，首先向阿本德與弗萊扎發表「聲明」，表明了他對這場日中戰爭的立場與看法，以圖影響這兩位記者對這場日中戰爭的立場與看法。松井石根在其陣中日記中，記錄了他「聲明」與談話的主要內容：

> 我已經盡力為日中協作事業做了三十多年工作。即使今天的事業，與其說是在教訓支那人，更應該說是在提醒他們，應該好好考慮如何全力去拯救四億人民。現在的當務之急是，如何將支那從共產主義勢力中拯救出來。這不僅是為了支那本國，也是為了整個東亞。我堅信這才是最緊要的。
>
> 我相信現在正是本著日本固有的國民精神和東洋的傳統道德為基礎，發揮日本人最擅長的犧牲精神的時刻。

[7] 〔美〕阿本德著，楊植峰譯：《民國採訪戰》〔原書名《我的中國歲月（1926-1941）》〕，廣西師範大學出版社 2008 年 7 月版，第 278 頁。
[8] 前引〔日〕田中正明著，軍事科學院外國軍事研究部譯：《「南京大屠殺」之虛構》，第 34 頁。

　　東洋有句諺語曰：自反而縮，雖千萬人吾往矣。

　　這正是我們目前的信念。希望世界各國對日本的所作所為，再靜
　　觀一段時間。

　　松井石根還回答了兩位西方記者提出的問題。說道：

　　為了使同樣的事件不要在上海再次發生，現在當務之急需要的就
　　是如何完全處理好這次事件。特別是鑒於上海是個特殊地區。臨
　　行前我就希望得到各國的協助，然而，後來看到整個局勢和當地
　　狀況，迫使我時至今日不得不改變一直以來的願望。也就是說，
　　列國沒有盡到促進支那遵守 1932 年停戰協議的義務。而且，列
　　國至今以來的態度，最終讓我喪失了希望得到他們協助的信心。
　　真是十分遺憾。

　　弗萊扎沒有對松井石根的觀點進行指責，只是問：「你說的這些是
指歐洲的情況呢，還是指目前在支那的情況？」松井石根說，兩方面都
有。弗萊扎又問：「如果這樣的話，將來你想得到什麼樣的協助呢？」松
井石根回答說：「先決條件是，首先列國要徹底地重新觀察目前的戰爭，
看日本現在發動的到底是侵略戰爭還是拯救性戰爭。」弗萊扎無言以對。

　　阿本德問道：「你對美國的態度也同樣如此嗎？」松井石根回答說：
「我對美國特別是美國大總統最近的演講很不滿意。但對於居住在上海
的美國人的態度，現在我感到沒什麼可說的。」

　　松井石根十分自信，認為，從兩位西方記者臨走前的表情看出，他
們對他直率的態度表示基本滿意。[9]

　　1937 年 11 月 11 日，正是日軍在上海戰場經過約三個月的血戰，
終於取得勝利，即將佔領除租界以外的整個上海地區。松井石根在這
天，第一次會見西方各國駐上海的主要通訊社美聯社（AP）、合眾社

---

[9]　〔日〕松井石根：〈陣中日記〉；前引《南京大屠殺史料集》（8），第 94 頁。

（UP）、路透社、哈佛斯等的記者，以戰勝之威，大談了一番日本的侵華有理和日軍的戰爭意圖，並對美、英等國政府未積極支持日本的侵華政策進行指責，最後要求與威脅西方新聞傳媒記者在報導這場日中戰爭時，要「公正」，也就是要站到日本的立場上，否則就是誤導世界輿論。松井石根在這天的陣中日記中寫道：

> 今天我第一次會見 AP、UP、路透社、哈佛斯等駐上海的各國主要通訊社的通訊員。我儘量不表現出強硬態度，向各位提示我軍的方針以及我個人的意圖。然後希望各通訊員要公正，不要誤導世界輿論。看上去各位都很高興，看來他們會對未來世界輿論產生好的影響。[10]

關於這次會見談話，松井石根在其《支那事變日誌拔萃》中寫得更為詳細：

> 11 月 11 日會見了駐上海的 AP、UP、路透社、哈佛斯以及其他國家的主要通訊員，同樣將我軍的方針政策以及將來的規劃向他們做了解釋。我特別就以下宗旨進行了陳述：

> 這次上海事件的導火索是，對於支那軍在江南地區的排日行為，列國沒有盡力與日本協作來維護 1932 年的停戰協定。更令我感到非常遺憾的是，列國在事件爆發後還同情支那。對日支間的對抗沒有持公正的態度、盡到中立國的義務。最終引起了戰禍，列國人民也未能倖免遭難。對此我也是無能為力，云云。

> 對於我的這番發言，各國通訊員沒有一個想提出反駁意見。看上去他們都認可了我的看法。[11]

10　〔日〕松井石根：〈陣中日記〉；前引《南京大屠殺史料集》（8），第 126 頁。
11　〔日〕松井石根：〈支那事變日誌拔萃〉；前引《南京大屠殺史料集》（8），

　　松井石根在向西方記者們大談日本的侵華有理並對西方各國進行指責時，又一次表現得十分自信，自我感覺良好。他以為憑他的一番言詞，再加上一些收買拉攏，就可以操縱世界輿論，盡掩天下人耳目。

　　1937 年 11 月 29 日。正當松井石根指揮數十萬日軍，氣勢洶洶地從上海分數路向南京包抄攻擊之時，他特地召來日本同盟通訊社上海分社社長松本重治，「指示他從側面做西洋人與支那人的工作」。[12]這就是要松本重治利用他的記者身份，對西方新聞傳媒與中國新聞傳媒的同行進行收買、拉攏工作。由此可見松井石根對此項工作的重視。

　　第二天，即 1937 年 11 月 30 日，松井石根再次親自出馬，會見《泰晤士報》記者弗萊扎和《紐約時報》記者阿本德，其目的，仍然是拉攏與誘導這兩位有影響的西方記者，力圖以他對這場日中戰爭的立場與看法，影響這兩位記者對這場日中戰爭的立場與看法。松井石根再次表現得十分自信，自我感覺良好。他在這天的陣中日記中寫道：

> 今天，我召集了《倫敦時報》的（弗萊扎）和《紐約時報》的（阿本德）來我處，向他們說明了佔領上海以及佔領後我的態度。其間，還介紹了我為保護列國權益所費的苦心。他們很理解我的意圖，並對我軍公正的態度表示出尊敬和感謝之意，並且約定，一定會向本國政府通報原委。[13]

　　1937 年 12 月底的某一天，松井石根又單獨會晤了阿本德。這是因為日軍佔領南京後的血腥大屠殺以及日機炸沉美國炮艦「帕奈號」在國際上激起了強大的輿論譴責，使日本政府與日軍當局十分狼狽。為了擺脫這被動的局面，松井石根「希望向阿本德提供事實以平息謠傳」，想通過阿本德的筆改變世人對其率領指揮的殘暴日軍的印象。據松井石根說：

第 197 頁。
12　〔日〕松井石根：〈陣中日記〉；前引《南京大屠殺史料集》（8），第 140 頁。
13　〔日〕松井石根：〈陣中日記〉；前引《南京大屠殺史料集》（8），第 141 頁。

　　大約在（佔領）南京後的一個月，我會晤了阿本德。由於我聽說了謠言，我希望通過向阿本德介紹事實，平息這些傳言，我要求他來見我。我向阿本德解釋了有關尊重南京的外國人的權利和利益的個人看法。我也不想給中立國的財產和利益造成傷害。我還說我的願望是實現和平，並向停止戰鬥的中國軍隊伸出友誼之手，但我的責任是懲罰繼續與我們為敵的中國軍隊。[14]

　　據阿本德回憶，松井石根與他的會見是在「1937 年耶誕節那一週」。松井石根在講話中，將日軍戰機轟炸與炮擊美、英等國在長江中的艦船，造成」帕奈號」沉沒、多名外國僑民與外國使館人員傷亡的慘案，說成是橋本欣五郎大佐等少數少壯派軍官不聽他指揮的結果。如本書前所揭示，松井石根的如此說法，是想掩蓋與推卸他與整個日軍集體暴行的罪責。

　　直到 1938 年 10 月，日方當局為了扭轉西方記者關於南京現狀的報導傾向，還精心策劃了一場組織西方記者到日本統治下的南京參觀採訪的鬧劇，繼續施展對西方記者的拉攏與欺騙工作。這是因為日本當局深知西方記者的報導在世界新聞輿論中的極重要的地位與影響。既然一時壓制不了，日方當局就只好再次進行拉攏與欺騙了。兩面手法的交替使用歷來是日本當局的政治特點，也是他們在新聞宣傳中的重要特點。

　　這是在 1938 年 10 月 20 日，即在南京大屠殺過去九個多月後，「經上海（日軍）報導部斡旋」，日軍當局邀請「駐上海的有權威的英、美、法、德等國報社的記者和分社社長等一行十四、五人來到南京，參觀南京戰場。一行包乘道格拉斯公司的一架飛機，在南京郊區大校場機場降落。」南京日軍報導部軍官前往迎接，並負責導遊與解說。他們分乘四、五輛汽車，按西方記者們的要求，參觀了光華門、下關、富貴山、紫金山、雨花臺與新河鎮等以前日、中軍隊激戰的戰場，以及中山陵等名勝。

---

[14] 遠東國際軍事法庭檢察方：〈有關松井石根罪行證據分析摘要〉，前引《南京大屠殺史料集》（29），第 166～167 頁。

日方記者為他們拍了照。日方的目的是讓外國記者看看在日方統治下的南京的「新氣象」，證明日軍從未在南京進行過大屠殺。日方人員自我感覺良好，認為他們的目的達到了。據日方接待人員、日本同盟社記者小山武夫說，「在參觀過程中，外國記者團的十四、五個人中，沒有一人提出有關（南京）大屠殺的任何質問和意見。」[15]

但是，日本當局在侵華戰爭時期對西方新聞界的卑鄙而狡猾的收買與欺騙工作，只是在一段時間內，在少數西方記者中，獲得了「相當的成功」。而有著悠久的新聞自由與正義原則傳統的美、英新聞界絕大多數人士，是日方當局用花言巧語與金錢美女所收買不了的。反而，他們憑著豐富的經驗與敏銳的職業眼光，有越來越多的人能很快地識破日本當局的用心，並嚴正而又巧妙地拒絕日本當局的收買。

例如，松井石根在率軍進攻上海與南京期間，幾次召見阿本德長談，示以親切，力圖影響這位著名的美國記者。但如前所述，阿本德是位有新聞操守、有世界眼光、有自己獨立見解的世界級記者。他不會被日本的武力威懾與戰爭訛詐所嚇倒，更不會為松井石根的幾番花言巧語所迷惑。在日軍進攻南京期間，由於日軍的封鎖，他未能前來南京採訪。但他雖身處上海，仍積極收集材料，以自己的良心、自己的判斷，寫出了一系列關於南京戰事與南京大屠殺以及美國「帕奈號」炮艦被日機炸沉事件的報導與評論，發生了重要的影響。

日方當局對西方記者用金錢、美女、榮耀、地位以及花言巧語進行拉攏、收買，不能奏效；而用特務、打手、刺客進行威脅、刁難、報復、打擊甚至暗殺、搶劫、關押等，更不能使他們屈服。

日方當局首先製造與廣泛散佈仇視白種人的輿論。他們宣傳，日本是代表亞洲各個被西方列強侵略與壓迫的國家的利益的，煽動中國人民對西方美、英白人國家與人民的仇恨，煽動種族主義，其中，當然包括

15　前引〔日〕田中正明著，軍事科學院外國軍事研究部譯：《「南京大屠殺」之虛構》，第34～35頁。

挑動中國人民對西方記者的不信任甚至仇視。金陵大學美籍教授史邁士1938 年 3 月 8 日在〈致朋友信〉中指出日本當局的兩面手法：

> 在為美國製作的宣傳中，日本則把自己描繪成在中國保護外國權力和遏制共產主義的模樣。日軍在中國則用中文印刷聲明，講述他們要努力把白種人驅逐出亞洲。[16]

在日軍佔領南京後不久，在 1938 年 3 月 10 日，日方在南京發行的中文報紙上，就刊登了日軍方發佈的一份新聞，其中充滿了煽動種族主義、民族主義、大亞洲主義，煽動對西方白種人的仇恨與排斥的理論與口號，其中有這樣的語句：「過去忽必烈汗的大軍曾席捲歐洲大陸。我們東方民族，精神文明的創造者，為什麼要屈從於西方人的貪婪與傲慢呢？」[17]日本當局的目的，就是以這種蠱惑人心的種族理論，煽動南京民眾的「東方民族，精神文明的創造者」的種族自大主義，仇視英美，仇視西方僑民與西方記者。

日本當局尤其對真實報導日軍南京大屠殺暴行真相的英、美記者與英、美報刊恨之入骨，利用各種機會，設置各種障礙，使用各種辦法，進行各種形式的威逼、刁難、恐嚇甚至迫害。

例如，日本當局在日軍佔領南京後，長期封鎖南京，從而切斷西方記者關於南京大屠殺的新聞消息來源。還在 1937 年 9 月至 12 月初日軍戰機轟炸南京期間，日方當局就對封鎖日軍攻略南京的真實情況做了種種準備。日本當局通過外交途徑，多次通告各國駐中國的外交使節，要求他們從南京撤走一切外僑，包括西方新聞記者。1937 年 11 月中旬到12 月初，日軍向南京包抄進攻時，制訂與實施了以重兵四面包圍南京城的軍事方略。在這期間，日軍當局嚴厲拒絕與禁止任何外國記者隨日軍

---

[16] 〔美〕史邁士：〈致朋友信〉（1938 年 3 月 8 日），前引章開沅編譯：《天理難容》，第 343 頁。

[17] 〔美〕史邁士：〈致朋友信〉（1938 年 3 月 8 日），前引章開沅編譯：《天理難容》，第 343 頁。

採訪，「其他報社的記者，除日本本國的以外，都不允許到前線採訪」。[18]
日軍佔領南京後，日方當局就迅速實施了對南京的嚴厲封鎖：嚴格禁止
任何中外人員進出南京，既不允許外面的任何人進入南京，更不允許南
京城內的任何人離開南京；更嚴厲拒絕任何西方記者進入南京採訪；對
在戰時留駐南京的五名美、英記者，則切斷他們的對外電訊聯繫，並於
1937 年 12 月 15、16 兩日將他們全部「禮送」出境。在日軍佔領南京
並實施最瘋狂的大屠殺的許多天期間，日軍當局竟拒絕向國際新聞界提
供有關南京狀況的任何資訊。新聞報導離不開事實，尤其是記者親見親
聞的事實。西方記者要報導日軍佔領南京後的真實情況，就必須到南京
採訪與調查。這是最明顯的道理。日軍當局正是在這裏設置了障礙。

再例如，日本當局破壞或監控電訊機構，阻止英、美記者自由而迅
捷地拍發出有關日軍暴行的新聞電訊稿。對南京的電訊機構，日軍從佔
領南京開始就進行了毀滅性的破壞與嚴密的封鎖。在日軍佔領南京與大
屠殺的兩個月時間中，南京對外沒有電訊聯繫，也沒有郵遞聯繫。而當
時上海三家經營外文電訊業務的外國電報公司，即「美國商業太平洋電
報股份有限公司」、「丹麥大北電報公司」及英國的一家電報公司，都設
在上海愛德華七世大道三十四號的電報大樓裏。西方記者都要在這裏向
各自的報社拍發出電訊稿。上海日軍當局於 1937 年 12 月派遣日本新聞
檢查官進駐電報大樓，設立「新聞檢查辦公室」，監控這三家外國電報
公司的電訊機構，審查西方記者要求拍發的新聞電訊稿，阻止西方記者
自由而迅捷地拍發出有關日軍暴行與中國抗戰的新聞電訊。西方記者評
論說：「日本新聞檢查官未經擁有並開辦電報公司的美國、英國和丹麥這
三個國家外交當局的許可，便擅自進駐電報大樓這一外國人的產業。」[19]

---

[18] 〔美〕巴阿斯：〈日本人等待南京的陷落〉，刊《紐約時報》1937 年 12 月 8 日；
前引《南京大屠殺史料集》(29)，江蘇人民出版社 2007 年版，第 427 頁。

[19] 報導：〈日本新聞檢查扣下所有關於暴行的報導〉，刊上海：《密勒士評論報》
1938 年 1 月 22 日，前引《南京大屠殺史料集》(6)，江蘇人民出版社 2005
年版，第 148 頁。

日方當局卻公然發表聲明，「聲稱日軍當局將採取步驟，禁止駐華的外國記者將有損日本陸軍、海軍的新聞報導發往國外的報社。」[20]新聞的靈魂就是「新」。記者採訪到重要材料並寫出新聞稿後，必須通過電訊機構，迅速拍發給各報社與各通訊社，才能及時刊登或播發，才能形成新聞輿論。這也是最明顯的道理。而日軍當局在這裏又設置了障礙。

又例如，日軍當局利用他們控制的上海郵局，刁難與禁止租界內的洋商報向外發行。1938 年 3 月 5 日，日軍當局指派十二人常駐上海郵政總局，擔任郵件檢查員，對郵件，特別是新聞郵件進行檢查。這不僅針對中國愛國報人創辦、掛著外國人旗號的「洋旗報」，而且也針對由英、美報人創辦與主持的「洋商報」。3 月 6 日，美國駐上海領事向日軍當局提出書面抗議，指出日軍當局無權檢查美、英的郵件，包括新聞郵件。但日方對美領事的抗議置若罔聞，繼續對所有郵件，特別是新聞郵件進行檢查。3 月 10 日，日軍當局派駐上海郵政總局的郵件檢查員，通知各外國通訊社，謂「自明日起，各社之中文譯稿，應先送日本檢查所兩份，以便檢查，然後始能分送各中文報社發表」。但各外國通訊社均表示不予理睬。不久，4 月 2 日，日方郵件檢查員扣發英文《大美晚報》寄往外埠的報紙。——這是日方首次扣發洋商報。此後，日方郵件檢查員連續扣發上海數家洋商報，稱這些洋商報「違反」了日方當局的規定，因而不准郵寄往外地。例如 4 月 6 日，日方郵件檢查員再次扣發英文《大美晚報》寄往外埠的報紙，因該報當日登載了 4 月 2 日被日方扣發報紙的消息與日偽在上海設卡課稅導致糧價高漲的消息。4 月 8 日，日方新聞檢查所禁止英文《大美晚報》發行當日的報紙，因該報當日登載了日本人搶劫英人房產事。4 月 9 日，日方當局對英文《大美晚報》、《密勒氏評論報》發出警告，稱若再刊登不利日方的報導，將禁止

---

[20] 報導：〈日本新聞檢查扣下所有關於暴行的報導〉，刊上海：《密勒士評論報》1938 年 1 月 22 日，前引《南京大屠殺史料集》(6)，江蘇人民出版社 2005 年版，第 149 頁。

郵寄。[21]1939 年 6 月，《密勒氏評論報》在一篇報導中稱，從上海寄至天津、北京、福州、廣州等地的上海洋商報。當地僅能收到「親日之上海泰晤士報」。寄往國外的洋商報更是多次被日方扣住。[22]

　　日方當局針對西方記者關於南京現狀和揭露南京大屠殺的報導及其在世界上產生的廣泛影響，還常常精心策劃組織各種新聞發佈會，為日軍的暴行掩蓋、辯解，對西方記者進行攻擊與誣衊。例如在 1938 年 1 月 21 日，上海租界的英文《字林西報》發表社評，「斥駐南京日軍軍紀弛蕩，任意屠殺市民」及強姦、搶劫等暴行。日方上海當局當日就匆忙舉行外國記者招待會，日本官方發言人在會上斥責《字林西報》當日發表的社評批評日軍在南京的暴行是「惡意的誇大內容，無從證實，兼且誣衊日軍名譽。」云云。

　　隨著日本與西方英、美等國家矛盾的加劇，日本當局對駐上海的那些同情中國抗戰、揭露日軍暴行的美、英記者與英、美報刊的態度也日益強硬與兇暴，甚至實施卑鄙兇殘的襲擊報社與暗殺記者。

　　例如對駐上海西方記者中影響最大的《紐約時報》駐華首席記者阿本德，日方當局曾千方百計拉攏他；然而曾幾何時，當阿本德在 1937 年初報導了日本在河北省東部扶植殷汝耕傀儡政權以及日本向中國大規模走私後，日本駐上海的軍隊及憲兵便對他的工作「產生了敵意」。阿本德回憶說：

> 1937 年 8 月，上海之戰打響剛兩天，便有二十二名穿制服的日軍闖進了我在上海的寓所，其中兩名是中尉，另二十名為士兵。他們將寓所翻了個底朝天，尋找想要的文件。而事發時，我正乘美國海軍上將的遊艇伊莎貝爾號從北方返滬，尚未下船。

21　張銓、莊志齡、陳正卿：《日軍在上海的罪行與統治》，上海人民出版社 2000 年版，第 225～226 頁。

22　馬光仁主編：《上海新聞史（1850-1949）》，復旦大學出版社 1996 年版，第 914～915 頁。

他們自然一無所獲。因為多年來，我已養成了一個習慣，從不在公寓或辦公室存放重要文件，即便暫時存放一夜。……

日本搜查人員見花了五個小時，還覓不到任何東西可加罪於我，不禁暴跳如雷，便順手牽羊，將小件的牙雕與玉雕塞進兜裏帶走，價值達兩千多美元。[23]

　　阿本德在 1937 年年底到 1938 年年初，寫出了大量關於日軍南京大屠殺與日機轟炸「帕奈號」炮艦的報導，刊登在《紐約時報》等報刊上，在國際上產生了很大的影響。日軍當局對阿本德更是憎惡。到 1938 年 10 月，上海日軍特務機關對阿本德進行更多的騷擾，企圖使他無法工作。1938 年 10 月 27 日上午 10 時許，兩名日本憲兵，其中一人是「日本憲兵隊上海司令部特高科」的平野，身著便衣，來到阿本德住所，企圖強迫阿本德接受交互訊問，逼他回答「從上海發出過何種新聞，如何發出這些新聞」，以及他「獲取資訊的渠道等等」。阿本德向日方提出強烈抗議，並就此事給美國駐上海總領事高斯寫了一封正式投訴信，其中寫道：「（日方）憲兵隊正在開展一場行動，試圖威脅本地所有的報社記者。」[24]

　　1939 年 2 月 8 日，上海租界的美籍記者與無線電播音員都收到一封日偽特務的恐嚇信，內稱「光榮殺人會，現宣告下開人名死刑」，列入該「死刑名單」的外籍新聞工作者計有：阿柯特、斯諾（英文《密勒氏評論報》美國記者、《西行漫記》作者）、田伯烈（英國《曼徹斯特衛報》記者、《外人目睹中之日軍暴行》作者）、蘭德爾·高爾德（Randall Gould，又譯古爾德，英文《大美晚報》總編輯）、約翰·鮑威爾（John B·Powell，英文《密勒氏評論報》總編輯）、赫希伯（《日本海外間諜

23　〔美〕阿本德著，楊植峰譯：《民國採訪戰》（原書名《我的中國歲月（1926〜1941）》），廣西師範大學出版社 2008 年 7 月版，第 278〜279 頁。
24　〔美〕阿本德著，楊植峰譯：《民國採訪戰》（原書名《我的中國歲月（1926〜1941）》），廣西師範大學出版社 2008 年 7 月版，第 273〜274 頁。

網》作者）等。[25]在給這些美、英記者的恐嚇信中，宣布他們的罪狀分別是：大美廣播電臺播音員高爾特是「每天兩次，盡量說謊」，《密勒氏評論報》總編輯鮑威爾是「每週說謊吹牛」，《大美晚報》是「每天說謊」，《大英夜報》總編輯斐士（Sanders Bates，又譯桑德斯‧貝茨）是「辦滿紙謊言」，等，要求他們立即改變報紙態度，否則將對他們「立判死刑」。[26]

1939 年 5 月 9 日，英文《字林西報》主持人收到自稱「中國青年愛國救亡團」的恐嚇信，要求該報改變辦報方針及態度，否則，「吾等救國分子願與貴報館同人同歸於盡，莫怪言之不預也。」[27]

果然，襲擊或陷害外籍記者的事不斷發生。

例如，1939 年年末，上海日軍當局對阿本德的敵意與日俱增，甚至形成了一個「公開的反阿本德集團」，不僅損及他的工作，而且威脅到他的生命安全。1940 年 1 月，日本憲兵隊上海司令部特高科的高級特務平野及其助手等人，竟然誘逼阿本德的六名僕人，委以金錢，要他們「換取情報或幫忙搞亂」。其中，企圖以五百美元收買阿本德的車夫，讓車夫在阿本德的座車裏塞進一個包裹，包裹裏面放進幾把左輪手槍與一些鴉片，然後等車子行經外白渡橋時，由日軍哨兵將其查獲。這樣，就可以立即將阿本德押往日軍司令部；同時，日軍當局將會立即向新聞界宣布，阿本德因偷運武器與鴉片進入日軍佔領區，已被當場抓獲。這是一個多麼惡毒陰險的陷害計畫。後因僕人們向阿本德坦白了上述情況，才使日本特務的陰謀敗露。[28]

[25] 上海：《申報》1939 年 2 月 9 日；轉引自張銓、莊志齡、陳正卿：《日軍在上海的罪行與統治》，上海人民出版社 2000 年版，第 211～212 頁。

[26] 馬光仁主編：《上海新聞史（1850-1949）》，復旦大學出版社 1996 年版，第913 頁。

[27] 馬光仁主編：《上海新聞史（1850-1949）》，復旦大學出版社 1996 年版，第913 頁。

[28] 〔美〕阿本德著，楊植峰譯：《民國採訪戰》（原書名《我的中國歲月（1926～1941)》），廣西師範大學出版社 2008 年 7 月版，第 275～276 頁。

1940 年 1 月 6 日，日偽特務竟向外出的公共租界工部局英籍總辦費利浦開槍襲擊，費利浦身中 8 槍。[29]

阿本德在 1940 年 4 月 11 日發出的一份備忘錄中寫道：

> 此地日本人的反美情緒正以危險速度增長。順便提及，在上海掌權的日本軍事當局有一個公開的反阿本德集團。他們的存在，不僅已損及我的工作，使之多少陷於癱瘓，更已威脅到我的生命安全。我已打點行囊，並盡可能避開耳目，準備將貴重物品立即運往紐約。[30]

1940 年 7 月 14 日，在日本當局的指使下，南京汪偽「國民政府」訓令偽上海市政府，與各國駐滬有關機關交涉，驅逐上海租界中新聞報業的七名西方著名人士離開中國。汪偽「國民政府」的訓令所指的七人是：「宣傳共產主義之《密勒氏評論報》主筆鮑威爾」（John B. Powell）、「以哥倫比亞出版公司名義主持《申報》之阿樂滿」（Norwood F. Allman）、「主持《大美報》及《大美晚報》之史帶」（C. V. Starr，又譯斯塔爾）、「身兼《大美報》及《大美晚報》之編輯高爾特」（Randall Gould，又譯古爾德）、「《大英夜報》發行人兼總編輯斐士」（Sanders Bates，又譯桑德斯‧貝茨）、「《華美晚報》發行人米爾斯」（Hal P. Mills）、「常作廣播宣傳，公然反抗中國政府之奧爾考脫」（Carroll Alcott，美國電臺評論員兼英文《大陸報》記者，又譯卡羅爾‧奧爾科特）。汪偽政府的訓令稱，此七人「以外國身份而參加顛覆國民政府之陰謀，並公然為破壞國民政府之言論行動……日夜造謠生事，以期危害民國，……為中國法律之所不容」，令偽上海市長「迅即與各國駐滬關係當局交涉，對此等分子嚴定限期，勒令出境。」[31]另驅逐八名為美、英報社工作的中國新

---

[29] 張銓、莊志齡、陳正卿：《日軍在上海的罪行與統治》，上海人民出版社 2000 年版，第 212 頁。

[30] 〔美〕阿本德著，楊植峰譯：《民國採訪戰》（原書名《我的中國歲月（1926～1941）》），廣西師範大學出版社 2008 年 7 月版，第 273 頁。

[31] 〔上海〕偽《中華日報》1940 年 7 月 16 日。

聞記者，為首的是英文《大陸報》總編輯吳嘉棠。[32]這個名單刊登在 1940
年 7 月 16 日汪偽在上海的喉舌《中華日報》上。

面對日偽當局的威逼迫害，七名美、英報人與記者表現了可貴的職
業道德與人類良知，毫不退縮，並向日偽的淫威進行反擊。主持《申報》
的阿樂滿發表嚴正聲明，指出：「渠係一律師，絕不願參加政治活動，……
渠主持之《申報》在盡報導之責任，將社會真實情形報告市民，並非為
任何一方面之宣傳」，因此，他表示將對汪偽政府的所謂驅逐令「決置
之不理」。其他美、英報人與記者也表現了同樣的態度。[33]

1940 年 7 月 20 日凌晨，兩名蒙面、持著左輪手槍的日本特務突然
闖進阿本德在上海百老匯大廈的寓所中，進行威逼，要阿本德交出「正
在寫作的反日書籍」，並搜索房間，查找文件，還對阿本德進行極野蠻
的毆打侮辱。阿本德回憶道：

> 他暴跳如雷，說我是侮辱日本陸軍，說著便揮拳猛擊我的左臉，
> 打掉我的眼鏡。接著，他一把將我的左臂扭到背後，將我用力一
> 摁，按跪到地上，然後便一連串地用日語破口大罵。發洩完了，
> 又要求我交出「攻擊三浦將軍的所有電報」。[34]

兩個日本特務對阿本德的襲擊「可謂殘忍到了極點」，「珍貴資料稿
件多種均被劫去」。此後，日本特務對阿本德的迫害越來越肆無忌憚。
阿本德說：

> 從 7 月份襲擊事件發生起，到 9 月底報導了日本加盟軸心國的獨
> 家新聞止，日本人及其爪牙整我的嘗試從未停止。9 月份的獨家

---

32 〔美〕鮑威爾著，邢建榕等譯：《鮑威爾對華回憶錄》，〔上海〕知識出版社
  1994 年版，第 342～343 頁。
33 馬光仁主編：《上海新聞史（1850-1949）》，復旦大學出版社 1996 年版，第
  916～917 頁。
34 〔美〕阿本德著，楊植峰譯：《民國採訪戰》（原書名《我的中國歲月（1926
  ～1941）》），廣西師範大學出版社 2008 年 7 月版，第 285 頁。

新聞發表後，他們更是狂怒已極。我每天都收到威脅電話，逼我說出日本加入軸心國一事的消息來源。而時至今日，我還未向任何人透露過。至於收到的威脅信，更是達五十封之多。他們還多次試圖闖入我的辦公室或住所，日夜均有發生，其中一次還導致站崗的警察與兩名日本凶徒拔槍對射。[35]

因形勢實在太過危險，正在上海的美國亞洲艦隊司令哈特海軍上將也出面力勸阿本德離開中國，對阿本德說：「只要你繼續留在此地，他們總會把你暗殺掉的。你到今天還平安無事地活著，完全是個奇蹟。」1940年10月14日，在中國工作了十五年的阿本德才不得不離開上海回國。[36]

其他西方駐上海的記者也多遭到日本當局日益加劇的迫害。

1940年8月3日夜，英國路透社遠東分社經理華克的寓所被盜，一些貴重物品與文件資料落到日本特務的手中。[37]

到1941年冬，美、英與日本間的矛盾日益加劇，上海的形勢也更加險惡，斯塔爾、高爾德、奧爾科特被迫於1941年12月初，搭乘最後一班美國輪船，離開上海回國。阿樂滿去了香港，在太平洋戰爭爆發後被日軍逮捕。

但《密勒氏評論報》（China Weekly Review）的主持人約翰·鮑威爾（John B·Powell）等人仍不畏險惡，堅持留在上海繼續辦報。很快，鮑威爾遭到了日偽特務用手榴彈的襲擊。這是對他的警告。暗殺未遂後，日偽當局就派人造訪鮑威爾，勸他「賣掉」《密勒氏評論報》。鮑威爾斷然加以拒絕。[38]

[35] 〔美〕阿本德著，楊植峰譯：《民國採訪戰》（原書名《我的中國歲月（1926～1941）》），廣西師範大學出版社2008年7月版，第292～293頁。
[36] 〔美〕阿本德著，楊植峰譯：《民國採訪戰》（原書名《我的中國歲月（1926～1941）》），廣西師範大學出版社2008年7月版，第293～294頁。
[37] 馬光仁主編：《上海新聞史（1850-1949）》，復旦大學出版社1996年版，第913頁。
[38] 〔美〕鮑威爾著，邢建榕等譯：《鮑威爾對華回憶錄》，上海：知識出版社

到 1941 年 12 月 8 日日本發動太平洋戰爭後，日本當局就完全露出了它的本來面目。日軍立即佔領上海租界。租界內的洋商報、洋旗報幾乎全部被查封或被迫停辦。只有美商《大美晚報》（The Shanghai Evening Post And Mercury）與英商《上海泰晤士報》（The Shanghai Times）這兩家英文報紙被日方接收後，利用其名義，在日方監控下，由日本人編輯發行，暫時繼續出版發行了一段時間。英文週報《密勒氏評論報》（China Weekly Review）被查封時，其主持人鮑威爾（John B．Powell）被抄家，他多年搜集的有關中國的資料被洗劫一空。1941 年 12 月 20 日，日方當局宣布，英文《密勒氏評論報》主編鮑威爾與《大美晚報》記者兼《大陸報》主編奧柏、《遠東》雜誌主編兼評論員伍德海等十多名美、英新聞傳媒工作者係國際間諜機關成員，加以逮捕，關進美英僑民談虎色變的河濱大樓監獄。在 1942 年 6 月 15 日，日方將他們送交上海日軍軍事法庭審判，罪名是「在租界內本國機關庇護下，從事對日諜報並作援渝反日之宣傳」，「彼輩對其本國之報告，……充為本國政府決定對日政策之重要資料」，犯間諜罪；「彼等所謀報刊宣傳，促使日本之國際環境惡化」，並「妨礙治安」等。[39] 不久又將他們轉押於江灣監獄。

鮑威爾等美、英記者在日軍的監獄中，備受折磨。但他們始終不改初衷，堅強樂觀。直到 1943 年初，因日美雙方互換俘虜，鮑威爾等才得以被釋放回國。還有些人則在日軍獄中度過了整個戰爭時期，直到日本投降才恢復自由。[40]

上述這些美、英記者卓有成效的採訪報導與堅持不渝的新聞操守、堅忍不拔的對日鬥爭，是美、英傳媒界的主流。他們為中國人民的抗日鬥爭與世界人民的反法西斯鬥爭做出了重要的貢獻，也為世界新聞史寫下了最光輝的一章。

1994 年版，第 343～344 頁。

[39] 上海：偽《申報》1942 年 6 月 15 日。

[40] 〔美〕鮑威爾著，邢建榕等譯：《鮑威爾對華回憶錄》，上海：知識出版社 1994 年版，第 345、363 頁。

第二節　少數美、英記者報導南京大屠殺的敗筆與敗類

當多家美、英新聞傳媒對日軍南京大屠殺率先做了報導，並拒絕日方當局的收買，頂住壓力，不怕報復打擊迫害，始終堅持客觀、公正、真實的新聞操守與職業道德，克服重重困難，連續報導與抨擊日軍在南京的暴行，在中國與世界上產生了重要而廣泛的影響的同時，我們也應看到，有少數幾家美、英新聞傳媒在對日軍南京大屠殺的報導中，卻出現了一些不和諧的聲音，成為西方新聞史上的敗筆。

第一，部分美、英新聞傳媒對日軍南京大屠殺，在報導中未給予應有的重視，有些新聞傳媒甚至表現得十分冷漠與自私。

1937 年 12 月 13 日南京大屠殺發生後，美國的《芝加哥每日新聞報》、《紐約時報》等率先做了報導；美、英的其他一些報紙先後做了轉載，擴大了影響。但從總體上看，整個美、英新聞傳媒對南京大屠殺的報導，無論從規模上，或深度上，都和該事件的重大性與慘烈性，是極不相稱的，甚至不能與對美國「帕奈號」遭襲事件的報導相比。

1937 年 12 月 12 日，美國炮艇「帕奈號」在南京西部數十公里的安徽省和縣長江江面上遭日機襲擊，被炸沉，船上人員傷亡數人，大多數人獲救。事件發生後，美、英各大新聞傳媒立即以重要版面，發表文章與圖片，連篇累牘，連續多日，大量報導此事件的消息與評論，造成了強大的新聞輿論攻勢。1937 年 12 月 13 日，美國總統羅斯福親自就「帕奈號」遭日機襲擊被炸沉事件發表談話，表示「震驚」，要求日本天皇裕仁就此事件向美國道歉。美國各城市廣泛上映美國環球新聞製片公司的攝影記者諾曼‧愛黎和美國福克斯電影新聞公司的攝影記者艾利克‧馬亞爾現場拍攝的日機襲擊炸沉「帕奈號」的紀錄片。美、英新聞傳媒的強勢報導激起了美國民眾的強烈憤怒與廣泛抗議。美國各地掀起了抵制日貨的運動。

相比之下，美、英新聞傳媒對「帕奈號」遭襲事件的報導及其引起的轟動與影響，遠遠甚於同一時期發生的日軍屠殺幾十萬中國民眾、燒殺淫掠四十多天的南京大屠殺。日本外相廣田弘毅在 1937 年 12 月 22 日致電北平森島參事官，稱：「自『帕奈』號事件首次報導以來，來自各地的各種報導相當激昂，致使當地輿論愈加惡化……抵制日貨的運動的傾向加劇，不容樂觀。」[41]

還有些美、英新聞傳媒，在對南京大屠殺的報導上，始終表現得十分冷漠與自私。

例如，由曾長期生活在中國的美國著名女作家賽珍珠主編的《亞洲》雜誌，在南京大屠殺事件發生後，竟在連續幾期沒有一篇文章記述日軍南京大屠殺暴行，只在 1938 年第 2 期的《東方每月新聞》欄目中，用寥寥幾行文字對日軍南京大屠殺暴行加以簡略的報導。

而上海租界的英文《上海泰晤士報》（亦譯《上海時報》），表現更是惡劣。在中國抗戰發生後，該報就表現出親日態度，常常刊登有利於日本的消息，對中國的抗戰則始終抱著冷眼旁觀甚至冷嘲熱諷的敵對態度。當美、英等國的報刊與上海租界的多家報刊連續多日對日軍製造的南京大屠殺的暴行做了報導與揭露後，該報卻對這震驚中外的重大事件未做一點像樣的報導，就好像世界上根本沒有發生過這種事似的。這和與它近在咫尺的《大美晚報》、《密勒氏評論報》甚至還有《字林西報》相比，形成了極大的反差。不僅如此，在 1938 年 1 月 3 日，該報還不做說明更不加批判地刊登了上海日軍特務機關捏造的關於南京現況的報導，題為〈原支那軍軍官混在難民中———夥（中國）軍官招認，把在南京的罪行栽贓給日本〉，顛倒黑白，竟將日軍南京大屠殺的暴行嫁禍給中國軍民。

再如，1938 年 1 月下旬，美國的許多報刊連續報導了 1 月 26 日日軍毆打美國駐南京使館的三等秘書兼領事阿利森事件。美國駐南京使館

41 中央檔案館、中國第二歷史檔案館、吉林省社科院合編：《日本帝國主義侵華檔案資料選編———南京大屠殺》，北京：中華書局 1995 年 7 月版，第 328 頁。

三等秘書、領事阿利森與金陵大學美籍教授林查理（即里格斯），為日軍強姦一位中國少女事，去日軍憲兵司令部交涉，遭到日軍一個哨兵的毆打──形成「阿利森事件」。為此，阿利森迅速向美國國務院如實做了彙報；美國政府向日本政府提出抗議。

但美國的《國家》（Nation）雜誌卻刊登了該雜誌出版人奧斯渥德‧蓋里森‧維拉德（Oswald Garnison Villard）寫的一篇社論，竟然對阿利森的這一完全正當的行動大加韃伐，斥責阿利森「為了營救一名中國婦女而將美、日兩國引向戰爭的邊緣」。在這位維拉德先生的眼裏，中國民眾的生命與人權是微不足道的。這顯得多麼冷漠與自私。阿利森辯解說：「他忽略了我在調查美國人財產以及我進入日軍兵營是為保護一位美國公民這一事實。他只是臆測我過於狂熱，製造可能導致戰爭的事端。同一個奧斯渥德‧蓋里森‧維拉德數年前嚴厲批評在德國的美國外交官沒有做工作幫助受希特勒迫害的德國猶太人，這些猶太人沒有一個是美國公民。」[42] 相比之下，美國一些人、一些報刊，對同樣遭受法西斯侵略與迫害的中國人民與猶太人民的態度與感情，是多麼不一樣。這充分體現了美國一些人、一些報刊的陰暗、狹隘的心理。

由於當時美國孤立主義盛行，約翰‧馬吉拍攝的《南京暴行紀實》在美國的放映也遇到了很大的阻力。據美國記者大衛‧貝爾加米尼在《日本天皇的陰謀》一書裏所說：

> 人們感到影片中顯示的那殘缺不全的屍體、濺滿血跡的房屋和挑在刺刀上的嬰兒實在慘不忍睹，不堪公演，因而僅有少數人觀看了影片。頗具諷刺意義的是，影片的某些片段被「美國第一委員會」這個組織拿去廣為放映，旨在說明捲入外國事務是無益的。[43]

---

[42] 陸束屏彙輯編譯：《南京大屠殺──英美人士的目擊報導》，紅旗出版社 1999 年 9 月版，第 419～420 頁。

[43] 〔美〕大衛‧貝爾加米尼著，張震久、周鄭等譯：《日本天皇的陰謀》，商務印書館 1984 年版，上冊，第 84 頁。按：「美國第一」委員會是美國的一個

　　第二，部分美、英新聞傳媒刊登一些文章或讀者來信，對南京大屠殺發表了種種謬論：或者表示不相信關於日軍南京大屠殺的報導，認為那是「虛構的」，是「惡名昭彰的宣傳」；或者認為只是日軍少數部隊軍紀的暫時失控，是下層官兵受戰爭狂熱激起的慾望的影響，是日軍上層與日本政府所不知道也是不願看到的；或者說日軍的暴行是對中國軍民抗日鬥爭的報復；甚至說「暴行不是日軍幹的，而是中國軍隊在日軍進城以前所為」等等。

　　例如，當時西方世界中有一些人對報刊上刊登的揭露日軍南京大屠殺暴行的報導，公開表示懷疑，認為是「編造」、「過度誇張」，尤其對中國難民倖存者的血淚控訴更是不屑一顧，提出種種責疑：

> 持懷疑論者竟對來自戰場的報告推敲再三。「情況真的像報紙編造的那麼糟糕嗎？」是一種常見的評論。……日軍的辯護者經常企圖否定來自中國的報導。他們的說詞是這些報導過度誇張，以及應有根據當時在場的中立國觀察家的獨立報導為依據而對真實情況所做的冷靜記載。[44]

　　例如，1938 年 7 月，美國《讀者文摘》（The Reader's Digest）1938 年 7 月號第 28～31 頁上轉載了《視野》（Ken）上的一篇文章，題為〈南京的浩劫——一名在中國居住二十年、南京陷落後留駐下來的美國人講述給約翰・馬勒尼的故事〉，實際上是美國基督教南京青年會負責人喬治・費奇在南京大屠殺期間日記的縮寫稿。如前所述，此文以作者的親身經歷，用日記體的形式，揭露了日軍南京大屠殺的駭人聽聞的暴行。

孤立主義組織，最初產生於 1940 年，耶魯大學法學院流傳一份請願書，要求建立一個全國性的大學生組織，反對美國干涉與介入歐洲的戰爭。1941 年 12 月 7 日太平洋戰爭爆發後，12 月 8 日美國對日本宣戰，12 月 11 日該組織宣告解散。

[44]〔英〕愛德溫・豪伍德：〈可怕的南京記錄——「沒有比這更能堅定中國人的抵抗」〉，刊〔英〕《大不列顛與東方雜誌（The Great Britain and the East）第 51 卷第 64 頁；前引《南京大屠殺史料集》（6），第 195～196 頁。

然而此文刊出後，竟然「引起了一陣風暴」，一些美國讀者給《讀者文摘》來信，認為喬治‧費奇在南京大屠殺期間日記「是不可信的」，對該文表示懷疑，稱這篇記述親身經歷南京大屠殺的文章是「惡名昭彰的宣傳」，說：「真是不可思議，你們居然會那麼相信這種惡名昭彰的宣傳，這讓人不禁回想到戰爭期間政府餵食給公眾的消息。」

《紐約時報》也收到過類似的美國讀者來信。一位名叫麥金（Rev. J. Mckim）的牧師在 1938 年 3 月致函《紐約時報》，表示報刊上「有關日軍南京屠殺的故事是虛構的」，甚至說，「暴行不是日軍幹的，而是中國軍隊在日軍進城以前所為」。[45]

再例如，上海公共租界的英文報紙、代表租界當局意見的《字林西報》在 1937 年 12 月 25 日刊登的新聞評論員的文章〈據可靠消息，日軍在華、在南京已失去了極大的聲譽，並已失去爭取當地居民與外國輿論界對其尊敬的機會〉，內容是「據曾在南京市區內經過的外國人報導」，記述日軍佔領南京後瘋狂大屠殺的情況。但該報編輯部當時卻認為：

> （日本）軍隊的這種殘暴行為，乃是暫時失卻了統制的結果，也許是受了戰時狂熱所激起的慾望的影響。

甚至認為：

> 日本軍隊正為 1927 年的（南京）殘暴行為，施行報復，然而如果他們真有施行報復的必要，那麼他們所找的對象卻錯誤，因為一九二七年的事件，南京的居民並不能負絲毫責任，應當負責乃是軍隊。[46]

45　章開沅編譯：《天理難容——美國傳教士眼中的南京大屠殺（1937-1938）》，南京大學出版社 1999 年版，第 220～223 頁。

46　中國第二歷史檔案館、南京市檔案館合編：《侵華日軍南京大屠殺檔案》，江蘇古籍出版社 1997 年版，第 850 頁。

這種種關於南京大屠殺的謬論在報刊上公開刊出後，在美、英等國的社會上產生了很惡劣的影響。他們的偏見與日本當局的詭辯不謀而合，遙相呼應，一度蒙蔽了不少不明真相的民眾，甚至影響到一些國家政府的外交決策，而大大幫了正謀求從國際輿論壓力下脫身的日本政府的大忙。

偏見比無知離真理更遠！西方社會上一些人在報刊上製造的關於南京大屠殺的種種謬論再次證明了這個顛撲不破的論點的正確與深刻。

很快，隨著越來越多的關於南京大屠殺的暴行史實被揭露，隨著許多南京大屠殺暴行的受害者、目擊者以親身經歷的事實進行的血淚控訴，西方社會上一些人在報刊上製造的關於南京大屠殺的種種謬論越來越沒有市場。

其中一些西方人士經事實的教育，先後覺醒了。如《字林西報》在1938年1月21日發表了一篇論述日軍在南京暴行的重要社論，首先回顧與檢討該報以前對日軍暴行發生原因的錯誤認識：「在當時我們都相信，軍隊的這種殘暴行為，乃是暫時的失卻了統制的結果，也許是受了戰事狂熱所激起的慾望的影響。……甚至於有些以為日本軍隊正為一九二七年的殘暴行為，施行報復，……」現在，他們知道，他們以前的認識錯了。日軍在南京的大屠殺的殘暴行為絕不是「暫時的失卻了統制的結果」，而是精心策劃的、長時期的暴行。因為自日軍佔領南京，直到一個多月後，直到1938年1月中旬，日軍在南京燒殺淫掠的殘暴行為仍在繼續。《字林西報》社論指出，日軍在南京持續一個多月的大屠殺暴行將是「舉世所周知的」鐵一般的事實：

> 這是事實，已經證明了的事實，而且是很普遍的事實。並且無辜的毫無妨害的中國民眾，遭遇著最慘痛的待遇，這些事實，全世界是一天比一天更明白了。南京雖然已經和世外隔絕，然而這個淒慘的故事，至終也會舉世所周知的，其中一大部分全世界已經知道了，其餘的慘痛事實，也要成為以後若干世紀的讀物，在這

裏，我們誠懇的建議，現在時限已經到了，（日本）負責當局應
當即下決心，趕快終止這一些破壞的行動。[47]

當然，日本負責當局是不會下決心「終止這一些破壞的行動」，因
為這是他們的國策，是他們對南京軍民「有計劃的恐怖行為」。要日本
當局終止日軍的暴行不啻是與虎謀皮。《字林西報》對日方當局仍存有
的幻想是不切實際的。

還有一些在美英傳媒上散佈謬論的西方人士遭到了正直人士的駁
斥。在 1938 年 4 月 2 日，正在南京危城中的約翰‧馬吉得知麥金牧師
在《紐約時報》上發表的荒謬觀點後，特地致函給他，駁斥他的種種錯
誤觀點。約翰‧馬吉首先以自己親身經歷、親眼所見的事實，論證了南
京大屠殺的確鑿無疑，絕不是「虛構」的。他說：

> 我注意到你曾致函《紐約時報》說，有關日軍南京屠殺的故事是
> 虛構的，可能這時你已經知道它們只能是太千真萬確了。如果我
> 不是親眼看到這些事情，我也不敢相信這樣的事會發生在現代社
> 會。這使人想起古代的亞述暴行。我們未曾料到如此恐怖，當這
> 些事情開始時，我們感到這是可怕的震撼。

接著，他又以自己親身經歷、親眼所見的事實，駁斥了麥金所稱的
「暴行不是日軍幹的，而是中國軍隊在日軍進城以前所為」的荒謬說
法，指出日軍進入南京城前，中國部分守軍雖因錯誤判斷而燒毀了城外
一些民房以及「有小規模的搶劫」，但南京大屠殺的可怕暴行卻絕不是
他們幹的，而是日軍所為：

> 據我所知，你給《紐約時報》的信，說暴行不是日軍幹的，而是
> 中國軍隊在日軍進城以前所為。就南京而言，這實在是極大的錯

---

[47] 中國第二歷史檔案館、南京市檔案館合編：《侵華日軍南京大屠殺檔案》，江
蘇古籍出版社 1997 年版，第 850～852 頁。

誤。雖然日軍入城前中國軍隊有小規模的搶劫，而且城外許多民房確實是被中國軍隊出於防衛目的而焚毀的，這當然也可以稱為暴行，但這樣做是因為錯誤地認為有助於守城，但結果卻未見成效。這也是事實，張學良的軍隊表現極差，曾於戰爭時期在南京與上海之間的大學搶劫，但他們亦曾被處決數百人。把此間發生如此可怕的事情公開誣過於中國人，這確實有失公正。我認為我寫的已足夠讓你知悉到底發生過何種暴行。[48]

第三，部分美、英新聞傳媒在日軍攻佔南京後，竟下令撤銷在中國的辦事處與記者站。這是因為這些美、英新聞傳媒的主持人對中國的抗戰失去了信心，認為「中國很快就會被小日本吃掉」，因而「中國不再是重要新聞的來源地了」，今後若要繼續採訪有關中國的新聞，「要從東京方面入手」。

例如，美國著名的《芝加哥論壇報》（Chicago Tribune）曾在上海設有一家「很神氣的」辦事處：「一塊大銅牌懸掛在門口上面刻著『世界上最偉大的報紙』幾個字。銅牌懸掛了多年，經過風吹雨打日曬，再加上辦事處工役每天擦拭，所以，那一層黃銅幾乎都被磨穿了。」

但是，美國這家「為孤立主義者撐腰」的報紙，的所有人麥考密克（Manchester Guardian Mccormick）上校，在 1937 年 12 月 17 日，也就是日軍攻佔南京後第四天的早上，派遣私人代表科比寧（Corpening）上尉，乘坐泛美航空公司的客機，從芝加哥飛抵上海。「科比寧帶著上校的指令，前來結束《芝加哥論壇報》設在中國的所有的辦事處工作。」

兼任《芝加哥論壇報》特派記者的《密勒氏評論報》主編鮑威爾不解地向科比寧詢問關於《芝加哥論壇報》結束設在中國的辦事處的原因，說：「平心而論，《芝加哥論壇報》究竟是為什麼要在這個時候關閉

48　〔美〕馬吉：〈致麥金函〉（1938 年 4 月 2 日），章開沅編譯：《天理難容——美國傳教士眼中的南京大屠殺（1937-1938）》，南京大學出版社 1999 年版，第 222 頁。

在中國的辦事處？『帕奈號』剛剛被炸，中日雙方也已交戰多日，亞洲正成為真正的世界新聞的熱點。」

傲慢的科比寧上尉回答說：「麥考密克上校認為中國不再是重要新聞的來源地了。他說，中國很快就會被小日本吃掉，因此，《芝加哥論壇報》若要繼續採訪有關中國的新聞時，將來要從東京方面入手。」

科比寧上尉在上海逗留幾天，把《芝加哥論壇報》辦事處的工作結束，把大門口的銅牌摘下來。

不同意麥考密克上校這樣幹的鮑威爾「望著辦事處那一度顯赫的門面，想到二十年來的工作，居然會毀於一旦，不禁使人感慨萬千。」

一直堅持在上海「孤島」辦報的《密勒氏評論報》主編鮑威爾說：「從 1937 年（12 月南京淪陷）起，整整四年，直到日本人偷襲珍珠港的那一天的那一小時，《芝加哥論壇報》只有一名特派記者負責採訪遠東新聞，那就是派駐東京的日本人金平瀨湯。他出生在火奴魯魯，所以在法律上他是美國公民。」[49]——可想而知，這家《芝加哥論壇報》對日軍侵華戰爭與南京大屠殺，會採取什麼樣的態度？會有什麼樣的報導與評論文章？

第四，美、英新聞傳媒界還有少數敗類，被日方當局收買，墮落為日本軍國主義的鷹犬。

美、英新聞界中還有少數敗類，經不住日方當局有計劃的金錢美女的收買或刺刀槍口的威脅，出賣靈魂，踐踏新聞道德，淪為日本軍國主義的走狗，為日本的侵華政策服務，對日軍的戰爭暴行做粉飾。他們人數雖少，卻起了十分惡劣的作用。

早在 1931 年 9 月 18 日日軍製造瀋陽事變、侵佔中國東北後，日本當局就成功收買了一個西方新聞界的敗類。上海租界《密勒氏評論報》主編鮑威爾在回憶錄中，寫道：

---

[49] 〔美〕鮑威爾著，邢建榕、薛明揚、徐躍譯：《鮑威爾對華回憶錄》，上海：知識出版社 1994 年版，第 325～328 頁。

當時，日本政府豢養的一名最出色的宣傳家，是美國人金尼。他早年在火奴魯魯做過教員和新聞記者，後來，在中國大連的南滿鐵路局工作。「九‧一八」事變以後，金尼回到美國，訪問了不少報社總編、專欄作家以及電臺評論員。他從美國返回大連後，起草了一份很長的報告，呈送他的日本上司。在報告中，他列出了一批美國人的名單，認為這些人在感情上是贊同日本侵略中國的政策的。不幸的是，金尼的機密報告輾轉落到另一名美國人的手中，而這位美國人卻又把報告轉給了我。於是，我把這份報告全文發表——雖然時隔十多年，至今讀起來仍然是那麼有趣，尤其是上面還刊登了那一批贊成日本侵略中國的人的尊姓大名。日本人發現這份秘密報告被披露以後，就准了金尼的長假，讓他攜著自己的日本太太，到南太平洋的法屬塔希提島（Tahiti）上去過優哉遊哉的生活了。而此時，中日戰爭也已正式爆發了。[50]

日軍攻佔上海、南京後，日方當局加強了對美、英記者的「工作」，但收效甚微。直到 1941 年 12 月 8 日，日本發動太平洋戰爭、並迅速佔領上海租界，《密勒氏評論報》主編鮑威爾等大批西方記者被日軍逮捕關押，備受折磨。在這時，在日方當局的威脅與收買下，美、英記者中也有極少數的敗類竟然賣身投靠日本當局。鮑威爾寫道：

還有一些人則完全投靠了日本人，為他們效勞，其中就有新聞記者。一個外國記者擔任了日本電臺的播音員和評論員，攻訐他的原來幾個同事「反對日本人，是奸細」，另有一些英美新聞記者，繼續留在美商《大美晚報》和英商《上海泰晤士報》工作，當時這兩家報紙已被日本人接收，由日本人編輯發行。[51]

50 〔美〕鮑威爾著，邢建榕等譯：《鮑威爾對華回憶錄》，上海：知識出版社 1994 年版，第 308～309 頁。
51 〔美〕鮑威爾著，邢建榕等譯：《鮑威爾對華回憶錄》，上海：知識出版社

　　當然，美、英記者中賣身投靠日本當局的敗類屈指可數。

＊　　　　＊　　　　＊

　　總之，日方當局機關算盡，結果卻是事與願違。有著悠久的新聞自由與正義原則傳統的美、英新聞界，除了極少數敗類外，絕大多數人士能堅持人類公德與新聞操守，客觀公正，拒絕收買，頂住壓力，既不會被日方當局用花言巧語與金錢美女所腐蝕，更不會被刁難與威脅搞垮。反而，他們憑著豐富的採訪經驗與敏銳的職業眼光，有越來越多的人能很快地識破日本當局的用心，嚴正而又巧妙地將日軍南京大屠殺的暴行報導出去。隨著時間的推移，隨著日本侵略戰爭的日益擴大及其軍國主義面目的日益暴露，西方記者中像鮑威爾、阿本德這樣目光銳利而又主持正義的的人也日益增多，美、英等西方國家的公眾輿論也將日益擺脫日本當局精心設置的騙局，走向歷史的真實。日方當局機關算盡，最後只能落得原形畢露、失道寡助、煢煢孑立的可恥下場。

第十二章　德、意新聞報刊
被禁止報導南京大屠殺

　　在西方新聞傳媒對南京大屠殺的報導中，納粹德國與法西斯義大利的新聞傳媒有著獨特的表現，這是由這兩個國家當時的國內體制與意識形態所決定的，更受到這兩個國家的外交政策及其與日本、中國的微妙關係所影響。

第一節　德國新聞報刊對南京戰況的報導：從「客觀」到偏袒

　　在 1937 年 7 月 7 日日中戰爭爆發時，納粹德國與義大利的新聞傳媒都在中國派駐了記者，如德國的官方通訊社——德新社的記者，德國《法蘭克福彙報》特派記者理利‧阿貝克，德國《民族觀察報》特約記者沃爾夫森克，以及義大利的記者桑德羅‧桑德尼等人。他們大多住在上海租界中，在 1937 年 8 月以後，他們將對中國戰事報導的重點放在南京。許多德國和義大利的記者來到南京採訪。

　　德國僑民還在上海租界創辦了德文報紙《遠東新聞報》等，並向南京的德國僑民發行。如前所述，《遠東新聞報》是一家德文小報，主編胡爾德曼，受德國駐中國使領館影響，「基本上只轉載德國官方的德國新聞社（德新社）或遠洋通迅社播發的消息，因此在內容上緊跟納粹德國宣傳部的精神。《遠東新聞報》對德國、德國元首希特勒和德國納粹黨的報導是一片讚揚。」[1]

---

[1]　〔德〕埃爾溫‧維克特：《約翰‧拉貝其人》；前引〔德〕拉貝著，本書翻譯

　　德國新聞傳媒對南京戰況的報導經歷了一個發展與轉折的過程：從客觀到偏袒。

　　戰前，納粹德國的遠東政策，是基於其本國的政治、經濟、外交利益，一方面同中國國民政府維持著「友好」關係，在經濟上與武器供給上給予扶持，甚至派遣軍事顧問團長駐中國，幫助國民政府練兵與制訂國防計畫，以此不斷加強德國在中國的影響，並從中國獲取錳、鎢等極其重要的戰略物資；但同時，納粹德國又同日本日益增強法西斯的同盟關係，早在 1936 年 11 月 25 日納粹德國就同日本簽訂了《反共產國際協定》，結成同盟。納粹德國力圖同中、日保持外交上的「等距」關係。

　　1937 年 7 月日本侵華戰爭爆發後，納粹德國的遠東政策，仍是基於其本國的政治、經濟、外交利益：一方面它想繼續維持戰前同中國國民政府的「友好」關係；另一方面則因義大利於 1937 年 11 月 6 日加入《反共產國際協定》，「柏林——羅馬——東京」法西斯軸心正式形成，德日間的關係更加緊密，因而它鼓吹中國接受日本的議和條件，讓日本獲取在華的最大權益，從而儘快實現「體面的停戰」，使日本將侵略矛頭指向蘇聯與英、美。因此，德國在中日戰爭爆發的開始階段，繼續保持「中立」，並積極調停。著名的陶德曼調停就是德國當時政策的產物。

　　納粹德國的外交政策反映到當時的德國新聞傳媒上，就是對中日戰況的「客觀」報導。

　　1937 年 10 月，上海租界的德文報紙《遠東新聞報》刊登了駐南京的德國僑民、西門子公司駐南京代表約翰‧拉貝以筆名發表的一篇來稿〈一聲長「鳴」，三聲短「鳴」——南京來鴻〉，這是他應約寫給該報主編胡爾德曼一封長信的摘錄，客觀報導了在日機連續多日空襲下南京市民的生活與工作情況。該報在此文前加了簡短的「編者按」：

組譯：《拉貝日記》，第 711 頁。

我們曾請求一位我們在南京的讀者，給我們寫一下在南京發生空襲時的情況，作為一個「局外人」的態度如何，德國人在偶然陷入困境後做什麼和究竟做了什麼。我們隨即收到一封長信，現發表如下：

該報發表了拉貝長信的後半部分。拉貝先介紹了他在南京住地「是怎樣建築防空洞的」，然後講述了他的防空洞建成後，當日機空襲時，接納了許多中國居民進來避難；講述了南京市民在日機空襲下的生活與工作：

> 假如現在我這麼寫，說我一點也不害怕，那我一定是在撒謊。在防空洞激烈震動時，也有一種感覺悄悄爬上我的心頭，類似「唉呀，我們要再見了！」……說真的，是害怕了。可是，為了消除害怕，說幾句快活的話，或編造一個笑話，大家跟著笑一笑，炸彈的威力就大大地減小了！老實說，只要炸彈沒有剛好落到自己的頭上，人們也逐漸地習慣了狂轟濫炸。每次轟炸的間隔時，孩子們都迅速地跑出去。這是可以理解的，但你無法想像得出，這時會發生什麼事。

拉貝在戰前長期生活與工作在南京，對南京十分熟悉。他在這篇文章中寫了日本侵華戰爭，特別是日機的空襲，使南京發生了巨大變化；還寫了南京市民面對災難所表現的沈著與堅韌：

> 誰要是在戰前，即兩個月前，熟悉這個重新繁榮起來的南京城的，誰要是在當時，特別是在中午時分，觀察過市中心繁忙的交通情況的，如果他聽說過大約 100 萬～120 萬居民中至少已有 80 萬人離開了這座城市，那他對現在城裏到處是死一般的寂靜和幾乎是空蕩蕩的街道和廣場就不再會感到驚訝了。

> 所有紅色的磚瓦屋頂都刷成了黑色，就連整個紅磚瓦的住宅區也都刷成了黑顏色。每隔 50 米～100 米就有供行人躲避用的防空洞，有些只是上面堆些土的洞，剛好夠一個人爬進去。

所有的電影院、大部分旅館、絕大部分商店和藥房都已關閉。有些小手工業者還在半開著的大門和百葉窗後面悄無聲息地幹活。一排排的房子之間，可以看到一些缺口，面積大約有 6 所～12 所房子那麼大，這是轟炸造成的破壞。但是事情過後呢？人死了（雖然不是很多，但也夠多了），現場清理乾淨了，於是便幾乎不再有人注意這些缺口，事情也就忘記了。

同樣也漆成了黑色的公共汽車還在行駛，在中央各部等單位下班時車裏擠得滿滿的，因為政府官員都照樣工作，星期天也如此！街上的秩序是無可指責的。軍人、警察和平民糾察隊謙和而正確地履行著他們的義務。在兩枚炸彈炸開了中山路主幹道的碎石路面半小時後，就已填補了那些坑洞，修復好了路面。修路時交通一點也沒有中斷。

沒有一個外國人（這裏的外國人已經不多，德國人約有 12 名婦女和 60 名男子）受到過干擾。相反，人們都懷著驚訝的好感注視著我們這些還堅持留在這裏的外國人。

拉貝在德文《遠東新聞報》上發表的這篇文章中，還如實記述了南京市民對日本空中強盜的仇恨：

我們數著敵機的架數，同時為正在追趕它們的中國殲擊機感到高興。……轟炸機向下俯衝時，發出巨大的呼嘯聲，緊接著是 100～500 公斤炸彈猛烈的爆炸聲。當炸彈接連不斷地落在不遠處時，大家都張大著嘴，一聲不吭地坐在防空洞裏。我們給孩子們和婦女們在耳朵裏塞了棉花團。……每當有一架敵人的轟炸機被高射炮擊中後燃燒著搖搖擺擺地栽下來時，中國人就會高興得熱烈鼓掌。[2]

---

2 〔德〕拉貝著，本書翻譯組譯：《拉貝日記》，江蘇人民出版社 1997 年版，第 56～57 頁。

　　在 1937 年 11 月底，由於戰火的逼近，到南京採訪的德國記者，幾乎都隨著德國駐華大使陶德曼，先後撤離南京，前往武漢與上海等地。

　　1937 年 11 月 29 日，德國《法蘭克福彙報》特派記者理利・阿貝克乘英國大使館的船隻從南京撤往武漢。他寫了一篇報導〈我們是如何逃出南京的呢？──中國國都的最後歲月〉，以他親見親聞的事實，報導 11 月中、下旬中國民眾從南京撤退、中國軍隊開進南京防守的緊張、忙碌、慌亂的情形。這篇報導直到 1937 年 12 月 19 日才在《法蘭克福彙報》上刊登出來。報導寫道：

> 空襲警報在鳴叫，逃難的人流滾滾不斷，被釘死的民宅和商店，蜂擁而來的防衛首都的部隊，這就是首都南京的最後景象。人力車和汽車上滿載著行李、包裹、家當和逃難的人，人們不分晝夜地不停地奔走著。商店一個接一個地關閉了。很多家的燈火已經消失了，在昏暗的燈光下，一些商家正在拋售最後的商品。所有地方的皮箱、行李箱、包裝紙都已銷售一空。從上週開始大約有 20 萬人離開南京。曾經擁有百萬人口的大都市此前已經銳減到 35 萬人，如今最多只剩下 15 萬人了。而且，逃去的人流仍在繼續不斷。

　　理利・阿貝克在報導中指出，在 11 月底，隨著日軍的逼近，南京民眾的撤離速度加快：

> 這三日混亂已經達到了極點。此前還在猶豫不決的人們如今開始拼命地準備逃跑。所有的政府機構都完成了出發前的準備。有些則已經出發了。事實表明蔣介石和總司令部只不過是暫留一時而已。

> 南京城出現了出逃的競賽。汽車很難弄到手，連政府機構也在互相沒收（對方的）卡車。購買一輛汽車需要數千美元。逃難的民眾像狂潮一樣湧到下關碼頭。因為除了向揚子江上游前進之外，沒有任何其他的辦法。人們以難以形容的急迫心情湧向了下關的船舶。

　　理利・阿貝克注意到，當市民們加快撤離南京時，卻有源源不斷的中國軍隊開進南京城，準備進行南京保衛戰。他在報導中指出，開進南京防守的中國各路軍隊裝備十分落後，但南京「備戰的氣氛逐漸增強」：

> 隨著汽車的不斷行進，從整體上看，出逃氣氛逐漸淡化，備戰的氣氛逐漸增強。市民在離開南京，而士兵卻在不斷湧入南京。軍隊大多是各種各樣的地方軍。南方廣西軍穿著的棉布軍服和麥稈做的涼帽，就像汽車上黃綠相間的迷彩塗色一樣。儘管如此，還是給人紀律良好的印象。每個士兵都一定背著槍。從這點上看，這未必是地方軍。與如此形象的廣東軍相比，四川軍士兵就悲慘多了。腳上什麼都沒有穿，都是打著赤腳。軍服非常糟糕，破破爛爛的，幾乎和極為貧困的苦力沒有區別。只有幾個背槍的士兵走在前面，後面跟著的則是用粗木棍挑著行李的士兵。

　　理利・阿貝克在報導中記述了南京軍政當局在組織與指揮保衛戰中的效率低能與混亂無序：

> 到處都已處在無秩序、無紀律的狀態中。汽車將兩千名負傷的士兵運到了南京站。但是，沒有任何人前來看望，連衛生兵都沒有。裝著負傷的士兵的汽車停放在那裏兩天後，傷員才和這兩日內死去的人一起被卸下車，擺放在站臺上。死屍放出的臭氣將空氣都污染了。從市內徒步趕來的難民把行李從他們身上扔過，有的則砸在他們身上。外國救濟委員會委員開始與政府有關部門進行接洽，但是回答是，救濟車倒是有幾台，但是卻沒有買汽油的錢⋯⋯而中國民眾則是默不關心地呆立在一旁。[3]

3　〔德〕理利・阿貝克：〈我們是如何逃出南京的呢？——中國國都的最後歲月〉；中譯文轉引自〔日〕東中野修道著，嚴欣群譯：《南京大屠殺的徹底檢證》，新華出版社 2001 年版，第 27～30 頁。

　　理利‧阿貝克在報導中揭露的南京防守戰中的種種弊病與問題，美、英等國的記者也都報導過。它在一定程度上預示了南京保衛戰的不良前景。

　　1937 年 12 月 12 日，正是南京戰役最激烈的高潮時刻，是南京失守的前夜。德新社記者從漢口發出數則電訊，報導南京 12 月 12 日這天的戰況。身在漢口、遠離南京戰線的德新社記者的材料來源，多依據留駐南京的美、英記者發出的電訊以及武漢中國國民政府的消息。德新社電訊報導如下：

　　〔漢口 12 月 12 日訊〕：南京周圍地區的戰鬥從星期日（本書著者按：指 1937 年 12 月 12 日）早晨延續到星期日整整一天。雙方爭奪激烈，日軍沒有能夠向前推進。據南京衛戍司令在電話中稱：中方有數十枚炸彈準確地落到了日軍的陣地上。在南京城的東北方向，中方的大炮從紫金山山脈前面突出的陣地上對日軍陣地進行了猛烈轟擊，日本人在河流縱橫的地區組織了多次衝鋒，但在中國軍隊的機槍火力下，一再被趕回到原來的陣地，損失慘重。

　　日軍的大炮火力再次對準了南京，導致許多地方大火燃燒。

　　這裏的中國報紙高度讚揚中國守城部隊，再次證明了訓練出來的中國現代化部隊遠勝於他們的日本對手。

德新社的另一則報導寫道：

　　〔漢口 12 月 12 日訊〕：南京從星期日（本書著者按：指 1937 年 12 月 12 日）早晨再次受到了日本軍隊的猛烈炮擊和轟炸，但直到星期日下午，日軍沒有能夠向前推進。中國軍隊面對物質力量遠超過自己的對手進行了殊死的抵抗。南京城內被投下了許多炸彈，造成大量破壞，中立區內引發多處大火，死了許多中國難民。

這一天，德新社還報導了日機對行駛在長江中的英國、美國的艦船的空襲：

〔漢口 12 月 12 日訊〕：星期日（本書著者按：指 1937 年 12 月 12 日）上午，在距離南京長江上游 90 公里的蕪湖附近以及南京附近，發生英國炮艇和輪船遭到日本軍隊的襲擊。

英國炮艇「瓢蟲號」在蕪湖附近遭到日本人的炮擊，一發炮彈擊中了炮艇，艇長和一名水兵受傷，一名水手被打死。

另外一起事件發生在南京附近，英國輪船「黃埔號」和護航的英國炮艇「蟋蟀號」遭到日本轟炸機兩次俯衝投彈，幸未擊中。英國炮艇開了火，用機關炮和高射炮進行還擊。英國武官目擊了這起事件，登陸後親自向日本有關部門提出了抗議。這裏的英國官方人士對這次事件再次表示嚴重關切。

羅森、沙爾芬貝格和許爾特爾轉移到了英國炮艇「蟋蟀號」上。德新社在報導中著重說明日機對英、美艦船的空襲是有意為之：

停泊在下關的「黃埔號」輪船，在星期日下午遭到了日本人的炮擊，不得不立即向上游駛去，日本人還對它追蹤炮擊了一個小時。這艘輪船飄揚著英國國旗，清楚可見。在它的附近落下了 24 發炮彈，許多炮彈的碎片落到了船上……船上除了德國大使館駐南京辦事處的人員外，還有英國大使館的武官和眾多中國難民。停泊在下關的其他中立船隻也都隨同「黃埔號」向上游駛去。

德新社的電訊對戰時留駐南京的德國僑民與外交官的情況做了報導：

據可靠消息，德國人方面的情況是，在英國輪船「黃埔號」上有羅森、沙爾芬貝格和許爾特爾，在安排住有家屬的船上有希爾施

貝格的妻子、兒子和女兒，在（南京）城內有拉貝、施佩林、克勒格爾和黑姆佩爾。[4]

值得注意的是，德國駐華大使館駐南京辦事處的三名外交官羅森、沙爾芬貝格和許爾特爾正好就避居在英國輪船「黃埔」號上，日機對「黃埔」號的空襲也嚴重威脅到此三人的生命安全，是對德國權益的嚴重侵犯。因此，當美、英政府向日本提出抗議時，外國一些新聞傳媒也報導說「德國由於『黃埔號』事件向日本提了抗議」。然而事實不是這樣，德國外交部立即致電駐中國與日本的大使館，「說明：這裏沒有對轟炸『黃埔號』事件提出正式抗議。外交部官員對這裏的日本武官以相應方式談到了這起事件，日本代辦於次日主動做了道歉。」[5]納粹德國的領導人更加看重的是剛剛建立的「柏林──羅馬──東京」法西斯軸心，為了不斷加強德、日間的緊密關係，「黃埔號」上三名德國外交官的生命安全是並不重要的。

從上述的電訊中，可以看到當時的德新社記者對南京戰況的報導是比較「客觀、真實」的，對日軍向美、英艦船的蓄意挑釁是不滿的，進行了揭露。只是留在南京城內的德國人，除了報導中的四人外，還有一位曹迪希（A. Zautig），南京德資「基斯林－巴德爾糕餅店」經理，南京城外還有一位德國人卡爾‧京特，駐江南水泥廠的德國產權代表。報導將他們兩人遺漏了。

同一日，德新社還報導了日本駐英國特命全權大使石井伯爵在倫敦接受《星期日時代報》記者採訪時的談話，尤其重視石井所談的「日本政策的兩個基本點」：

〔倫敦12月12日訊〕：目前在倫敦的日本特命全權大使石井伯爵接受了《星期日時代報》一名記者的採訪。他在開頭就指出，

---

[4] 〈德新社對南京局勢的報導〉，前引《南京大屠殺史料集》(6)，第268～269頁。
[5] 〈柏林德國外交部兩份電報〉（1937年12月），前引《南京大屠殺史料集》(30)，第52頁。

日本並不追求領土目的，只要其他大國嚴守中立，日本將繼續尊重他們在中國的權利和利益。這是日本政策的兩個基本點。石井說，在攻下南京後，日本軍隊不會繼續再追趕蔣介石統帥到中國的內地，但日本將繼續佔領南京，直到和蔣介石達成調停為止。中國的地方政府機構只要願意和日本合作，對他們將繼續保持不變。不過，假如蔣介石拒絕和日本簽訂一項條約，軍事佔領就將繼續下去，同時進行徵稅，以維持軍隊的給養。

石井繼續說，日本沒有正當理由請求其他國家不要出賣武器給中國，因為並沒有宣戰，因此也就不會要求作戰的權利。……[6]

德新社關注的「日本政策的兩個基本點」，也是納粹德國領導人所關心的。德國政府一直希望日本當局儘快結束戰爭，將矛頭指向北方的蘇聯，為此一再呼籲中國政府接受日本提出的各項議和條件，即求降條件，與日本政府簽訂一紙條約，滿足日本的全部慾望，然後日本開始撤兵，日中之間實現「體面的和平」。這是納粹德國領導人一貫的願望。

1938 年 1 月 1 日，正在秘密地擔任調停中日戰爭的德國駐華大使陶德曼在武漢發表新年講話。上海英文《字林西報》報導說：

陶德曼

在漢口發表的新年講話中表示希望新的一年能賜予世界和平。[7]

1938 年 1 月 19 日，拉貝聽到電臺廣播說：「柏林一家報紙警告日本，勸其放棄繼續入侵中國內地，並提議日本向中國提出一項體面的和平建議。」[8]

6　《德新社對南京局勢的報導》，前引《南京大屠殺史料集》（6），第 269～270 頁。
7　〔德〕約翰・拉貝著，本書翻譯組譯：《拉貝日記》，江蘇人民出版社 1997年版，第 329 頁。

　　當然，納粹德國的呼籲，中國政府不會接受，中國人民也不會接受。日本將陷入中國持久戰的泥潭中不能自拔。戰爭將繼續進行下去，而且規模將不斷擴大。

　　但納粹德國的外交政策，從根本上與長遠上來說，是與日本，還有義大利，結成法西斯聯盟，打垮與剷除蘇聯與英、法、美的勢力，瓜分全世界。中國在納粹德國的世界棋盤上，充其量只是一個無足輕重的小棋子。因而，隨著時間的推移，納粹德國最終必然要在中日戰爭中完全倒向日本一方，而把中國的權益作為一份禮物送給日本。尤其是到 1937 年 12 月，當日本數十萬大軍以不可阻擋之勢迅猛地向南京包抄猛攻，中國首都迅速淪陷之時，德國政府與德國新聞傳媒受到日本法西斯囂張勢力與日本新聞傳媒宣傳的影響，就認為中國抗戰即將失敗，中國的抗戰政府即將瓦解，新建立的傀儡政府將要建立，並將立即向日本求和投降。日本將統治整個中國！納粹德國的天平迅速向日本傾斜。

　　納粹德國的外交政策反映到當時的德國新聞傳媒上，就是對中日戰況的報導，日益由「客觀」轉向偏袒日本。

　　1937 年 12 月 8 日，《紐約時報》刊登記者 12 月 7 日發自柏林的電訊〈德國人看到了蔣介石統治的結束〉，副題是〈相信南京的陷落將擴大日本人對整個中國的影響〉，報導了納粹德國政府與德國新聞界對當時中日戰爭形勢的看法：

〔12 月 7 日，柏林訊〕：德國新聞界把南京即將陷落看作是蔣介石委員長權力終結的標誌，日本對尚未被其佔領的那些中國省份的影響將會擴大。

這裏的人們相信，佔領南京後馬上出現的後果之一是建立自治政府，隨之而來的是所有中央政治權力的瓦解，新建立的機構

8　〔德〕約翰・拉貝著，本書翻譯組譯：《拉貝日記》，江蘇人民出版社 1997 年版，第 451 頁。

立即向日本求和。在德國人看來，日本現在毫無約束地主宰著中國。

遠東局勢的變化激起本地的批評聲浪。批評者指責蔣介石身邊都是那些聽命於華盛頓、倫敦、巴黎和莫斯科指示的政治顧問。他們斷言，只有當中國得到軍事援助的支持，從這些渠道得來的建議才有可能挽救她。

納粹德國政府與德國新聞界認為，在當時的形勢下，美國、英國及《九國公約》都將不會給中國的抗戰帶來任何希望：

據認為，華盛頓方面現在不僅將表現出對中國局勢發展的斷斷續續的興趣，而且可能會表現出對進一步干預的厭惡。在德國人看來，《九國公約》已失效，而且一直以來，英國政府表現出滿足於向下議院提交自己的不願承擔義務的說明。

納粹德國政府與德國新聞界為南京失守後中國的未來做了兩種設想：

由於（中國）政府權力完全崩潰近在眼前，據（德國）本地人士設想，南京政權現在只能在繼續進行無用的抵抗和簽訂一個軍事、政治停戰協定這二者之間做出選擇。[9]

這時德國的報刊上，竟刊登出吹噓日軍在侵略中國戰爭中的戰績與日軍的「勇猛善戰」的文章。

1937 年 12 月到 1938 年 1 月，德國夏洛滕堡的魯道夫‧洛倫茨出版社出版的《德國簡訊郵報》上，多日連載了一位自稱為「日本上尉 T. H.」的日本空軍飛行員所寫的文章〈中國前線上空的空戰〉，講述與

9　電訊：〈德國人看到了蔣介石統治的結束〉，刊〔美〕《紐約時報》1937 年 12 月 8 日；前引《南京大屠殺史料集》（29），第 427～428 頁。

吹噓他在侵略中國的空戰中的「戰績」與得意心態。這篇文章被德國的一些地方報紙轉載。《德國簡訊郵報》還向海外，向駐各國的德國僑民與德國外交官發行。納粹德國的新聞傳媒將他們的日本盟友空襲廣州、南京等地的「成果」的宣傳，向全世界散佈。然而這位日本飛行員作者的文章是一篇謊話連篇的文章！

　　例如，在 1937 年 12 月 16 日《德國簡訊郵報》所刊登的〈中國前線上空的空戰〉「第九次連載」的一段，是「對進攻南京的描述」。這位「富有經驗的」日本飛行員作者竟然對南京做了這樣的描寫：

> 居民們紛紛逃到長江另一邊的浦口去，每天都有成千上萬的人被送過江去。大橋已不再用得上了。[10]

　　在 1938 年 1 月 13 日所刊登的「第十二次連載」的一段，是「對轟炸廣州的描述」。這位日本飛行員作者竟然這樣寫道：中國軍隊「從歐洲人居住地的網球場向上開了火。」他還看清了「細長炮筒的位置」，聽到了「通常是在飛機出現前十五分鐘才拉響的警報」，他的飛機「在緊靠屋頂的上方飛了過去」，云云。

　　這些顯然缺乏最起碼常識與最起碼誠實的文字，甚至引起了在中國經商的許多德國僑民以及納粹德國駐中國外交官的強烈不滿與抗議。

　　正居在廣州的德國僑民 H・斯托爾滕貝格－賴爾希，以「目擊證人」的身份，專就此事，致信德國駐廣州副總領事肯佩博士，寫道：

> 我剛才閱讀了 1938 年 1 月 13 日《德國簡訊郵報》上日本上尉 T. H.寫的一篇文章，標題是〈中國前線上空的空戰〉。這是一種多麼特別的宣傳讀物，而有關整個東亞衝突的情況顯然本來就已對毫無所知的德國國民灌輸得夠多了。

10　〔德〕阿爾騰布格：〈給德國外交部的報告〉（1938 年 3 月 10 日於廣州），前引《南京大屠殺史料集》（6），第 438 頁。

上尉先生熱切希望4億中國人不會成為蘇維埃俄國的士兵，不會抵制日本。不過，他雖狡猾聰明，卻忘記了提到中國在蔣介的領導下，堅定的與國內的共產主義鬥爭了十年之久，取得了越來越大的成功。

這位德國僑民列舉了那位日本飛行員作者的文章中許許多多的虛假捏造之處，指出：「這一切令人覺得不能不懷疑該文章的真實性」。

接著，這位德國僑民嚴厲抨擊了德國報紙居然刊登發表日本的「這類荒唐的文章」：

更令人感到可悲的是，在具有很高文化修養的德國居然會有報紙發表這類荒唐的文章。德國報紙以這樣的產品把自己放到了和路透社等同的水平。德國報紙經常批評路透社發表欺騙性的報導，這樣做是理所當然的。

最後，這位德國僑民對德國的報紙提出了要求：

十分希望能夠通過有關部門的干預，禁止再發表這類報導。我們這些不在家裏的中國德國人同樣也把揭露外國報刊的虛假報導——例如 2 月 4 日發生在柏林的事件——和為此做出我們的努力，視為是我們理所當然的義務，使我們這些客居國外的民眾以及其他外國人能夠瞭解實實在在的真相。[11]

德國駐廣州外交官阿爾滕布格將 H・斯托爾滕貝格－賴爾希致肯佩博士的這封信，作為給德國外交部的報告的附件，呈報德國外交部。阿爾滕布格在給德國外交部的報告中尖銳地指出：

---

[11] 〔德〕斯托爾滕貝格－賴爾希：《致肯佩的信》（1938 年 3 月 10 日於廣州），前引《南京大屠殺史料集》（6），第 436～437 頁。

我們這裏可以定期收到《德國簡訊郵報》，由於它的報導文章簡短和表達精確而備受喜愛。幾週以來，它卻發表了一名所謂日本空軍上尉的文章。現附上一位在這裏的德國（納粹黨）黨員同志的來信。這封來信也許不用特別解釋，就充分證明那篇文章有許多方面明顯是憑空編造的，令人十分反感。

作者在該文第十二次連載（1938 年 1 月 13 日）的文章中對廣東的描述是完全不正確的，就連偶爾讀報的人也認為作者的「空戰」也許是他坐在辦公桌旁經歷的。另外一個例子是第九次連載（1937 年 12 月 16 日）對進攻南京的描述，這位「富有經驗」的作者對南京是這樣描述的：「居民們紛紛逃到長江另一邊的浦口去，每天都有成千上萬的人被送過江去。大橋已不再用得上了。」作者在這裏忘記了長江上還從來沒有過大橋。

僅就描述的這些憑空捏造的內容而言，人們也許可以把整個事件視為極大的「幽默」，而在斯托爾滕貝格－賴爾希先生來信中表明的立場就認真得多。如果德國報紙的政治方向是出於偉大的政治考慮，必須對日本在中國的行為給予理解和同情，那這裏的德國人只得對此保持緘默。但這裏的人從不會明白的是一再重複純粹的謊言以及愚蠢的捏造，德國公眾對此其實是不該見到的。在這方面，國內越是不在國外的報刊上進行反對欺騙性地報導德國情況的鬥爭，對此就越不能令人理解。[12]

德國駐華大使陶德曼 1938 年 3 月 10 日在漢口給德國外交部的報告中，也說：

夏洛滕堡的魯道夫・洛倫茨出版社出版的《德國簡訊郵報》第 5 期上，登出了一篇由日本空軍上尉 T. H. 寫的文章，標題為〈中

---

[12] 〔德〕阿爾騰布格：〈給德國外交部的報告〉（1938 年 3 月 10 日於廣東），前引《南京大屠殺史料集》(6)，第 437～438 頁。

國前線上空的空戰〉。這篇文章完全是謊話連篇。我想請外交部
對連載該文的預告引起注意。因為德國的地方報紙也轉載了該文
章，我已對此作過多次反映。令人感到驚訝的是德國的報刊怎麼
會刊登這類東西。[13]

這個事例說明，納粹德國的新聞傳媒在對日本侵華戰爭的報導中，
已日益背離新聞的真實性，日益背離人類的良心，向歷史的深淵墮落，
甚至引起了在華的納粹黨黨員與德國外交官的強烈不滿與尖銳批評。

如前所述，德國駐廣東總領事館的外交官阿爾滕布格在 1938 年 3
月 3 日給德國外交部的報告中，對上海租界及中國其他地方的的英、美
新聞傳媒——「洋商報」未能及時報導日軍南京大屠殺給德國僑民造成
的損失表示了不滿，但也表示了理解。他並注意到經歷了南京大屠殺的
美國傳教士們已在開始向國際社會進行演講與揭露，「希望美國的公眾
輿論加強活動，公開抵制日本方面被證明是欺騙的宣傳。」[14]這位德國
外交官顯然表現了同情與支持的態度。

然而，少數駐華德國人士的言論阻止不了納粹德國外交與宣傳政策
的天平迅速向日本傾斜。

第二節　德國僑民所報告的南京大屠殺

1937 年 11 月 22 日，德國駐華大使陶德曼率領德國駐南京大使館
的大多數人員以及德國駐南京的大多數僑民，乘坐英國怡和洋行的「德
和」號輪船，撤離南京，前往武漢。他在南京留下了一個「德國駐華使

---

[13] 〔德〕陶德曼：〈給德國外交部的報告〉（1938 年 3 月 10 日於漢口），前引
《南京大屠殺史料集》（6），第 439 頁。
[14] 〔德〕阿爾滕布格：〈給柏林外交部的報告〉（1938 年 3 月 3 日於廣東）；前
引《南京大屠殺史料集》（6），第 426 頁。

館駐南京留守處」，由大使館的政務秘書喬格・羅森（Rosen）、德國駐
華大使館的行政主管沙爾芬貝格、領事部秘書許爾特爾三人主持工作，
羅森被任命為德國駐華使館南京留守處主任。而堅持留駐南京的德國僑
民，共有六人。他們是約翰・拉貝（John H. D. Rabe），德國西門子公
司駐中國南京代表；施佩林（E. Sperling），德商「上海保險公司」駐南
京代表；克利斯蒂安・克勒格爾（C. Kroeger），德商「南京禮和洋行」
的工程師；黑姆佩爾（R. Hempel），德商「南京北方飯店」經理；曹迪
希（A. Zautig），德商「南京基斯林－巴德爾糕餅店」經理；卡爾・京
特（Karl Gunthet），德國禪臣洋行駐江南水泥廠的產權代表。此外還有
一位奧地利人哈茨（R. R. Hatz），工程機械師，司機。

　　在日軍南京大屠殺期間，德國留駐南京的僑民與外交官，雖人數不
多，但也是重要的目擊者與見證人；而且由於德國與日本的「盟友」關
係，因而德國僑民與外交官對日軍暴行的揭露與抨擊，更具有特殊的意
義與價值。

　　首先是戰時與大屠殺期間留駐南京的幾位德國僑民。

　　在 1937 年 11 月 22 日，當日軍迫近南京時，留駐南京的幾位德國
僑民幾乎都參加了「南京安全區國際委員會」的工作，拉貝還擔任了「南
京安全區國際委員會」主席的職務。在 1937 年 11 月 25 日，拉貝曾通
過上海德國總領事館領事克里伯爾和上海國社黨中國分部負責人拉曼
給納粹德國首領希特勒發電報，請求「元首閣下勸說日本政府同意為平
民建立一個中立區，否則即將爆發的南京爭奪戰將危及二十多萬人的生
命」[15]，希望得到希特勒的支持。他說：「我多麼希望（上帝作證），希
特勒會幫助我們，讓我們終於能夠建立中立（安全）區。」[16]1937 年 11
月 26 日，拉貝在日記裏寫道：「如果計畫不能實現，我們該怎麼辦呢？

---

[15]〔德〕約翰・拉貝著，本書翻譯組譯：《拉貝日記》，江蘇人民出版社 1997
　　年版，第 106 頁。
[16]〔德〕拉貝著，本書翻譯組譯：《拉貝日記》，江蘇人民出版社 1997 年版，
　　第 107 頁。

困難確實很大！我寄希望於希特勒。」[17]1937 年 11 月 28 日，拉貝在日記裏寫道：「上帝啊，但願希特勒願意幫忙！如果這座城市真的遭到炮擊，那麼它所遭受的不幸將無法想像。」[18]1937 年 11 月 29 日，拉貝在日記裏寫道：「我仍然希望希特勒幫助我們。一個和你我一樣普通而樸實的人想必不僅僅對自己民族的災難，而且對中國的災難也有著最深的同情。我們當中（德國人或外國人）沒有一個人不堅信，希特勒的一句話（也只有他的話）會對日本當局產生最大的影響，有利於我們建議的中立區，而且，這句話他一定會說的！！」[19]1937 年 12 月 1 日，德國大使館南京留守處的政務秘書羅森從美國那裏得到消息，告訴拉貝說，國社黨中國分部負責人已將拉貝給希特勒的電報轉交上去了，拉貝聽了十分高興與激動，對希特勒更充滿了幻想，在日記中寫道：「謝天謝地，現在我敢肯定，我們有救了。元首不會丟下我不管的！」[20]然而，拉貝的一切希望最後都落了空。他給希特勒的報告如泥牛入海，毫無回音。

在 1937 年 12 月 13 日，日軍佔領南京並立即對中國軍民實施瘋狂的血腥大屠殺。在此後極其艱難危險的四十多天時間中，這幾位德國僑民與其他西方國家僑民一道，為救護南京的幾十萬難民，與日本佔領軍的法西斯暴行進行了堅決的鬥爭，做了大量繁重的工作，做出了重大的貢獻。他們還以親見親聞親身經歷的事實，以日記、書信、報告等形式，記錄與揭露日軍大屠殺的暴行。

例如，拉貝記載，他在日軍攻入南京的第二天，曾以「安全區國際委員會」主席的身份，與日本駐中國大使館的外交官福田會晤。「1937 年 12 月 14 日我們同福田先生首次會晤時，他告訴我們，日本軍人為這個城市設想了一個『悲慘的命運』，但日本大使館要設法使這種命運變

---

[17] 前引〔德〕約翰·拉貝著，本書翻譯組譯：《拉貝日記》，第 109 頁。

[18] 前引〔德〕約翰·拉貝著，本書翻譯組譯：《拉貝日記》，第 113 頁。

[19] 前引〔德〕約翰·拉貝著，本書翻譯組譯：《拉貝日記》，第 117 頁。

[20] 前引〔德〕約翰·拉貝著，本書翻譯組譯：《拉貝日記》，第 123 頁。

得溫和一點。」[21]這說明，日本最高當局，日本大本營與日本政府，以及日「華中方面軍」，在日軍攻佔南京前，就已經預先制訂了對拒降的南京軍民進行「膺懲」——燒殺淫掠與大屠殺的指導思想，並傳達至全軍各師團官兵實施。日軍的南京大屠殺完全是有預謀、有計劃的。以至於日本駐南京使領館中個別良知未泯的外交官為顧慮日本外交形象，曾試圖設法減弱日軍的暴行力度，並在見努力無效時，不得不企圖借助西方人士以形成國際輿論，迫使日本政府來約束一下日本軍方。

但結果又怎樣呢？——拉貝寫道：「12 月 18 日下午，我們通過指出一系列事件才得以使日本大使館相信，南京的狀況實際上是悲慘的。」[22]西方僑民的勸告、抗議與向國際輿論的揭發，僅使日本最高當局在多日後才派員到南京來檢查所謂的日軍軍風紀，但徒具形式，沒有也不可能及時阻止日軍瘋狂的大屠殺。日軍官兵，從第十六師團長中島今朝吾，到普通士兵，都絲毫沒有把所謂「軍風紀」當回事，反而理直氣壯地繼續製造「南京的悲劇」。——因為他們是在執行日本當局的國策與對南京的「膺懲」政策。進入南京的日軍官兵對手無寸鐵的民眾與放下武器的戰俘進行瘋狂的血腥屠殺，伴之以對南京婦女的不分老幼的姦淫，對南京房屋財產、工商企業、文教勝跡瘋狂的搶掠與焚燒，形成了自古未有、震驚世界的南京大屠殺暴行。日軍的恐怖暴行遍及南京城內、城郊每一塊地方、每一座房屋，時間則延續了六週，甚至更長的時間。在這漫長的可怕的時間中，南京成了一座人間的「活地獄」。

德國僑民記載與揭露了大量的日軍血腥屠殺中國軍民的暴行。

從 1937 年 12 月 13 日晨開始，日軍以坦克車開路，從南京東部、南部、西南部的各城門攻入城內，迅速地沿著城內各條大、小街道，向城北追擊；在這過程中，他們對最後撤退的中國掩護部隊的官兵與大量的、驚慌失措地從家裏逃出來的普通百姓不分青紅皂白加以掃射屠

---

[21] 前引〔德〕約翰・拉貝著，本書翻譯組譯：《拉貝日記》，第 380 頁。

[22] 前引〔德〕約翰・拉貝著，本書翻譯組譯：《拉貝日記》，第 380 頁。

殺。日軍的瘋狂追殺使得南京的主要街道——從南到北橫貫南京城的中山路與中央路等，成了「血路」。拉貝記載：「街道上到處躺著死亡的平民。」他在 1937 年 12 月 14 日的日記中寫道：「在開車穿過城市的路上，我們才真正瞭解到破壞的程度。汽車每開一百米——兩百米的距離，我們就會碰上好幾具屍體。死亡的都是平民，我檢查了屍體，發現背部有被子彈擊中的痕跡。看來這些人都是在逃跑的途中被人從後面擊中而死的。」[23]

在日軍完全控制了南京以後，在松井石根「掃蕩敗殘兵」的命令下，各部日軍在南京城內外，分區進行挨家挨戶的嚴密搜查、抓捕與屠殺已脫下軍裝的中國「便衣兵」，這其中既有為數眾多的、四散潰逃隱匿的中國軍隊官兵，更多的則是普通青、壯年百姓，只是因為他們頭髮上有戴過帽子的痕跡或手上有老繭，或者只是因為他們被日軍認為「可疑」，就被日軍任意地抓捕殺戮：有些是被日軍隨意地零星槍殺，有些則是被日軍集中到一地進行大規模的集體屠殺。這種抓捕與屠殺一直延續到 1938 年 1 月底。中國軍民的屍體滿布南京的大街小巷、屋內屋外。拉貝在 1937 年 12 月 14 日的日記裏記述了他親眼看到的日軍搜捕、屠殺中國士兵與工人的一幕悲慘場景：

> 我們遇見了一隊約 200 名中國工人，日本士兵將他們從難民區中挑選出來，捆綁著將他們趕走。我們的各種抗議都沒有結果。我們安置了大約 1000 名中國士兵在司法部大樓裏，約有 400 人—500 人被捆綁著強行拖走。我們估計他們是被槍斃了，因為我們聽見了各種不同的機關槍掃射聲。我們被這種做法驚呆了。我們安置傷兵的外交部已經不允許我們進去，中國醫護人員也不許離開。[24]

1937 年 12 月 22 日，拉貝在日記裏記載了「安全區國際委員會」發現的多處日軍屠殺中國平民的屍體現場：

23 前引〔德〕約翰・拉貝著，本書翻譯組譯：《拉貝日記》，第 171 頁、第 176 頁。
24 前引〔德〕約翰・拉貝著，本書翻譯組譯：《拉貝日記》，第 176 頁。

在清理安全區的過程中，我們在一些池塘裏發現了許多被搶殺的平民的屍體（其中有一個池塘裏就有 30 具屍體），大部分被反綁著雙手，其中有些人（在禮和洋行附近）的脖子上還掛著石塊。[25]

一直到 1938 年 1 月，即日軍佔領南京約一個月後，日軍的屠殺仍在繼續。1938 年 1 月 7 日拉貝在其日記中記錄了幾起中國平民慘遭日軍屠殺的事件：

一個婦女神情恍惚地在街上到處亂跑，有人把她送進了醫院，聽說她是一個 18 口之家的唯一的倖存者，她的 17 個親人都被槍殺或刺死了。她住在南門附近。另一個來自同一地區的、同其兄弟一起被安置在我們的一個難民收容所的婦女失去了父母和 3 個孩子，他們都是被日本人槍殺的。她用最後的一點錢買了一口棺木，為了至少能收殮死去的父親。日本士兵知道了這個消息，就搶去了棺木蓋，拋屍於街頭。中國人是不必被收殮的：這是他們的解釋。而日本政府聲稱，它不同手無寸鐵的平民作戰！[26]

擔任「南京安全區國際委員會」財務主管的德國禮和洋行工程師克勒格爾在 1938 年 1 月 13 日寫的一份報告〈南京受難的日日夜夜〉中寫道：「（1937 年 12 月）16 日開車去下關，經過海軍部時，汽車簡直就是碾著屍體開過去的。這裏也有一批人被捆綁著雙手遭到了槍殺。城市的清理工作一直持續到了 12 月 29 日。在這之前，人們不得不天天從這些屍體旁邊經過。我甚至連做夢都會夢見這些屍體。」克勒格爾指出，日軍為了炫耀軍威與威懾中國軍民，竟「嚴格禁止殮屍。」[27]

德國僑民記載與揭露了大量的日軍瘋狂搶劫中國軍民財物的暴行。

[25] 前引〔德〕約翰‧拉貝著，本書翻譯組譯：《拉貝日記》，第 252 頁。
[26] 前引〔德〕約翰‧拉貝著，本書翻譯組譯：《拉貝日記》，第 374-375 頁。
[27] 前引〔德〕約翰‧拉貝著，本書翻譯組譯：《拉貝日記》，第 469 頁。

拉貝在 1937 年 12 月 14 日的日記中記載了他親眼所見日軍的瘋狂的搶劫行動：

> 日本人每 10 人～20 人組成一個小分隊，他們在城市中穿行，把商店洗劫一空。如果不是親眼目睹，我是無法相信的。他們砸開店鋪的門窗，想拿什麼就拿什麼，估計可能是因為他們缺乏食物。我親眼目睹了德國基斯林糕餅店被他們洗劫一空。黑姆佩爾的飯店也被砸開了，中山路和太平路上的幾乎每一家店鋪都是如此。一些日本士兵成箱成箱地拖走掠奪來的物品，還有一些士兵徵用了人力車，用來將掠奪的物品運到安全的地方。……貝茨博士報告說，甚至連安置在安全區內房子裏的難民們僅有的一點點東西也被搶走了，就連僅剩的 1 元錢也逃不出闖入者的手心。[28]

德國僑民克勒格爾在 1938 年 1 月 13 日寫的報告〈南京受難的日日夜夜〉中，揭露道：

> 從（1937 年）12 月 14 日起，局勢出現急劇惡化，日本的戰鬥部隊因為進軍過快，出現補給不足，城市便聽任他們處置，他們的所作所為，尤其是對最貧窮最無辜的人的所作所為，完全超出了常人所能想像的地步。他們搶走難民（窮人中最窮的人）的大米，凡是能拿走的糧食儲備他們悉數掠走，他們還搶睡覺用的棉被、衣物以及手錶、手鐲，一句話，凡是他們覺得值得帶走的東西，就全部搶走。誰要是稍有猶豫，就會立即遭到刺刀戳刺，有不少人就是在不明不白之中在這種野蠻行徑之下慘遭殺害，成千上萬的人就這樣被殺害了。這些已經墮落成野獸的兵匪不斷地闖進難民區和擠滿難民的房子，甚至連先行搶劫的士兵不屑一顧的東西也不放過。今天的南京城，幾乎已找到沒有被日本士兵砸開、

---

28 前引〔德〕約翰‧拉貝著，本書翻譯組譯：《拉貝日記》，第 176～177 頁。

野蠻搜查和搶劫的房子。上鎖的門和櫥櫃被強行砸開，裏面的東西被翻得七零八落，東西被搶走，或被弄壞。[29]

德國是日本的盟國。日軍在搶劫中國居民、機關、工廠、商店、學校時，甚至對居住在南京的德國僑民與德國駐南京外交機構的房屋財產也進行搶劫與破壞，可見其瘋狂的程度。拉貝在1938年1月8日的日記中揭露日軍「對六十棟德國人的房屋中的四十棟進行搶劫並把兩棟房屋徹底燒毀」。[30]

德國大使館行政主管沙爾芬貝格在1938年1月13日南京局勢的報告中說：「德國人的房子被燒毀的有：基斯林－巴德爾糕餅店、黑姆佩爾的北方飯店，埃克特的房子、封‧施梅林的房子等。羅德膳宿公寓被洗劫一空。遭到嚴重搶劫的還有：沙爾芬貝格的宅寓（損失約五千元）、施特雷齊烏斯的宅寓、布盧默的宅寓、封‧博迪恩的宅寓、博爾夏特的宅寓、尤斯特的宅寓、增切克的宅寓、林德曼的宅寓、孔斯特－阿爾貝斯公司。這份清單還沒有完全列完，再說搶劫事件還在持續不斷地發生。其餘未提到的德國人的房子也都遭到了搶劫，但程度並不嚴重，被搶走的東西中多半也還包括中國傭人的財產。」[31]

德國僑民多次記載與揭露了大量的他們親見的日軍縱火焚燒南京的場景。

日軍在搶劫以後，往往就是焚燒，包括焚燒中國的軍政機關、商店、文化古蹟與居民房屋。日軍對南京大規模縱火焚燒的原因，首先是為了破壞中國的經濟、毀滅中國的文化教育、破壞中國人民的正常生活、進一步加強對中國政府與中國人民的恐怖威懾；同時也是為了掩蓋他們瘋狂搶劫的後果與痕跡。

[29] 前引〔德〕約翰‧拉貝著，本書翻譯組譯：《拉貝日記》，第466頁。
[30] 前引〔德〕約翰‧拉貝著，本書翻譯組譯：《拉貝日記》，第382～383頁。
[31] 前引〔德〕約翰‧拉貝著，本書翻譯組譯：《拉貝日記》，第422～423頁。

1937 年 12 月 19 日，拉貝在日記中寫道：「我們房子的南北兩面都發生了巨大的火災。由於水廠遭到了破壞，消防隊員又被日本士兵抓走了，所以我們愛莫能助。國府路整個街區好像都燒了起來，天空被火光映照得如同白晝。」[32]

1937 年 12 月 20 日，拉貝在日記中寫道：「在不遠的地方又有一大片房子燃燒起來，其中也有基督教青年會大樓。人們幾乎不得不相信，縱火是在日本軍事當局知道並且縱容下發生的。」[33]

1937 年 12 月 21 日，拉貝在日記中記載了日軍在南京城內多處縱火焚燒的罪跡，並分析了日軍縱火的原因：

> 毫無疑問，日本人正在縱火焚燒城市，可能僅僅是為了抹去他們洗劫掠奪的痕跡。昨天晚上，城市有 6 處火災。其中一處較大的火災發生在珠江路（是沿我南面院牆的廣州路的延續）。……夜裏 2 時 30 分，我被院牆倒塌聲和屋頂坍塌聲驚醒，大火已經蔓延到了主要街道中山路，這個時候危險是很大的，因為大火會蔓延到我的住處和中山路之間的最後一排房子。

拉貝在這天的日記中還指出日軍「先搶劫，然後縱火」的規律：

> 現在我們已經瞭解到這類火災的前兆跡象了：只要有大批卡車出現，那麼稍過一會兒，房子就會燃起熊熊大火，這就是說，先搶劫，然後縱火。[34]

就在 1937 年 12 月 21 日這天下午，拉貝與留在南京的全部西方人士，共二十二人，集體整隊前往日本駐南京的大使館，向日方遞交了一封信，向日方提出三項要求。其中重點講了日軍在南京的搶劫與縱火，

32 《拉貝日記》，第 213 頁。
33 《拉貝日記》，第 228 頁。
34 《拉貝日記》，第 235～236 頁。

指出：「搶劫和縱火已經使得城市的商業生活陷於停頓，全部平民百姓因此而擁擠在一個大難民收容所裏。」他們要求日方當局「制止在城市大部分地區縱火，以免尚未被毀壞的其餘城區繼續遭到肆無忌憚的有組織的破壞。」拉貝向日使館人員申明：「我們和中國人的觀點是一致的，即這座城市將會被全部燒光。」在拉貝 12 月 21 的日記中，收錄有這天「安全區國際委員會」的內部卷宗檔案《南京市區內縱火記錄》，記錄了日軍入城後的縱火暴行。[35]

但是西方人士的交涉與抗議的效果等於零。日軍的搶劫與焚燒在南京城內外繼續進行。

拉貝在 1937 年 12 月 22 日的日記中寫道：「有組織的縱火活動仍然在繼續進行。」[36]

拉貝在 1937 年 12 月 28 日的日記中寫道：「縱火事件不斷。」[37]

德國僑民還記載與揭露了大量的日軍強姦與輪姦中國婦女的性暴行。

日軍在對南京軍民實施屠殺、搶劫與焚燒的同時，始終伴隨著對中國婦女的大規模的、持續多日、毫無掩飾與毫無節制的瘋狂強姦與輪姦。南京大屠殺同時也是一場南京大姦殺。

拉貝在 1937 年 12 月 17 日的日記中寫道：「有一個美國人這樣說道：『安全區變成了日本人的妓院』。這話幾乎可以說是符合事實的。昨天夜裏約有一千名姑娘和婦女遭強姦，僅在金陵女子文理學院一處就有一百多名姑娘被強姦。此時聽到的消息全是強姦。如果兄弟或丈夫們出來干預，就被日本人槍殺。耳聞目睹的盡是日本兵痞的殘酷暴行和獸行。」拉貝在這天日記中還記載，就在這天，「在我院牆後面小巷子裏

---

[35] 前引〔德〕約翰・拉貝著，本書翻譯組譯：《拉貝日記》，第 238～239、249～251 頁。

[36] 前引〔德〕約翰・拉貝著，本書翻譯組譯：《拉貝日記》，第 252 頁。

[37] 前引〔德〕約翰・拉貝著，本書翻譯組譯：《拉貝日記》，第 296 頁。

的一所房子裏，一名婦女遭到了強姦，接著又被刺刀刺中頸部。我好不容易弄到了一輛救護車，把她送進了鼓樓醫院。」[38]

1937 年 12 月 19 日，幾個日本士兵在五臺山學校的一個地下室內，企圖強姦一位已有六個多月身孕的中國年輕婦女李秀英，遭到拼死反抗。拉貝在 1937 年 12 月 22 日的日記所附〈日本士兵在南京安全區的暴行〉文件第 115 條，寫道：

> 12 月 19 日下午，一名日本士兵在美國學校（五臺山）試圖強姦一名懷有 6 個半月身孕的 19 歲的中國女子，當女子反抗時，日本士兵手執匕首或是刺刀向她襲擊。該女子胸部和臉部有 19 處刀傷，腿上也有數處刀傷，下身有一個很深的刀傷，胎兒的心跳已經聽不見。該女子目前被安置在大學醫院。（威爾遜大夫）。[39]

1938 年 1 月 2 日，日軍企圖強姦一名中國婦女——五個孩子的母親。在遭到其丈夫劉培坤的奮力阻攔後，這個日本兵惱羞成怒，於當日下午攜手搶來報復，不顧多人求情，悍然舉槍打死了這位中國劉姓男人。——這是日軍佔領南京三週後，在光天化日下幹的罪行。拉貝在 1月 3 日的日記中詳細記載了這次事件經過，稱之為「一個有預謀的殘忍的謀殺事件」。[40]

拉貝還記載了日軍通過「難民登記」，挑選中國婦女，強迫充當慰安婦的罪行。他在 1937 年 12 月 25 日的日記中寫道：「日本人命令每一個難民都必須登記，登記必須在今後的十天內完成。難民共有二十萬人，這可不是一件容易的事。第一件麻煩事已經來了，已有一大批身強力壯的平民被挑選了出來，他們的命運不是被拉出去做苦工就是被處決。還有一大批年輕姑娘也被挑選了出來，為的是建一個大規模的士兵妓院。」[41]

---

[38] 前引〔德〕約翰・拉貝著，本書翻譯組譯：《拉貝日記》，第 197 頁。
[39] 前引〔德〕約翰・拉貝著，本書翻譯組譯：《拉貝日記》，第 258 頁。
[40] 前引〔德〕約翰・拉貝著，本書翻譯組譯：《拉貝日記》，第 324 頁。
[41] 前引〔德〕約翰・拉貝著，本書翻譯組譯：《拉貝日記》，第 279 頁。

　　拉貝等西方僑民從血的事實中認識到：「我們原先期望隨著最高指揮官的到達能恢復秩序，但是遺憾的是，我們的願望並沒有實現。正相反，今天的情況比昨天還要糟糕。」[42]

　　1938 年 1 月 23 日，日軍第十六師團奉命將南京警備任務轉交給日軍第十一師團第十旅團——天谷支隊。第十旅團長天谷真次郎少將接任南京警備司令官。天谷支隊進駐南京後，展開對中國民眾新一輪的殺燒淫掠的暴行狂潮。拉貝在 1938 年 2 月 2 日的日記中寫道：「我們有證據表明，最近報告的一系列強姦事件和其他事件是新部隊所為。」[43]

　　直到 1938 年 2 月，日軍大屠殺的高潮已經過去，南京的社會秩序似乎也漸漸穩定下來，但日軍強姦與殺害中國婦女的惡性事件仍連連不斷。1938 年 2 月 11 日，拉貝在日記中記載了一件日軍強姦中國婦女遭到反抗竟縱火焚燒殺人的事件：「剛剛傳來一條消息：麻生將軍所稱的具有良好紀律的日本軍隊的一個士兵闖入民宅，屋內住有一位婦女和他兩個女兒。這個士兵想要強姦其女，遭到反抗，隨後他把這三位婦女鎖入屋內，縱火燒屋。一個女兒被燒成了焦炭，母親臉部嚴重灼傷……。」[44]

　　日軍在侵佔南京後所瘋狂進行的燒、殺、淫、掠等戰爭暴行，使南京變成了人間活地獄。拉貝寫道：「這是一個無休無止的歲月，無論人們怎麼想像都絲毫不會過分。」[45]

　　拉貝等德國僑民關於日軍南京大屠殺暴行的日記、書信與報告等第一手材料，大多數都通過各種途徑，送到上海，送到柏林，送到德國的新聞媒體，有許多還通過德國駐華使館送到了德國外交部，甚至

---

[42]　前引〔德〕約翰・拉貝著，本書翻譯組譯：《拉貝日記》，第 200 頁。

[43]　前引〔德〕約翰・拉貝著，本書翻譯組譯：《拉貝日記》，第 549 頁。

[44]　前引〔德〕約翰・拉貝著，本書翻譯組譯：《拉貝日記》，第 608 頁。按：麻生將軍即日軍在 1938 年 1 月中旬新任命的日軍南京警備司令官、第十一師團第十旅團旅團長天谷真次郎少將。

[45]　前引〔德〕約翰・拉貝著，本書翻譯組譯：《拉貝日記》，第 267 頁。

送到了德國的最高當局希特勒等人手中。拉貝等德國僑民寄希望於希
特勒能出面勸阻止日本當局的現行政策，制止日軍的南京大屠殺暴
行。但結果，德國新聞傳媒對他們關於南京大屠殺的揭露沒有做任何
反映，而德國當局對他們則是嚴厲的封殺與鎮壓。這將在本章第四節
詳述。

第三節　德國外交官所報告的南京大屠殺

　　戰時奉命留守南京的三名德國外交官羅森、沙爾芬貝格、許爾特
爾，在 1937 年 12 月 8 日，即在日軍對南京內廓陣地發起猛烈的總攻時，
為避戰火，全部撤退到長江中的英國「霍爾克」號倉庫船上；12 月 11
日又轉移到英國商船「黃埔」號上。意想不到的是，他們乘坐的「黃埔」
號商船竟遭到日軍的多次攻擊：在 12 月 11 日先遭到紫金山上日軍炮兵
的炮轟，在 12 月 12 日又遭到日軍戰機連續幾次的轟炸。他們只得根據
英國軍官的命令，全部轉移到英國炮艇「蟋蟀號」上。南京戰事結束後，
1937 年 12 月 18 日，他們與英國使館的同行乘英國「蜜蜂」號旗艦回
到南京下關碼頭，向日軍當局要求登岸回到南京使館中，但被日軍當局
「以還有中國的殘餘勢力拒絕了。但真正的原因是日本人不想讓我們看
到毫無紀律可言的日本部隊對南京平民百姓姦淫、燒殺和搶掠的可怕景
象。」[46]他們只得在 12 月 20 日，換乘英國輪船「瑞和」號離開南京，
於 12 月 21 日晚到達上海，住了近二十天。在那裏，他們看到了西方報
紙上刊登的五位留駐南京的美、英記者以自己親見親聞親身經歷的事
實，所寫的揭露日軍南京大屠殺的新聞報導，感到震驚。在 1937 年 12
月 24 日，羅森在給德國外交部的報告中，寫道：「一些美國記者發表了

---

[46] 〔德〕羅森：〈給德國外交部的報告〉（1937 年 12 月 24 日），前引《南京大
　　屠殺史料集》（6），第 282 頁。

很有份量的報導文章，使日本人對待這裏平民百姓一些令人髮指的事實才廣為人所知。」[47]

　　羅森在給德國外交部的這份報告中，還回顧與揭露了日軍戰機在1937年12月12日對他們乘坐的英國商船「黃埔」號轟炸掃射的情況，如前所述，這是日軍瘋狂的南京大屠殺的重要組成部分：

> 對於我們來說，基督降臨節前的第三個禮拜日（本書著者按：指1937年12月12日）早上是平安的，天空掛著和煦的太陽，氣氛寧靜。在上午的幾個小時裏，一些日本步兵在我們附近的拖船與平底船上，先是按照他們在岸上和中國式帆船上的習慣，殺死了幾個無辜的平民，然後在我們這些船隻周圍繞行一圈，以便有充分的時間確信，我們集中在這裏的船隻是中立的與和平的。在此之前，「帕奈號」炮艦和三艘美孚石油公司的油輪從我們邊上駛過去，然後在上游的和縣地區停泊，遠離我們的視線。

> 在日本登陸部隊對我們的船進行檢查之後，我們認為不會再遭到襲擊了。可是，下午1時半，完全出乎意料的，毫無預兆的，突然有三架日本轟炸機呼嘯而來，對與「霍爾克號」聯在一起的「黃浦號」商船，連續進行了三次俯衝轟炸，一直衝到離船300米左右的高度，轟炸這個又大又明顯的目標。然而，扔下的9枚炸彈都沒有擊中目標，有一枚還是啞的，這真是個奇蹟。可是，氣浪和彈片對「黃浦號」，特別是對「霍爾克號」造成了很大的破壞。

> 在這次空襲之後，服役最久的英國軍官、「蟋蟀號」炮艇的海軍上尉阿什比命令把「霍爾克號」和「黃埔號」商船上的外國人立即轉移到「蟋蟀號」炮艇和「斯卡拉布號」炮艇上去，並讓我們的船群分散開來。

---

[47] 〔德〕羅森：〈給德國外交部的報告〉（1937年12月24日），前引《南京大屠殺史料集》（6），第282頁。

當我們坐在一艘小拖船裏從「黃埔號」駛往距離很近的「蟋蟀號」炮艇時，日本的空中強盜又來了，向緊挨著的亞洲石油公司的「天王號」（Tienkwang）油輪的船尾投下了 6 枚炸彈。這時阿什比海軍上尉勇敢地承擔起責任，命令兩艘炮艇開火，用機關槍和 2 門回轉自動火炮、2 門 3 英寸火炮射擊，但沒有使用適宜於防空的 6 英寸火炮。由於阿什比海軍上尉的堅決和敢於負責的行為，使英國的這批集中在一起的船隻避免了一場長江上游幾海里外美國人在此時所遭受的可怕命運。

16 時 10 分日本人進行了第三次轟炸。這次由於發現日本飛機到來時進行了防禦，所以這次扔下的 4 枚炸彈遠遠地偏離了目標。至此我們總共挨了 19 枚炸彈，而日本炮兵在一天前向「黃浦號」商船發射了約 24 枚炮彈。

在此期間，阿特爾通過無線電向英國海軍上將和其他部門發了報告。我也給漢口的大使先生和上海的總領事館發了三封電報。英國人鑒於日本人的瘋狂態度認為，日本人是想故意破壞英國船隻的航行，所以他們歡迎德國方面提出抗議。我們處在同一個殺人狂賽跑的境地。我們在江中無論是進還是退，都會遭到日本炮兵的轟擊，因此曾產生一個令人害怕的疑問，即抗議生效的速度是否會比一群野蠻的暴徒消滅我們的船隻更快，這群野蠻的暴徒同紅色的「伊維薩島英雄」的差別最多在於所謂的反共主義。

晚上收到的一則消息說，日本人答應停止轟擊。據說這個命令在 19 時前傳到了所有的飛行中隊，同時，日本方面提出的保留是，不排除「不負責任的年輕飛行員」再轟炸的可能性。英國海軍上將命令在夜裏把船上的燈全部打開，並命令 12 月 13 日早晨日本偵察機飛越我們上空時，只有在飛機可能進行的攻擊發生後才開

火還擊。這天夜裏還有過一次空襲警報，但只是虛驚一場。第二天早晨偵察機多次飛越我們上空。

上述事件中還有一點是令人難以相信的，那就是在從南京到蕪湖的這段江面上根本就沒有一條中國的運輸船，所以我在上一封電報中建議禁止對南京和蕪湖之間的長江水面進行任何轟炸。如果考慮到，英國的特別是美國的船隊早已遠離日軍的防線，並且日本的登陸部隊還曾觀察過我們的船隻，那麼就會感到日本人的態度是太粗暴了。況且所有的船隻都在甲板上顯眼的地方插著英國國旗，船身兩邊畫著英國國旗，而且能見度很好。[48]

　　確如羅森所言，正是由於「蟋蟀號」炮艇上英國官兵及時、果斷、堅決的回擊，才使他們避免了美國炮艇「帕奈號」那樣的悲慘命運。
　　直到1938年1月7日，羅森等三名德國外交官得到日方當局的許可，才與幾名英國外交官一道，乘英國炮艇「蜜蜂號」離開上海，於1938年1月9日重新回到南京德國使館中。
　　1938年1月10日，上海租界德僑創辦的德文《遠東新聞報》刊登〈德國大使館南京辦事處回到南京〉，報導了羅森等三人回到南京、恢復德國駐南京使館留守處的消息：

〔上海訊〕：政務秘書羅森博士、行政主管沙爾芬貝格、領事部秘書許爾特爾於星期五（本書著者按：指1938年1月7日）乘坐一艘英國炮艇離開上海，現已到達南京。

德國大使館南京辦事處由此恢復了工作。它最新的任務是管理南京的德國財產和查明遭受的損失。據瞭解，有12處房子仍完好無損，其他房子的損失程度尚不清楚。

48　〔德〕羅森：〈給德國外交部的報告〉（1937年12月24日），前引《南京大屠殺史料集》(6)，第280～281頁；譯文有改動。

> 這三位德國大使館官員是在經歷了驚險的航行於星期二（即去年
> 12 月 21 日）抵達上海的。當日本在中國的先頭部隊挺進到南京
> 並包圍了全城時，德國外交官與其他國家的外交人員登上了英國
> 的炮艦。他們在長江上駛往上海途中，曾多次受到（日本）飛機的
> 追蹤轟炸，歷盡艱險。此刻德國外交官返回的已是日本佔領區。[49]

1938 年 1 月 11 日，德國首都柏林的《柏林晨報》轉刊了上海《遠東新聞報》的這篇報導。

當羅森等三名德國外交官回到南京時，日軍大屠殺還沒有結束。他們經歷了南京的恐怖歲月，親眼目睹了日軍的暴行與中國人民遭受的巨大的災難。三名德國外交官對日本的侵華政策與日軍肆無忌憚的暴行都有不滿，並都程度不同地向德國當局做了報告。但他們的立場不完全一樣，認識與提出的處理方針、方法更不一樣。德國駐華大使館留守南京辦事處人雖少，但也不是鐵板一塊。納粹的思想陰影與人道主義的思想在他們這裏並存並有鬥爭。

德國駐華大使館留守南京辦事處政務秘書喬格·羅森（Rosen）可以說是西方人道主義思想的代表。他對日軍的殘暴行為的態度最為嚴峻而激烈。

喬格·羅森於 1895 年生於伊朗德黑蘭。其父弗里德里希·羅森是德意志帝國的外交官，曾任魏瑪共和國的外交部長。由於父親的原因，羅森幼年時期多在國外度過，對外語與世界上各種文化產生了濃厚的興趣。1913 年高中畢業後，羅森進入德國慕尼克大學法學院學習。此後，他又先後到牛津大學、里斯本大學、萊頓大學等歐洲多家名牌大學學習。1917 年 3 月，在第一次世界大戰期間，他加入了德國軍隊，在西線經歷了德國戰敗。戰後他繼續學習法律；1919 年通過了國家高級公務員考試；兩年後在明斯特大學獲得法學博士學位。1921 年他進入德

---

[49] 報導：〈德國大使館南京辦事處回到南京〉，刊上海：德文《遠東服務報》1938 年 1 月 10 日；前引《南京大屠殺史料集》（30），第 74 頁。

國外交部，曾任職於哥本哈根和紐約的使領館。1927 年他回到德國，任職外交部，成為和其父親一樣的知識份子官僚。1933 年 1 月希特勒納粹黨上臺執政後，由於其祖母是猶太人，羅森受到歧視與冷遇。他被調派到中國工作，先後在北平、天津、奉天的德國領事館任職；1936 年底被調至南京德國駐中國大使館，任政務秘書，直到中日戰爭全面爆發。[50]當他於 1938 年 11 月下旬奉命主持德國大使館南京留守處時，對以拉貝為首的南京「安全區國際委員會」的籌建工作給予了許多支持。他稱讚「拉貝先生放棄了一切個人利益和顧慮，獻身於人道主義事業」[51]。拉貝在 1937 年 11 月 27 日的日記中寫道：

> 羅森博士盡心竭力照顧我，令人感動。……他擔心（這是有理由的）我要留在這裏，而不和他以及其餘的德國人、英國人等乘怡和洋行的三桅帆船逃走。他塞給我一張英國領事普里多－布隆的證明，憑著它我可以登上怡和洋行的三桅帆船，此船不久將被拖著逆流而上。就連前部長張群的房子，他也想方設法給我弄到了，以防萬一，不管我用得著用不著。總之，凡是他用某種方式能做到的，他都做了！

羅森向拉貝談了心裏話，談了他的身世與遭遇。拉貝在日記中寫道：

> 他的外曾祖父和貝多芬是朋友，他給我看了貝多芬寫給他外曾祖父的一封信。他的家族近一百年來一直從事外交工作。他父親當過部長，可是他也許永遠當大使館秘書——他祖母是猶太人，這斷送了他的前程。一個不幸的人！[52]

---

[50]　羅森的簡歷參閱楊彪：〈見證歷史真相的檔案〉，刊上海：《檔案與歷史》2002 年第 3 期。

[51]　〔德〕羅森：〈給德國外交部的報告〉（1937 年 12 月 24 日），前引《南京大屠殺史料集》（6），第 277 頁；譯文有改動。

[52]　〔德〕約翰・拉貝著，本書翻譯組譯：《拉貝日記》，江蘇人民出版社 1997

羅森於 1938 年 1 月 9 日回到南京後，以一個有高度文化修養的知識份子的良知與西方近代的人道主義精神，立即投入對日軍侵犯與毀壞德國僑民財產的調查工作中去。他對日軍在南京的的法西斯暴行與虛偽宣傳極其厭惡與反感。他在與日軍和日本外交人員打交道的過程中，毫不掩飾自己對日軍暴行的憎恨，經常當面進行毫不留情的尖銳指責，進行堅決的鬥爭與抗議。他多次嚴峻地拒絕參加南京日方當局邀請的宴會或音樂會。他甚至不願和到南京視察的日「華中方面軍」司令官松井石根見面，稱松井是「殺人犯」，憤慨地說：「和菲舍爾在上海對待松井的態度一樣，我也不打算和這些殺人犯們同坐一張桌子。」[53] 他對日軍在南京的暴行及其後果進行認真的調查記錄，堅持要求日方對造成德國財產的損失進行賠償。

尤其可貴的是，羅森在南京任職期間，多次將他調查所得到的日軍在南京大屠殺暴行的各種報告，不斷地上報給已移駐武漢的德國駐華大使陶德曼、德國駐上海總領事館總領事菲舍爾與德國外交部，甚至要求上報給德國最高當局，形成了著名的「羅森報告」。他試圖以此影響德國政府的遠東外交政策，通過德國政府高層給日本施加某種壓力，以制止日軍在華暴行，給苦難而又貧弱的中國人民以某種支持與幫助。有人稱他是另一位拉貝式的人物。

例如，在 1938 年 1 月 15 日，羅森在給德國外交部的報告中，揭露日軍在南京連續多日的燒殺淫掠「為自己豎立了恥辱的紀念碑」，說：

> 日本人的數週恐怖統治使得城裏的商業區，即太平路地區和所謂波茨坦廣場（本書著者按：指新街口廣場）以南的整個地區在肆無忌憚地掠奪之後變成一片瓦礫，只零星可見一些建築物的殘垣斷壁。日本軍隊放的大火在日軍佔領一個多月之後至今還在燃

年版，第 111～112 頁。

53 〔德〕沙爾芬貝格：〈給德國駐華大使館參事官勞騰施拉格爾的信〉（1938
年 2 月 1 日於南京），前引《南京大屠殺史料集》（6），第 362 頁。

燒，凌辱和強姦婦女和幼女的行為仍在繼續。日軍在南京這方面的所作所為自己豎立了恥辱的紀念碑。[54]

在日軍燒殺淫掠的幾乎同時，日本當局還把罪惡的毒品販賣帶到了南京。羅森在 1938 年 3 月 4 日給德國外交部的報告中，揭露說：

> 北方已習以為常的日本人的「和平滲透」現在在這裏萌生。一位提供消息的丹麥人向我報告說，在龍潭已首次出現鴉片。眾所周知，在日本治外法權的保護下，利用方便條件生產和經營毒品，是日本軍界對華政策主要支柱之一。[55]

1938 年 3 月 24 日，羅森在給德國外交部的報告中，再次揭露日軍在南京的販毒罪行，說：

> 令人相當憂慮的是鴉片侵入南京的情況。以前這裏是國民政府反對毒品鬥爭的堡壘。美國傳教士在毒品販子中進行了調查，發現鴉片是日本人供應的，他們的交易場所設在日本軍事特務機關居住的一所房間裏。對於熟悉華北與滿洲情況的人來說，這種由日本軍隊和壞蛋們默契合作組成了一個敗壞民族健康的黑社會早已是司空見慣的情況。[56]

羅森還將留駐南京的英、美僑民與英、美記者關於南京大屠殺的文件與新聞報導作為附件，上報給已移駐武漢的德國駐華大使館與柏

---

54 〔德〕羅森：〈給德國外交部的報告〉（1938 年 1 月 15 日），中國第二歷史檔案館、南京市檔案館合編：《侵華日軍南京大屠殺檔案》，江蘇古籍出版社 1997 年版，第 624 頁。

55 〔德〕羅森：〈給德國外交部的報告〉（1938 年 3 月 4 日），中國第二歷史檔案館、南京市檔案館合編：《侵華日軍南京大屠殺檔案》，第 639 頁；本書著者按：羅森文中所說的丹麥人是指當時在江南水泥廠任丹麥史密士公司產權代表的辛德貝格。

56 〔德〕羅森：〈給德國外交部的報告〉（1938 年 3 月 24 日），前引《南京大屠殺史料集》（6），第 457 頁。

林的德國政府。例如：在 1938 年 2 月 10 日，羅森在寄往德國外交部的報告的附件中，就有美國聖公會南京德勝教堂牧師約翰・馬吉（J. Magee）所拍攝的有關日軍南京大屠殺的著名影片《南京暴行紀實》及其解說詞。羅森在給德國外交部的報告中，指出，約翰・馬吉所拍攝的影片是「日本人所犯殘暴罪行有說服力的見證。」因而他請求德國外交部，「把帶有解說詞譯文的這部電影能放映給元首和總理一看。」[57]

德國駐中國大使館在給德國外交部的報告中，吸納了羅森報告的許多內容。

德國駐中國大使館南京辦事處的行政主管沙爾芬貝格與羅森不完全一樣。他是一個比較複雜的人。一方面，他對日軍在南京的駭人聽聞的大屠殺暴行有很多不滿。這從他的報告中可以看到：

> 至於日本人佔領這裏時的表現還是閉門不說的好。它使人不禁回想起成吉思汗：消滅一切！……他們在這裏就像北歐傳說中的狂暴武士那樣瘋狂地毀壞一切。如果有一所房子是空的，立即就被放火燒光。我完全相信，人們對他們的士兵就像 1918 年對黑人那樣許了願，如果你們堅持下去，每個人都會在南京得到一個花姑娘。因此所有留在這裏的婦女都受到了十分嚴重的侮辱和蹂躪。對於生活在這裏的男人，也不能說他們過得好，因為面對野獸般的暴行，他們都提心吊膽，一再驚恐不已。[58]

但另一方面，沙爾芬貝格想貫徹納粹德國的外交政策，力圖保持或修復與日本的友好關係。例如，他幾乎熱情地參加了南京日方當局邀請的所有的宴會或音樂會。他說：

---

[57] 〔德〕羅森：〈給德外交部的報告〉（1938 年 2 月 10 日）；前引《南京大屠殺史料集》（6），第 375 頁。

[58] 〔德〕沙爾芬貝格：〈1938 年 1 月 13 日的南京現狀〉，前引《南京大屠殺史料集》（30），第 84 頁。

在我們兩個看來，和日本人是能夠把友好關係保持下去的，我們對是羅森天敵的日本憲兵也不擔心。他們很有禮貌，起了很大作用。如果我們想平安無事地結束對房屋實地調查的話，就有必要請他們同行。因為日軍的哨兵受到指示，可疑者統統給予槍擊。另外我們在軍營的小賣店裏買東西時他們還幫我們做翻譯。因為其中有多少能說點英語的人。[59]

他還說：「在此唯一正確的選擇，是通過本鄉少佐與擁有一切決定權的日軍司令部取得聯繫」。[60]

因此，他不滿羅森對日軍當局的嚴峻與不合作的態度和方法，多次在給上司或德國外交部的個人報告中進行告密，進行攻擊：

請求你勸他回國去吧。和他一起工作一直以來都很痛苦。自從我們回到該地以來，由於他充滿敵意的反日態度，情況一天天變得嚴峻起來。

……他每次在和日本人的聚會上，都會用使對方不快的表態方式重提南京空襲、炮擊「黃埔號」、12 月 12 日的俯衝式轟炸等老黃曆。

……

羅森博士不遵從日軍的命令和要求，試圖遠離憲兵們。……我和其他的德國人在大使館前都很有禮貌地跟憲兵和門衛打招呼，但羅森對兩者看都不看一眼。那副樣子簡直就像他憤怒的矛頭是對準全體日軍的一樣。[61]

59　〔德〕沙爾芬貝格：〈給德國駐華大使館參事官勞騰施拉格爾的信〉（1938年 2 月 1 日於南京），前引《南京大屠殺史料集》（6），第 361 頁。

60　〔德〕沙爾芬貝格：〈給德國駐華大使館參事官勞騰施拉格爾的信〉（1938年 2 月 1 日於南京），前引《南京大屠殺史料集》（6），第 362 頁。

61　〔德〕沙爾芬貝格：〈給德國駐華大使館參事官勞騰施拉格爾的信〉（1938

他對拉貝在「南京安全區國際委員會」的卓越的工作也不理解，對為救護中國難民做出無私奉獻的美國傳教士們更是懷有偏見，竟說：

> 拉貝先生作為安全區國際委員會的主席，他的貢獻的確非常之大，在我看來，他太相信美國人了，當了美國人的馬前卒，為美國的利益和來此招魂的傳教士們服務。[62]

尤其是他對中國民眾遭受的苦難表現冷漠，對日本的侵華戰爭與暴行有許多錯誤的看法，甚至為日軍的暴行辯護，顯露了他根深蒂固的納粹偏見。例如他對日軍對南京軍民的大屠殺，竟說：

> 我認為這跟我們德國人毫無關係，何況可以清楚地看到，那些中國人一旦只能指望日本人時，立刻就會和他們結為同盟，所有一切暴行我們不過是只聽一面之詞。這裏的德國人——除去拉貝外，不過他原有的觀點也已有所改變——全都認識到，亞洲的戰爭和我們的戰爭確實是有區別的。他們不抓俘虜，而是必不可少的殘酷屠殺、大肆搶劫等等，就像歐洲三十年戰爭時的狀況，尤以婦女受害特別嚴重；這也許可以追溯到通州的大屠殺，日本婦女和兒童在那裏遭到殘酷的屠殺，因此必須給予上千倍的報復。[63]

值得一提的是德國駐華大使陶德曼。他是納粹德國的高級外交官，在日軍南京大屠殺期間，他已撤到武漢，並不在現場，但他從羅森及拉貝等人的報告中，瞭解了日軍的暴行，對日軍的行為，特別是對日軍屢屢侵犯德國僑民的權益，燒毀德國僑民的房屋，侮辱德國的國旗，十分

年 2 月 1 日於南京），前引《南京大屠殺史料集》（6），第 360～362 頁。

[62] 〔德〕沙爾芬貝格：〈1938 年 2 月 10 日的南京現狀〉，前引《南京大屠殺史料集》（30），第 134 頁。

[63] 〔德〕沙爾芬貝格：〈1938 年 2 月 10 日的南京現狀〉，前引《南京大屠殺史料集》（30），第 134 頁。

不滿，曾向德國外交部上報過許多這方面的材料以及田伯烈等美、英記
者報導南京大屠殺的文章。他說：「它描述的情況尤其是關於南京情況
的過程基本上是正確的」[64]。這從一個側面反映了日軍南京大屠殺的真
實與慘烈。而且，陶德曼還應中國國民政府有關方面的要求，幫助搜集
日軍南京大屠殺的新聞資料。1938 年 3 月 21 日，陶德曼指示德國駐上
海總領事館：

> 朱家驊博士不久將在徐道鄰博士陪同下，帶著特殊使命到德國
> 去。……朱博士收集有關日本人破壞南京的照片及影片資料。他
> 在這裏請求（德國）駐上海總領事館是否可以幫助他搞到破壞上
> 海吳淞同濟大學的資料和馬吉拍攝的關於日本軍隊在南京所犯
> 暴行的著名影片。……有關同濟大學的事，如有可能，滿足他的
> 請求，我對此沒有異議。與此相反，有關影片的事，朱博士應該
> 直接去找馬吉先生為宜。[65]

可以說，沙爾芬貝格那樣的人是當時納粹德國的社會基礎。像沙爾
芬貝格那樣觀點的人在納粹德國是很多的。而像拉貝、羅森那樣，能夠
衝破種族偏見與納粹意識形態、無視所謂「德日同盟」、同情與幫助苦
難的中國人民，在當時的德國是難能可貴的。

沙爾芬貝格於 1938 年 6 月 19 日因在日本人那裏用餐，食物中毒，
在南京去世[66]。羅森則於 1938 年 6 月被德國納粹當局外交部強行要求
休假並被解雇，離開南京。德國駐華使館南京辦事處由許爾特爾升任行
政秘書，主持工作。

64　〔德〕陶德曼：〈致德國柏林外交部卡岑貝爾閣先生公函〉（1938 年 2 月 22
　　日），前引《南京大屠殺史料集》（30），第 147 頁。
65　〔德〕陶德曼：〈給德國駐上海總領事館的指示〉（1938 年 3 月 21 日），前
　　引《南京大屠殺史料集》（6），江蘇人民出版社 2005 年版，第 446 頁。
66　前引《南京大屠殺史料集》（30），第 175 頁。

第四節　德、意政府嚴禁本國報刊報導南京大屠殺

日軍南京大屠殺的暴行震驚了世界，在美、英等民主國家的新聞傳媒上廣泛刊載，迅速傳播。

在美、英等國，南京大屠殺的目擊者、救助者與揭露者貝德士、費奇、馬吉等人到處被邀請演講，接受採訪，受到尊敬。

然而，在納粹德國卻不相同。日軍南京大屠殺的暴行，通過留駐南京的德國僑民拉貝等人和德國駐中國外交官陶德曼、羅森等人的報告，以及其他許多渠道，傳回德國，傳到德國政府與德國各家新聞媒體後，德國政府卻嚴禁德國新聞傳媒報導日軍南京大屠殺；德國新聞傳媒對日軍大屠殺暴行始終保持沈默。

這是因為納粹德國外交與宣傳政策的天平，在日軍佔領南京後，迅速向日本傾斜。到 1938 年 2 月 20 日，希特勒向德國國會發表了三個多小時的臭名昭著的演說，其中大部分內容是關於德國內政的，在外交方面，雖對中德關係隻字未談，但卻在攻擊「國聯」是少數強國的工具時，公然宣布德國為反對國聯，現在已決定就要承認「滿洲國」，藉以表示尊重既成事實；同時他宣稱亞洲的危機乃是共產黨，是蘇聯，而日本反共最力，乃是安定東亞的勢力。他甚至說：「余始終認為日本是做『文化』及『人道』保障的一個力量」。希特勒的這個演說於當夜向全世界廣播。納粹德國與希特勒對於日本全面侵略中國、在中國燒殺淫掠與製造南京大屠殺等駭人聽聞的戰爭暴行，完全視而不見，公開向全世界表明支持日本侵華的立場。

此後，隨著德國政府支持日本侵華的立場與外交政策日益昭張，不僅南京大屠殺被德國新聞傳媒全面封殺，而且德國那些南京大屠殺的目擊者、救助者與揭露者在德國的命運也迅速發生了變化：從短時間的受到尊敬迅速轉變為遭受迫害，被迫長期緘口。

　　最典型的是約翰‧拉貝。他在南京任「安全區國際委員會」主席的
豐功偉績不僅贏得了中國人民與中國政府的深切感謝與高度評價，而且
在德國也一度獲得了良好的聲譽。

　　1938 年 1 月 6 日，德國駐華大使陶德曼在漢口致德國外交部的
報告中，寫道：「以西門子公司代表拉貝為首的國際委員會的活動，
得到了方方面面的極高的評價，孔財政部長要求我轉達對拉貝的特別感
謝」[67]。

　　1938 年 1 月 10 日，德國柏林的報紙發表以〈一個德國人卓有成效
的工作〉為題的文章，一方面對拉貝在南京救濟難民的工作做了泛泛的
讚揚，另一方面，對日軍南京大屠殺暴行絕口不提，卻引用了「日本大
使館一名代表的報告」。此文寫道：

> 南京的許多報導一致肯定了德國西門子洋行駐（中國）南京代表
> 拉貝值得讚揚的和卓有成效的工作。從 11 月中國當局完全撤離
> 以來，他以難民區委員會主席的身份，實際上做了市長的工作。
> 他在其他德國人和外國人的支持下，維護社會秩序，關心市民的
> 福利。據日本大使館一名代表的報告，拉貝的工作對過渡時期是
> 十分重要的，同時對目前為了居民和難民的利益而與佔領軍進行
> 的合作也是很有益處的。留在南京的中國居民懷著感激的心情讚
> 許拉貝的幫助。[68]

　　《漢堡消息報》在發表上述報導時，標題改為〈一個德國人維護南
京的秩序〉。

　　1938 年 2 月 23 日，約翰‧拉貝奉西門子公司指示，乘英國炮艇「蜜
蜂號」離開南京，前往上海。在他離開南京時，「兩三千婦女都跪了下

67 陶德曼：〈致德國外交部的報告〉（1938 年 1 月 6 日）；前引《南京大屠殺史
　料集》(6)，第 296 頁。
68 〔德〕約翰‧拉貝著，本書翻譯組譯：《拉貝日記》，江蘇人民出版社 1997
　年版，第 641 頁。

來，並開始哭泣和請求。」[69]1938 年 2 月 25 日下午 2 時，約翰‧拉貝乘「蜜蜂號」抵達上海。第二天，1938 年 2 月 26 日，上海租界的德文報紙《遠東新聞報》刊登了以〈向約翰‧拉貝先生致敬〉為題的文章。此文先記述了南京安全區國際委員會的成立及其艱難而又卓有成效的工作，說：

> 當日本的部隊在（1937 年）11 月底以極快的速度向中國首都南京挺進時，在外國人的私人圈子裏產生了建立一個安全區的想法……國際委員會誕生了。它把不同國家的公民聯合了起來。西門子洋行（中國）南京辦事處代表約翰‧拉貝在他的全體委員們的信任下，被任命為委員會的主席。

> 戰鬥爆發時，安全區已經組織完畢。委員會的成員們本來可以到停泊在揚子江上的輪船上去避難。這並不困難。可是，拉貝先生和他的委員們放棄了讓自己到安全地方去的機會，決心將承擔的使命進行到底。由於他們不怕自我犧牲的行動，在中國部隊撤退和日本人佔領南京後那些困難日子裏，使數十萬人得以免受飢餓和寒冷，在力所能及的情況下，保護他們免受可怕的遭遇。

> 只有在他們不顧個人安危的全力投入下，國際委員會的成員們才能做出這種完全是人道主義的貢獻。

然後，文章專門讚揚了拉貝個人在南京安全區的卓越貢獻：

> 安全區委員會的主席承擔著最大的工作壓力，工作的成功主要歸功於他，約翰‧拉貝先生在南京困難的日子裏，證明了自己是一個完美的人，他的獻身精神，給「德意志」這三個字和他的祖國帶來了榮譽。

69　〔美〕魏特琳著，南京師範大學南京大屠殺研究中心譯：《魏特琳日記》，江蘇人民出版社 2000 年版，第 285 頁。

文章最後說：

> 南京的安全區委員會在我們中間人人皆知。我們十分高興地獲
> 悉，拉貝先生已於昨天下午抵達了上海，他還是那麼身體健康和
> 精神飽滿。他的夫人已在上海十分焦急地等了他很長時間。他的
> 心情我們是可以理解的。他肯定會受到他在上海的全體同胞的熱
> 烈歡迎！[70]

1938 年 3 月 1 日，德國國家社會主義工人黨國外組織中國分部的
機關刊物、在上海出版的德文《東亞觀察家》刊登了該中國分部給拉貝
的獻詞，內容如下：

> 尤其是黨員約翰‧拉貝在南京的全身心投入工作值得給予最高的
> 讚賞。他的戰友、黨員和德國僑民同樣是如此。這三個男子漢甘
> 願冒著生命危險，自願地獻身於無法及時逃走的南京貧苦的和極
> 端貧窮的居民。
>
> 不僅是在極端困難時得到過這三個男子漢幫助的中國人會感謝
> 他們，我們在中國的全體德國人也會由衷地欽佩他們。[71]

但這兩家報紙的報導對日軍南京大屠殺的暴行都不約而同地隻字
不提。

1938 年 3 月 16 日，約翰‧拉貝與夫人乘船離開上海，經香港，於
4 月 15 日回到柏林。

---

[70] 〈向約翰‧拉貝先生致敬〉，刊上海租界：《遠東新聞》（德文）1938 年 2 月
26 日；引自〔德〕約翰‧拉貝著，本書翻譯組譯：《拉貝日記》，江蘇人民
出版社 1997 年版，第 700 頁。

[71] 〈德國國家社會主義工人黨國外組織中國分部給拉貝的獻詞〉，刊上海租
界：《東亞觀察家》（德文）；引自〔德〕約翰‧拉貝著，本書翻譯組譯：《拉
貝日記》，江蘇人民出版社 1997 年版，第 701 頁。

　　拉貝剛回到德國後，曾獲得納粹黨和地方政府授予的勳章，並在1938年5月2日至25日，在德國外交部政策局、遠東協會等處做了五場關於日軍南京暴行的演講，並向德國聽眾展示了他從南京帶回的有關照片，放映了約翰·馬吉拍攝的有關電影記錄影片。據說納粹德國的宣傳部長戈培爾也觀看了這部電影記錄影片，並在觀看時嘔吐了好幾次。[72]但很快，他就被告知「不得再做此類報告以及展示相關的照片」。1938年6月8日，拉貝給希特勒寄出一份他所做關於日軍南京暴行報告的文稿，企圖向希特勒「通報南京的中國平民所遭受的苦難」：

元首：

　　我在中國的大多數朋友都認為，迄今為止還沒有一份完整的有關南京真實情況的報告面呈給你。

　　在此附上的是我所作報告的文稿，其目的不是為了公開發表，而是為了履行我對身在中國的朋友們許下的諾言，即向你通報南京的中國平民所遭受的苦難。

　　如果你能讓我知曉，此份文稿已面呈給你，我的使命也就此完成。

　　在此期間，我已被告知，不得再作此類報告以及展示相關的照片。我將謹遵此項規定，因為我並無意和德國的政策以及德國當局唱反調。

　　我保證堅定地追隨並忠實於你。

簽名：約翰·拉貝[73]

　　但是，「意料不到的事」發生了。幾天以後，在1938年6月中旬，約翰·拉貝連同他的六本日記突然被德國秘密警察機關蓋世太保用汽車

---

[72] 〈德國關於南京大屠殺的有關材料〉，侯濤根據德國媒體報導編譯，刊《上海譯報》2007年1月11～17日。
[73] 〔德〕約翰·拉貝著，本書翻譯組譯：《拉貝日記》，江蘇人民出版社1997年版，第704頁。

帶走，在警察總局裏被審訊了幾個小時。不久，在西門子公司的疏通下，他被釋放，但他被告知今後對他所經歷的日軍南京大屠殺「要保持緘默」，不許出書，也不得再從事有關這方面的演講報告或其他宣傳活動，尤其不許再放映約翰・馬吉拍攝的有關南京大屠殺的記錄電影影片。他從南京帶回去的關於日軍南京大屠殺的日記與約翰・馬吉拍攝的有關記錄電影影片被蓋世太保沒收。直到 1938 年 10 月，拉貝才收回了自己的日記，但約翰・馬吉拍攝的有關南京大屠殺的記錄電影影片卻再也沒有回到他的手中。[74]此後，拉貝不得不保持沈默，並經歷了約六年的戰爭磨難。但他在沈默中卻始終精心保管著他從南京帶回去的日記與有關資料，並在戰爭期間整理、謄清了其全部的日記，附上了文件、自己起草的通告、致各大使館的信函、佈告、報刊文章、信件和照片等。[75]他為了保護自己和家人不受納粹當局的迫害，特地於 1942 年 10 月 1 日在柏林為自己日記的謄清稿寫下了下面的前言：

> 這不是一本消費性讀物，雖然開頭部分可能會給人以這樣的印象。它是一本日記，是一個真實情況的報告。我寫這本日記並且把它整理出來，不是為公眾，只是為我的妻子和我的家人。假如有朝一日它適宜出版的話，必須事先取得德國政府的同意，但今天由於不言而喻的原因是絕對不可能的。[76]

德國戰敗投降後，「盟國肅清納粹法庭覆議庭」經調查，認定拉貝於 1934 年在中國加入國社黨（納粹黨），「並不瞭解國社黨的罪惡目的和犯罪行徑」；而他在日軍攻佔南京期間，在美國人和英國人的請求下

---

[74] 〔德〕拉貝：〈在中國生活 30 年後又回到了家〉，刊〔德〕約翰・拉貝著，本書翻譯組譯：《拉貝日記》，江蘇人民出版社 1997 年版，第 703～704 頁。

[75] 〔德〕埃爾溫・維克特：〈約翰・拉貝其人〉，〔德〕約翰・拉貝著，本書翻譯組譯：《拉貝日記》，江蘇人民出版社 1997 年版，第 716 頁。

[76] 〔德〕約翰・拉貝著，本書翻譯組譯：《拉貝日記》，江蘇人民出版社 1997 年版，第 1 頁。

擔任「安全區國際委員會」的主席，「使得安全區避免了日本人的轟炸」，做出了積極的貢獻等，做出他為非納粹份子的判決[77]。戰後，約翰・拉貝度過了約四年多的貧困生活。在拉貝最艱難的時刻，南京市政府與南京市民聞訊開展募捐，於 1948 年至 1949 年初給拉貝多次寄去食品與經費，還熱情地邀請拉貝攜全家到南京居住，安度晚年。1950 年 1 月 5 日，約翰・拉貝去世。他精心保管的、他從南京帶回去的日記與有關資料於二十世紀九〇年代由其後人公佈於世，先後在美國、中國、日本等地出版，引起巨大的轟動，成為揭露與論證日軍南京大屠殺的最有力的證據與資料。

德國駐華大使館留守南京辦事處政務秘書喬格・羅森也遭到德國納粹當局的迫害。如前所述，羅森因有猶太血統，受到納粹當局的歧視；更由於他對侵入南京的日軍的強硬態度與嚴肅鬥爭，使他與納粹當局的外交方針分歧日深，甚至遭到同事沙爾芬貝格的不滿與密告。1938 年 6 月，羅森被納粹當局強行要求休假並被解雇。他不得不離開了南京。為了尋找新的工作，他來到英國。1939 年 9 月第二次世界大戰爆發。正滯留英國的羅森於 1940 年 6 月作為敵國原外交官，被英國政府拘留。不久他獲釋，前往美國，以其擅長的外語能力謀得幾所大學的教職。1950 年他回到德國，重新到外交部任職。1961 年去世，享年六十六歲。

總之，在納粹德國，在希特勒的直接過問與干預下，侵華日軍南京大屠殺這一舉世公認的血腥大慘案被全面封殺，無聲無息，好像世上根本沒有發生過這種事。其原因，一是因為納粹德國當局與軍國主義日本在兇殘暴虐地、大規模地屠殺戰俘與民眾上有共同的認識與相似的行動，揭露與譴責日本的戰爭暴行也就如同揭露與譴責納粹德國自己的戰爭暴行一樣；二是因為納粹德國在外交上要與軍國主義日本結盟，一同對抗英、美，瓜分世界，中國的權益則成為德、日結盟的犧牲品。曾有

---

[77] 盟國肅清納粹法庭覆議庭：〈認定拉貝為非納粹份子的判決〉，〔德〕約翰・拉貝著，本書翻譯組譯：《拉貝日記》，江蘇人民出版社 1997 年版，第 717 頁。

人問希特勒，為什麼要替日本人的暴行遮掩呢？希特勒回答道：「因為
日本人會和英、美作對，所以我喜歡他們。」[78]

　　1938年2月21日，漢口《大公報》發表社評〈中德關係大變化〉，
指出：「我們深知多年來有不少的德國文化界、軍事界的名流同情中國，
贊助中國，也認識中國。……就是其國內的輿論，假如不是國社黨外交
政略上的統制，則在去歲日本進攻中國以來，德國報紙，一定是大多數
同情中國，不會同情日本。」[79]德國新聞傳媒對南京大屠殺的噤聲，完
全是因為納粹黨的統制與查禁。

　　在納粹德國，與希特勒有相同觀點的還不乏其人。那位曾在1937
年11月29日從南京撤往武漢、寫了一篇報導〈我們是如何逃出南京的
呢？──中國國都的最後歲月〉的德國《法蘭克福彙報》特派記者理利・
阿貝克，在1940年，寫作出版了一本關於中國的長篇論著《中國的革
新》。此人自日中戰爭爆發後，一直關注著中國的戰局與中國、日本兩
國的命運。他並一直與德國來華軍事顧問團的成員保持著密切的關係。
當他寫作出版《中國的革新》時，第二次世界大戰早已爆發，納粹德國
正將戰火燃向全歐洲與全世界，並與日本軍國主義當局結成更加緊密的
聯盟。理利・阿貝克在這本書中，談到了1937年12月日軍進攻南京的
戰役，談到了日軍在南京的暴行。他不得不承認一些事實，但他又百般
為日軍辯護與塗脂抹粉。他是這樣寫的：

　　其後，疲憊不堪的日軍進行了有損日本陸軍聲譽的恐怖活動。恐
　　怖活動一連持續了幾週時間。在此以前，因為日本陸軍進行如此
　　程度的暴力行為一次也沒有發生過，因而在南京所進行的違反軍
　　紀的暴力行為給人以強烈印象。滯留在南京的少數外國人即使曾
　　經擔心中國軍撤退時的搶掠，也沒有擔心過日軍的暴力行為。在

---

[78]　〈德國關於南京大屠殺的有關材料〉，侯濤根據德國媒體報導編譯，刊《上
　　海譯報》2007年1月11～17日。
[79]　社評：〈中德關係大變化〉，刊武漢：《大公報》（漢口版）1938年2月21日。

此之前，在日軍所到中國的各地，舉行了日軍入城的歡迎儀式。對於那些不願意從政治角度對日本加以認真考慮的人來說，其行為也確實如以上所述。對於日軍來說，他們希望儘早確立穩定而安寧的秩序，因此，他們也感到在南京突然發生的暴力事件十分嚴重，而且消除這種惡劣的印象，以恢復原來的名聲尚需時日。實際上，日軍的良好聲譽在奪取廣東和漢口之後就逐漸恢復了。日軍在那裏的行為是無可指責的。[80]

　　這就是納粹德國的一些記者、作家對日本侵華與南京大屠殺的態度與看法。他們一方面以德國人的嚴謹習慣使然，不得不承認已被世界廣為揭露與公認的日軍南京大屠殺的客觀事實；但另一方面，他們又以納粹德國的國家利益與外交政策、以納粹德國的意識形態為重，馬上為日軍的犯罪行為辯護，將南京大屠殺或說成是日軍下層官兵的偶然行為，非日本當局所願與所知；並說成是經日本當局的重視與大力克服，早已得到改正，等等。這不是與日本當局及日本新聞傳媒的口徑如出一轍或基本接近了嗎？

　　無獨有偶。在對待日軍南京大屠殺這一事件上，與納粹德國的認識與態度幾乎一模一樣的，還有墨索里尼統治下的法西斯義大利。

　　在日本發動侵華戰爭並向南京進攻時，義大利也有記者在中國採訪。義大利的記者桑德羅‧桑德尼（Sandro Sandri）在圍城南京一直堅持到 1937 年 12 月 10 日，即日軍對南京城內廓陣地發動最後總攻擊的前夕，才與一些美英記者離開南京，撤退到美國炮艇「帕奈號」上。如前所述，他不幸在 12 月 12 日日機對「帕奈號」的轟炸中被打死。

　　然而，對日本明目張膽、窮兇極惡的侵華戰爭與野蠻屠殺，墨索里尼政府不僅沒有表示一點譴責，反而從所謂「中立」轉向日益明顯的偏袒日本。在新聞輿論上，墨索里尼政府不僅禁止在義大利的報刊與廣播

80　〔德〕理利‧阿貝克：《中國的革新》，中譯文引自〔日〕東中野修道著，嚴欣群譯：《南京大屠殺的徹底檢證》，新華出版社 2000 年版，第 251～252 頁。

中報導南京大屠殺，甚至禁止報導日機轟炸擊沉了美國炮艇「帕奈號」
這一西方世界廣泛關注的事件，即使義大利的記者桑德羅・桑德尼也在
這場空襲中被打死。1938 年 2 月 9 日，《紐約時報》刊登美聯社 2 月 8
日發自羅馬的電訊〈羅馬新聞檢查官禁映「帕奈號」事件影片〉，報導
如下：

羅馬新聞檢查官禁映「帕奈號」事件影片

〔2 月 8 日，羅馬訊（美聯社）〕：據電影發行商今天披露，新聞
檢查官禁止放映美國「帕奈號」炮艇沉沒的新聞紀錄片。該艦是
於去年 12 月 12 日在長江江面上被日軍擊沉的。儘管義大利新聞
記者桑德羅・桑德尼（Sandro Sandri）在這次事件中喪生，但這
些檢查官稱，這部紀錄片因為政治原因顯然不會放映。這部新聞
紀錄片被送到羅馬已經快三個星期了，但迄今為止的努力都沒能
使該片從新聞檢查官辦公室解禁。[81]

　　從德、意政府與德、意新聞傳媒對日軍侵華戰爭與南京大屠殺的態
度上，世界人民與各國政府已經感到一個不祥的資訊：德、意、日這三
個法西斯國家正日益緊密地聯合在一起，在國際政治的角逐中互相支
持，在輿論上互相配合。德、意、日這三個法西斯國家已結成所謂「軸
心國」聯盟，將成為世界大戰的策源地，成為全世界人民共同的敵人。

---

[81]　美聯社 1938 年 2 月 8 日羅馬電訊：〈羅馬新聞檢查官禁映「帕奈」號事件影
　　片〉，刊《紐約時報》1938 年 2 月 9 日；前引《南京大屠殺史料集》(29)，
　　江蘇人民出版社 2007 年版，第 538 頁。

第十三章　1938年以後美、英記者對日軍南京大屠殺的後續報導

　　1938年下半年以後，日軍在南京扶植起偽政權，在南京人民的白骨與血淚上逐步建立起較穩定的社會秩序；日本當局並將南京作為日本侵華的指揮中心：日本的「華中派遣軍司令部」及其以後的「中國派遣軍總司令部」與偽中央政府都設在這裏；同時，日軍不斷向中國內地推進，將戰火燃向中國各地。由於日本不斷擴大侵略戰爭，與美、英的矛盾日益加劇，國際局勢正發生著重大變化。美、英等國人民日益瞭解了日中戰爭的真相，美、英等國政府的外交政策日益表現出反對法西斯軸心國侵略戰爭的傾向。而美、英等國的新聞傳媒也越來越鮮明地同情與支持中國人民的抗戰，越來越鮮明地譴責與反對日本的侵華政策與侵華戰爭。他們始終關注著中國，也始終關注著南京。

第一節　美、英記者繼續揭露南京大屠殺的罪惡

　　美、英的新聞傳媒始終關注著中國，也始終關注著南京的一個重要的表現，就是進一步報導與揭露日軍在侵華戰爭中的暴行，其中，包括繼續報導與揭露日軍南京大屠殺的罪惡，並將其報導上升到理性的高度來認識與批判。

　　1938年12月30日，《紐約時報》刊登美聯社1938年12月29日發自上海的電訊，題為〈歷史學家報告南京的混亂〉，副題為〈貝德士告訴救濟委員會日軍佔領後南京遭搶劫，銀行和信貸機構不復存在，新聞發言人說上海的大學不會歸還給美國人〉，報導繼續留守在南京金陵

大學的美籍教授貝德士最近向國際新聞界揭露日軍大屠殺給南京帶來
的巨大創傷，造成了南京長期的衰敗與貧困：

> 〔1938 年 12 月 29 日，上海訊（美聯社）〕：金陵大學歷史教授
> 美國人貝德士今天報告，自日軍 1937 年 12 月 13 日佔領南京的
> 六個星期後，存在著「武裝騷亂」。

> 「去年南京地區遭到徹底的搶劫，這個過程還在繼續。……」[1]

　　1939 年 6 月 26 日，《紐約時報》刊登東京 6 月 25 日電訊〈南京的
佔領者準備為死者祈禱來度餘生〉，報導南京大屠殺的罪魁禍首、已退役
的原日本「華中方面軍」司令官松井石根在日本的表演：他要為被他指
揮的日軍殺害的中國南京、上海數十萬死難者「祈禱」，還要為他們「建
一座小的寺廟」。不管松井石根的內心是什麼想法，美英傳媒揭露他的這
一醜態，從一個側面說明了日本軍國主義當局在世界輿論的強大譴責
下，對他們在南京等地所犯下的滔天罪行所表現的心虛膽怯與欲蓋彌彰：

致《紐約時報》無線電訊

> 〔1939 年 6 月 25 日，東京訊〕：據本地報紙報導，佔領南京時的
> 日軍部隊司令官松井石根將軍準備為死難者祈禱，以此度過餘生。

> 他打算為憐憫女神建一座小的寺廟，並在其中的一間小屋子裏度
> 過自己的餘生。

> 他從中國戰場，包括從南京帶回的泥土，將被放入一座雕像內。
> 這座雕像是獻給那些在上海、南京戰事中被殺戮的人的。[2]

---

[1]　美聯社 1938 年 12 月 29 日上海訊：〈歷史學家報告南京的混亂〉，刊《紐約
時報》1938 年 12 月 30 日；前引《南京大屠殺史料集》（29），第 547 頁。
[2]　東京 1939 年 6 月 25 日電訊：〈南京的佔領者準備為死者祈禱來度餘生〉，刊
《紐約時報》1939 年 6 月 26 日；前引《南京大屠殺史料集》（29），第 557 頁。

　　1940 年，美國著名記者愛德格・斯諾（Edgar Parks Snow）受「南京國際救濟委員會」的委派，對日軍在南京大屠殺的暴行進行調查。他將其內容作為重要篇幅寫進《為亞洲而戰》（The Battle for Asia）一書中，於 1941 年在紐約出版。在發生南京大屠殺事件時，斯諾並不在南京，所以，他所記述的，是第二手資料，因而可能多少有些失誤，但出於熟練的記者之筆，使此書具有扣人心弦的強大感染力：

> 現在世界上到處可以聽到關於南京屠殺的血腥事件。根據「南京國際救濟委員會」委員告訴我的計算數字，日本軍在南京至少屠殺了四萬二千人。而且其中大部分是婦女和兒童。又說，在從上海向南京的進擊中，估計有三十萬人被日本軍殺害，這個數字差不多與中國軍隊的傷亡人數相等。

> 卑鄙的是，只要是女的，從十歲到七十歲的人都要遭到日本軍的強姦。難民常常死於喝得酩酊大醉的士兵的刺刀之下。（中略）

> 一萬二千戶商店和房屋在儲藏的東西和傢俱被掠奪一空後，即被付之一炬。市民喪失了所有動產。無論是日本軍的士兵還是士官，都用汽車和人力車搶走了一切可以搬得動的東西，並企圖把東西運到上海。（中略）

> 國際「難民區」裏住滿了多達二十五萬名萎靡不振的流浪者。實際上，這對非戰鬥人員來說成了危險地帶，而對善意地建立這些「難民區」的人來說，成了多管閒事、自找煩惱。他們單純地認為，日本軍也將考慮外國的輿論而尊重這個天堂。可是日本軍司令官絕不會承認這個神聖的私自設置的地區。（中略）

> 日本軍每天到這個地段來，抓走婦女，以便安慰好色的英雄們。（中略）

數千名男子從這個區裏被帶走，表面上說要他們去勞動。他們被迫排成一行，一齊遭到機槍的掃射。有時日本軍把好幾批人當作練習拼刺刀的靶子。當他們厭倦後，就把活生生的人縛起來，澆上汽油，把他們活活燒死。還有人把他們關在空著的戰壕裏，命令他們裝做中國兵的樣子。日本士官下令突擊，要他們的士兵去佔領這個「敵方陣地」，刺殺了手無寸鐵的防禦軍隊。（中略）

因軍事行動而造成的損失，與長時間在南京「歡慶勝利」的結果而造成的損失相比，實在是饒有興味的。據「國際救濟委員會」估計，在價值二億四千六百萬元（中國幣）的建築物及其內部的所有財產，因軍事行動而造成的損失不到百分之一，其餘主要是由於掠奪和放火而損失的。另外，價值一億零四千三百美元以上的動產（自然，被沒收的政府財產除外）被搶走。[3]

　　關於在上海和南京之間遭受戰爭禍害的情況，愛德格·斯諾引用了金陵大學美籍社會學教授史邁士受「國際救濟委員會」的委派，在1938年2月至6月進行的調查資料，即著名的《南京戰禍寫真》，結果情況敘述如下：

調查只在南京附近四個半縣進行，全部人口一百零八萬。但遭受破壞的建築物、家畜、大型傢俱、儲藏的糧食和農作物，全部損失近四千一百萬美元……據救濟人員按戶調查集中起來的資料，雖不完全，但清楚地說明日本軍殺害農民的數字，男的為二萬二千四百九十人，女的為四千三百八十人。而且在被殺害的農婦中，百分之八十三在四十五歲以上……順便提一下，上面引用的調查資料不過是在這四個半縣花了一百天時間調查所得的情況。[4]

---

[3]　〔美〕愛德格·斯諾：《為亞洲而戰》；中譯文引自〔日〕洞富雄著，毛良鴻、朱阿根譯：《南京大屠殺》，上海譯文出版社1987年版，第81～83頁。

[4]　〔美〕愛德格·斯諾：《為亞洲而戰》；中譯文轉引自〔日〕洞富雄著，毛良鴻、朱阿根譯：《南京大屠殺》，上海譯文出版社1987年版，第164～165頁。

　　日本學者洞富雄在引用斯諾著作的這段史料時，指出，必須引起注意的是，一般的中國居民死亡甚多，其損失也很大。它明確告訴我們，日本軍進行了瘋狂的攻擊，其屠殺和暴行也是肆無忌憚的。斯諾還說：「在上海和南京之間的進擊中，估計有三十萬人為日本軍所殺害」，這個數位似乎根據田伯烈編寫的《外人目睹中之日軍暴行》所反映的材料。洞富雄指出，如果依據在南京附近四個半縣的一百零八萬居民中，有二萬六千八百七十人死於戰爭，那麼，在上海至南京一帶的居民被殺害達三十萬人這個估計數字，也不能認為是不得當的。雖然其中也有不少人可能是在兩軍對戰中受連累而死去，但令人可怕的事實是，被日軍屠殺的民眾很多，那是意想不到的。[5]

　　斯諾對日軍罕見的暴行做了嚴厲的抨擊：

> 任何人種，在戰爭時往往很容易出現野蠻性。但即使承認這一點，在這個世界上的任何地方，也不會有人像日本軍隊那樣將人格墮落的形象深刻、徹底而有組織地暴露出來，這是無可否認的事實。[6]

　　斯諾還駁斥了日本當局將南京暴行的罪責推給中國軍隊的無恥讕言，正確地指出：

> 逃回南京的國軍紀律嚴明，沒有做出搶掠等非法行為。所有的掠奪都是因勝利而耀武揚威的日本軍隊幹出來的。[7]

　　愛德格·斯諾的這一本名著在西方產生了很大的影響。據日本學者洞富雄的看法，歐美人士廣泛知道南京大屠殺事件，一般認為是通過1941 年出版的愛德格·斯諾的這本書瞭解的。[8]

5　〔日〕洞富雄著，毛良鴻、朱阿根譯：《南京大屠殺》，上海譯文出版社 1987 年版，第 165 頁。

6　〔美〕愛德格·斯諾：《為亞洲而戰》；中譯文轉引自〔日〕洞富雄著，毛良鴻、朱阿根譯：《南京大屠殺》，上海譯文出版社 1987 年版，第 250 頁。

7　〔美〕愛德格·斯諾：《為亞洲而戰》；中譯文轉引自〔日〕洞富雄著，毛良鴻、朱阿根譯：《南京大屠殺》，上海譯文出版社 1987 年版，第 303 頁。

8　〔日〕洞富雄著，毛良鴻、朱阿根譯：《南京大屠殺》，上海譯文出版社 1987

　　1941 年 12 月 7 日，日本發動了太平洋戰爭。12 月 8 日，美國對日本宣戰。血淋淋的事實教育了美國公眾與美國政府，也進一步教育了美國新聞傳媒界。美國輿論對日本軍國主義的侵略本質有了深刻的認識。美國新聞界與美國出版界對日本軍國主義與法西斯主義的戰爭暴行的揭露與批判，其中包括對日軍南京大屠殺的揭露與批判，更加徹底、深刻、全面與毫不留情。

　　1941 年 12 月 15 日，美國的主流媒體、紐約的《時代》週刊（The Times）刊登報導〈日本的橫行〉。這篇報導對日本軍國主義及其發動的侵略戰爭，包括南京大屠殺的罪行，進行了更加更加鮮明、更加深刻的揭露與批判：

　　正好十年前，日本報紙對有關美國陸軍部長史汀生指責日本軍隊「橫行霸道」的報導大加討伐。其實，史汀生從未發表過這樣的講話，但他完全有權這麼說，下面是始於 1937 年日本的侵略記錄：

　　……

1937 年 7 月	在沒有任何警告的情況下，日本軍隊向駐守在盧溝橋的中國崗哨開槍，進而佔領北京。由於蔣介石的抵抗，日本軍隊又一次向上海進攻，並在 11 個星期的流血衝突後佔領上海。
1937 年 10 月 6 日	國聯最終將日本定為侵略者。
1937 年 12 月 12 日	日本飛機在長江轟炸並擊沉美國軍艦「帕奈號」，後來說：「非常抱歉」，並支付了 2,214,000 美元的賠償金。
1937 年 12 月 13～27 日	日本軍隊沿江而上，佔領並洗劫了南京，犯下了一些現代史中最可怕的暴行

　　　　　　　　　　　　──大規模屠殺平民，並強姦了成千上
　　　　　　　　　　　萬的中國婦女……[9]

　　1942 年，美國國家出版公司（Contry Press Inc）出版《日本禽獸企圖踐踏全球的陰謀》（Jap Beast and Its Olot to Rape the World）一書。該書圖文並茂，用大量的事實與多幅收錄的照片，揭露了日本軍國主義企圖霸佔全球的野心與發動侵略戰爭的種種暴行。該書中第 57～62 頁，是揭露日軍南京大屠殺的內容。

　　《日本禽獸企圖踐踏全球的陰謀》一書的作者自稱是一名美籍丹麥人，曾長期在中、日兩國生活過；在日軍南京大屠殺期間，則留在南京城內。由於當時他還有家屬生活在希特勒統治下的歐洲，故隱去其姓名。我們查日軍南京大屠殺期間，留在南京的西方僑民，只有一個丹麥人辛德貝格。如前所述，辛德貝格當時住在南京城外東北郊的江南水泥廠，以丹麥史密斯公司產權代表的身份，承擔護廠任務。他還與德國僑民卡爾‧京特一道，在江南水泥廠廠區近旁設立了一個面積很大的難民收容所，主要接納南京郊區棲霞、江寧、湯山、句容的農民，以及從城裏逃過去的難民與潰散的中國軍隊官兵。辛德貝格與卡爾‧京特不僅在這個難民所裏收容、救護了三萬多中國軍民，而且還阻撓日軍焚燒工廠附近的攝山鎮，關心與幫助由棲霞寺主持寂然和尚設立的一家難民所。辛德貝格幾次冒著危險，冒著大雪與嚴寒，開車送食品進城提供給「安全區」的西方人士，送被日軍殘害致傷的中國難民進城醫治，又從城裏「安全區」醫院與「紅十字會南京分會」那兒取得藥品、繃帶，請來護士，在江南水泥廠難民所中開設診療所。1938 年 3 月 20 日，辛德貝格因故離開南京，經上海、香港、瑞士，回到丹麥，不久移民美國。在他離開南京後，棲霞難民代表十一人聯名贈給他一幅絲質感謝狀，上書「見義勇為」四個大字，托卡爾‧京特送至上海丹麥領事館轉交給他。在

────────────────

[9]　報導：〈日本的橫行〉，刊〔美〕《時代》週刊 1941 年 12 月 15 日；前引《南京大屠殺史料集》（29），第 589 頁。

1938 年 6 月，辛德貝格在瑞士日內瓦又得到中國勞工代表團負責人朱學范題贈的「中國之友」四字。這些在本書前面已有論述。《日本禽獸企圖蹂躪全球的陰謀》一書的作者是否就是辛德貝格，尚沒有足夠的證據。

該書中第 57～62 頁關於揭露日軍南京大屠殺的內容，其所依據的材料基本上是西方僑民在南京大屠殺期間的記錄，其中有喬治‧費奇在 1937 年 12 月 10 日到 1938 年 1 月 11 日的日記、威爾遜醫生及其他西方僑民的信件、日記等，經改寫，成為兩個片段，小標題分別為：〈蹂躪南京城〉、〈火光劍影〉。作者寫道：

蹂躪南京城

我已經提到洗劫中國首都南京之後的恐怖情況，也談到以後還要再敘述那個夢魘。我耽擱至此沒有詳加描寫有個目的：如果我一開始就敘述那可怕的經歷，在文明國度中成長的人根本不會相信它。然而，至此大家已清楚日本的企圖以及以什麼手段來達到目的。我講述南京的浩劫有個嚴肅的目的：要讓我的同胞瞭解，無論在什麼地方，日軍的勝利意味著生命的犧牲、男女老少健全心智的毀滅。美國必須明白日本以兇狠殘暴來彌補其資源能力的不足。……

猶如日本挑起的所有戰爭，日本突然發動了殘酷的侵華戰爭。……

那一年的 11 月間，一群二十來個人，大多數是住在中國首都南京的美國人和英國人，開始組織安全區——一個界限分明，外國人和中國人都可以尋求庇護的區域。……

日本侵略軍佔領之前，擁有古老城牆和百萬居民的南京，整齊、乾淨，有許多現代化的建築，居民舉止文明，勤勞努力。……

對南京的攻擊從空中開始。緊接著，日軍運來大炮，進行持續不斷的炮擊。最後，一段城牆塌陷，也在城南造成巨大的損失。

大多數城防軍人逃跑了，沒有走掉的也放下了武器。顯然已不可能再堅持抵抗。人們覺得，投降能終結轟炸和炮擊的恐懼。如果他們知道即將發生在他們身上的慘劇，他們會逐屋逐街地堅守，戰死到最後一個人。倘若南京人民對城外敵軍稍有認識，他們寧願戰死一千次。

然而，日本人的第五縱隊間諜工作做得很好，散佈謠言說會「善待戰敗的敵軍」。他們的主力部隊逼近時，飛機低空盤旋，散發中文的傳單；「日軍部隊將竭盡全力保護良民，使他們生活平靜，在佔領期間獲得享樂。」

可是，日軍佔領南京後連續多日瘋狂的燒殺淫掠將南京變成了一座地獄，也將他們對南京軍民的欺騙暴露無遺。該書接著以許多血淋淋的事實揭露了日軍在南京大屠殺的暴行：

……

暴戾的行徑每天、每刻都在增加。到 12 月 19 日，星期天，南京已是一座地獄。沒有秩序、法紀可言，更無人性慈愛。日本兵擄掠商店，再出於純粹獸性的摧毀狂，將店面付之一炬。美國國旗（請記住，我們當時沒有和日本交戰）被扯下，以各種想像得出來的方法加以侮辱。……

火光劍影

日軍承認，攻佔南京損失了四萬人。然而城內還有五萬日本兵，他們以文明世界聞所未聞的放蕩殘暴，在姦淫、擄掠、殺人！……

南京的商業中心太平路整條街道都在烈焰之中，濃煙滾滾直沖夜空。全城瀰漫著死屍的臭氣。轟炸、炮擊造成的廢墟，大火及野

蠻破壞的蹂躪，滲透血水的鋪路石，南京城猶如但丁《地獄》中的一幕。但是，這是人類創造出來的地獄，即使對我們這些報導過戰地新聞、見識過劫掠、摧毀甚至強姦的久經沙場的新聞記者，也是難以置信的情景。

因為這一切是在日軍指揮部門完全知情並許可的情況下所犯的罪行。南京成為向全世界顯示膽敢抵抗日本對霸權瘋狂追求的樣板。

那天晚上，我們爬上金陵大學一座建築的房頂。夜幕中，南京城裏猩紅的火焰可怖地閃耀著──十四個地區燃燒著熊熊大火。大屠殺遍佈全城。……

然而，這一切還沒有終結。日本兵可能在一個夜晚失控。一週之內，混亂的局面可能會籠罩著遭受攻擊的城市。但是，南京的苦難一週接著一週，沒完沒了地持續著。

……

請注意，我記載的暴行僅僅是我親眼目睹或可靠的觀察者提供的第一手資料。全城到處都是如此。

　　該書還引用了 1937 年 12 月 14 日東京一家由美國人開辦的英文報紙《日本廣告報》（Japan Advertiser）譯載前一天，即 12 月 13 日《東京日日新聞》的一則電訊的譯稿，第四次報導日軍第十六師團向井敏明、野田毅兩位青年軍官殺人比賽的消息：到 1937 年 12 月 10 日，向井、野田已隨第十六師團攻擊至南京紫金山麓，這時向井已殺一百零六人，野田已殺一百零五人，雖然向井比野田多殺一人，但因為分不清誰先殺滿一百人，難決勝負，於是決定重新開始以殺滿一百五十人為目標的競賽。該書將這則日軍大屠殺的血淋淋的報導與日本特務機關創辦的《新申報》上關於日軍給南京帶來慈悲祥和的報導放在一起，加以對照，然後寫道：

作為一名親眼見到日本兵和南京兒童在一起「遊戲」的人，我找不出足夠強烈的字眼來譴責這一謊言。這裏陳述的全文就是對此的答覆，我也就此針對謊言。[10]

1942 年 3 月，美國一家出版社以南京大屠殺為主題，出版了《1937 年至 1938 年冬日軍在華暴行》一書。

在 1942 年，由美國政府主導，拍攝了揭露日本戰爭暴行的系列紀錄片《我們為何而戰》，其中第六輯〈中國之戰〉中，在展露日軍侵華暴行時，以南京大屠殺為重點，多處使用了約翰·馬傑牧師在南京大屠殺期間拍攝的影片《南京暴行紀實》的鏡頭。[11]

1943 年 10 月 1 日，美國的《畫刊週報》刊登多張南京大屠殺的照片，並配備文字說明。這些照片中有日軍活埋中國戰俘的，有日軍以刀刺中國平民的，有被屠殺後屍橫遍地的場景，無一不是血腥恐怖，令人心顫與悲憤。[12]

1943 年，美國《紐約時報》刊登專訪，報導在南京保衛戰中任中國守軍教導總隊直屬工兵團團副兼營長的鈕先銘，於 1937 年 12 月 13 日南京失守後，先後避入南京永清寺與雞鳴寺，喬裝為僧人，所經歷與所目睹的日軍南京大屠殺的暴行記錄。鈕先銘於 1938 年 8 月逃離南京，回到中國部隊中。

直至 1945 年 8 月抗戰勝利後，美、英報刊仍有關於揭露日本侵略罪行，包括南京大屠殺的報導與文章。

---

[10] 《日本禽獸企圖踐踏全球的陰謀》，美國國家出版公司（Contry Press Inc）1942 年出版，第 57～62 頁；中譯文引自陸束屏彙輯編譯：《南京大屠殺——英美人士的目擊報導》，紅旗出版社 1999 年版，第 423～431 頁。

[11] 〔美〕邵子平著，百蕪譯：〈約翰·馬傑拍攝的南京大屠殺紀錄片〉，刊《抗日戰爭研究》1992 年第 4 期。

[12] 〔美〕《畫刊》週報 1943 年 10 月 1 日，朱成山主編：《南京大屠殺與國際大救援圖集》，江蘇古籍出版社 2002 年版，第 160 頁。

美國《畫刊週報》（1943 年 1 月 1 日出版）記載了侵華日軍南京大屠殺暴行。

1946 年年初，在東京「遠東國際軍事法庭」即將對日本戰犯提起公訴時，聯合國統帥部發表了《太平洋大戰秘史》。上海改造出版社於 1946 年 5 月將此書翻譯出版。全書共分五章：一、第二次大戰序曲；二、國際的火藥庫；三、中日戰爭與日本的軍閥統治；四、歐洲危機擴展到大戰；五、太平洋戰爭。其觀點與兩年後發表的遠東國際軍事法庭對日本戰犯的判決書的觀點是一致的。其中，以高度濃縮的篇幅，分為三個部分，揭露與譴責了日軍南京大屠殺的暴行。第一部分以「南京大屠殺」為小標題，先概括性地簡述了日軍南京大屠殺的起因與全景：

> （1937 年）12 月 7 日，日軍開始攻擊南京的周邊陣地，一星期之後，日軍在上海遭過華軍猛烈抵抗而飽受的羞怒，就在這裏爆發，而幹下了可怕殘忍的行為，這是近代史上最大的屠殺事件……三週之間，南京化為血市，肉片橫飛，日兵在其中加緊發揮其狂暴性，使一般市民飽受了殺戮、暴行及其他一切痛苦。[13]

接著，以確鑿的事實，揭露了日軍在南京的暴行：

> 男人們被拖到醫院的後院，供練刺殺之用，每兩人一對背靠背地綁起來，教官在跟前指點刺哪個地方最好。

> 紅十字會職員也慘遭斬殺，他們的屍體堆積在想來收拾的屍體上面。

> 婦女們在街上以及家內，到處受到暴行。[14]

第二部分以「將校也有罪」為小標題，指出日軍的暴行絕不僅僅是個別士兵的放縱行為，而是日軍從上到下有組織、有計劃的整體犯罪，

---

[13] 聯合國統帥部：《太平洋大戰秘史》，上海改造出版社 1946 年 5 月翻譯出版，第 30 頁。
[14] 聯合國統帥部：《太平洋大戰秘史》，上海改造出版社 1946 年 5 月翻譯出版，第 211、20 頁。

其各級將校軍官是日軍暴行的倡導者、組織者與保護者，起著首惡的作用：

> 南京的殘暴事件，由將校煽動者也很多，也有人目睹將校親自指揮搶劫路上商店。他們又捕獲不及撤退的中國兵，四五十人捆在一起，加以死刑。這樣的事件，也是將校在指揮。[15]

第三部分以「虛偽的宣傳」為小標題，揭露了日本當局的兩面伎倆與宣傳手法：

> 日軍一面從事大屠殺，一面從空中散發傳單說：我們對回家的良民，給予糧食衣類，除了被蔣介石利用的人以外，我們希望和每個中國人做善鄰。

日本當局的的宣傳是多麼動聽！可是當九死一生逃出南京的中國居民信以為真，先後回到南京家中後，等待他們的是什麼呢？

> 母親遭受了暴行，孩子在旁邊哭叫著。在有的家裏，三四歲的孩子，慘遭刺殺，家族被關在一室活活被燒死。南京地區的官憲，後來被調查的結果，推定受辱婦女至少達兩千人。

《太平洋大戰秘史》一書指出：日本當局「從天空中而來的甜言蜜語，也就白白地給地上部隊的凶行糟蹋了。」[16]

無疑，西方報刊，尤其是美、英報刊對日軍南京大屠殺的多年的揭露與批判、譴責，讓西方世界的廣大軍民瞭解了日軍的侵華暴行與中國人民蒙受的苦難，為中國人民的抗日戰爭贏得了越來越多的同情與支

---

[15] 聯合國統帥部：《太平洋大戰秘史》，上海改造出版社 1946 年 5 月翻譯出版，第 30 頁。

[16] 聯合國統帥部：《太平洋大戰秘史》，上海改造出版社 1946 年 5 月翻譯出版，第 31 頁。

持；同時，它也為東京「遠東國際軍事法庭」對日本戰犯提起的公訴與所做出的正義判決，提供了輿論支持與證據支援。

第二節　美、英記者揭露日軍統治南京的各項殖民政策

1938 年下半年以後，美、英新聞傳媒在繼續報導與揭露日軍南京大屠殺暴行的同時，還對日本在南京建立起殖民統治、推行一系列殖民政策及其對中國民眾的嚴重傷害，進行揭露與批判，在國際輿論界產生了深廣的影響。

（一）報導與揭露日方當局在南京扶植與利用偽政權，前後有三個之多，如走馬燈一樣更換

早在 1937 年 12 月 23 日，在南京日軍正在瘋狂燒殺淫掠的同時，日軍當局就操縱扶植成立了南京的第一個偽政權──偽「南京市自治委員會」。第二天，1937 年 12 月 24 日，美國《紐約時報》記者阿本德就迅速報導了這則消息，寫道：

記者哈立德‧阿本德致《紐約時報》無線電訊

〔12 月 24 日，星期五，上海訊〕：……

自治委員會在南京落戶

就在日本宣布將於明年 2 月在北平建立一個永久性的新政府以替代目前的北平臨時政府之際，從日本方面傳來一則公告，稱將建立一個「自治委員會」管理南京這座城市。該委員會有 8 名成員，以陶錫三為主席。據說他是當地著名的慈善家，領導著紅卍字會（中國紅十字會）[17]。

---

[17] 原文如此，實際上「紅卍字會」與「中國紅十字會」是兩個機構。

偽「南京市自治委員會」成員合影，右端是會長陶錫三。

該委員會致大眾的成立宣言稱，南京人民渴望「脫離國民政府，不僅會繼續從事每天的工作，而且還將實現中日合作以建立東亞的持久和平。」

該委員會計畫盡最大的努力復興南京。它打算與日本軍事佔領下的所有揚子江地區的日本組織展開合作。……[18]

　　僅僅過了三個多月，1938 年 3 月 28 日，日方當局就踢開偽「南京市自治委員會」，又扶植成立了第二個南京偽政權——偽「中華民國維

18　〔美〕阿本德 1937 年 12 月 24 日上海報導：〈日軍大佐未被懲戒〉，刊《紐約時報》1937 年 12 月 24 日；前引《南京大屠殺史料集》（29），江蘇人民出版社 2007 年版，第 488～491 頁。

新政府」暨「督辦南京市政公署」。1938 年 3 月 29 日，美國《紐約時報》刊登美聯社 3 月 28 日從上海發出的電訊，題為〈日本在南京舉行「慶祝」〉，副題為〈新「國歌」和為新「維新政權」的盛大遊行；……〉，在對這個新的偽政權進行報導時，還揭露了偽政權幾個主要頭目的醜惡歷史：

〔3 月 28 日，上海（美聯社）〕：在鞭炮劈啪劈啪的爆炸聲中，在新國歌的歌聲中，名為中國人自己的、但實際上完全被日本操縱的新維新政府，今天在南京成立了。

在日本人的安排下，一場大型遊行和典禮標誌著管理華中地區的新政權的成立。該政權下轄江蘇、安徽和浙江三省被日軍佔領的部分地區。國歌的主題是：「祥雲照和平」。

日本駐大中國大使谷正之（Masayuki Tani）向「4 萬萬中國人民祝賀新中國的誕生。」他說，這個政權必須要把中國人民從「惡政和獨裁」中拯救出來。

新政權有名無實的首腦是梁鴻志。在段祺瑞 1924-1925 年任臨時政府執政期間，梁曾擔任過北平政府的秘書長。現在他手下的維新政府部長中，大部分都是 1926-1928 年國民革命前中國北京政府的官員。

司法院院長溫宗堯是溫瑪麗（Maria Wendt）的父親。後者作為國際販毒集團的成員，於 1936 年在美國太平洋海岸被捕。（溫小姐 1937 年 5 月被投入西佛吉尼亞州安德森聯邦女子監獄，開始服為期 10 年的徒刑。）

財政部長陳錦濤是前任國家貨幣改革委員會的主席。他是哥倫比亞大學和耶魯大學的畢業生。1911 年辛亥革命前，他是滿清政府的副財政大臣。後來，他出任第一屆中華民國政府財政部部

長。1916 年，他再次擔任這一職務，直到自己陷入侵吞公款的司法指控為止。

已經退休的外交官陳籙成為外交部部長。他曾是中國駐國聯代表。

梁先生發表講話稱，新政府將尊重「所有外國人正當的、既得的權益。」但不會承認漢口國民政府與外國簽訂的任何條約或協定。

日本華中派遣軍司令畑俊六將軍和海軍中將長谷川出席了維新政府成立儀式。日軍飛機飛越上海上空拋撒傳單，宣布新政府的成立。

……

偽「維新政府」成員合影，前排右為梁鴻志，左為溫宗堯。

這天的《紐約時報》還刊登了〈漢口痛批「傀儡」〉，報導武漢中國國民政府對日方扶植成立第二個南京偽政權——偽「中華民國維新政府」暨「督辦南京市政公署」的反應：

漢口方面嘲弄「維新政權」

致《紐約時報》無線電訊

〔3 月 28 日〕，中國漢口訊：本地中國官員今天宣布，南京偽政權的成立毫無意義，對日本軍固佔領區的控制沒有任何幫助。維新政府中的那些人完全不能代表中國人的看法。據說，外界是用一種冷嘲熱諷的輕蔑態度看待他們的。

中國外交部發表的一份聲明中是這樣介紹維新政府的這些成員的：

「梁鴻志是一名腐敗透頂的官迷。溫宗堯由於不誠實，過去二十年都沒有謀得一官半職。陳錦濤任北京政府財政部長的時候，就因為貪污公款被長期關押在監獄之中。

「數年之前，陳籙就因為親日被巴黎中國留學生毆打過。他是被外交部解除職務的。臺灣人王子惠是日本人的工具。陳則民曾是上海一名騙子律師。任援道過去是臭名昭著的軍閥張宗昌的親信。

「南京日本傀儡政權的結構確實是非常脆弱的。一旦失去日本的支持，它註定會垮臺。」……[19]

1938 年 12 月 22 日，日本政府近衛首相發表第三次對華聲明。僅隔兩天，12 月 24 日，上海租界的「洋商報」法文《上海日報》發表社論〈痛斥近衛的狂吠〉，指出近衛提出的中、日、滿合作「建立東亞新

---

19 美聯社 1938 年 3 月 28 日電：〈日本在南京舉行「慶祝」〉，刊《紐約時報》1938 年 3 月 29 日；前引《南京大屠殺史料集》（29），第 541～543 頁。

秩序」乃是「近衛公開發表的獨吞中國之宣言」；而近衛提出的日本必須「與中國之親日份子合作」，只能是日本政府的一種空想。社論揭示，「昔至今日，在中國四萬萬民眾中，其願與日本合作者，殆不及數百人」；而且此等人物，「素為華人所蔑視者」。社論以南京偽「維新政府」、北京偽「臨時政府」與偽「滿洲國」為例，指出這些「政府之人而言，則傀儡所為也，又何能受民眾之重視乎？」[20]

對南京偽政府的各項活動，美、英新聞傳媒也注意報導與揭露。1939年1月10日，南京偽「維新政府」根據日本當局的授意，由其頭面人物出面，呼籲中國各抗戰省份接受日本首相近衛文磨在1938年12月22日提出的和平條件，即所謂近衛第三次對華聲明，與日本政府談和。《紐約時報》1939年1月11日刊登電訊〈南京政權呼籲和平〉，副題為〈日本控制下的南京官員敦促國統區接受東京方面的條件……〉，報導了日偽當局的這一活動：

〔1939年1月10日，上海訊（美聯社）〕：南京維新政府立法院院長溫宗堯今天呼籲與日本媾和。在日本新聞社同盟社發表的一份聲明中，溫先生請求9個未被日軍佔領的省份，接受時任日本首相近衛文磨12月22日提出的和平條件。

（近衛首相所提和平條件建立在日本對中國戰略要地繼續佔領的基礎之上，「並以之作為反共的手段」。中國人要依附於「日－意－德反共協定」，在內蒙古建立專門的反共區域，以及中國須接受加入「日本──滿洲國──中國經濟政治和文化集團」。）

溫先生的聲明，是第一個由日本操控的佔領區政權中國官員發出的公開呼籲和平的動作。聲明宣稱，數百萬人的命運有賴於這場戰爭的

20　社論：〈痛斥近衛的狂吠〉，刊上海租界：法文《上海日報》1938年12月24日；上海公共租界工部局檔案：《舊中國的上海廣播事業》，檔案出版社1985年版，第350頁。

轉變，南京維新政府和北平臨時政府確信，他們這麼做就是在拯救中國。[21]

這實際上是要中國政府與中國人民忘記日本的侵略中國的暴行與霸佔中國領土的事實，甘心做日本的順民，讓日本政府擺脫陷入對華持久戰的困境。

1940 年 3 月，日本當局又拋棄了偽「維新政府」，轉而扶植以汪精衛為頭子的漢奸集團在南京組建偽「國民政府」。日本當局對這個新的偽中央政府寄予了更大的希望。在這個偽政權出籠前夕，日本首相米內光政於 1940 年 3 月 12 日親自出面講話，為其打氣。《紐約時報》在 1940 年 3 月 13 日刊登〈東京方面發誓援助傀儡政權〉，副題為〈米內首相稱日本將提供幫助並承認傀儡政權，汪精衛再次呼籲和平，未來南京集團的頭目對不能披露和平條件內容表示遺憾〉，報導如下：

記者休・拜阿斯致《紐約時報》無線電訊

〔1940 年 3 月 13 日，星期三，東京訊〕：「日本將全力幫助（在中國）成立新政府，並準備在該政府成立後迅速予以承認。」這是日本首相米內在答覆汪精衛聲明時發出的至為明確的誓言。汪的聲明今天中午才由外務省送出發表。米內講話的其他部分用常見的模糊措辭闡述了日本的理想和目標。

米內講話稱，日本的目的是「有關國家應該互相幫助、和睦相處，共同面對共產主義的威脅，確保東亞和平。通過建立經濟共榮圈，實現互相提攜。日本將尊重中國的獨立和自由，這一點可以在日本隨後發表的聲明中載明，當目前的動盪平靜後，這一點還會得到實際上的證實。」

---

[21] 美聯社 1939 年 1 月 10 日上海電：〈南京政權呼籲和平〉，刊《紐約時報》1939 年 1 月 11 日；前引《南京大屠殺史料集》（29），第 549～550 頁。

米內元帥沒有宣布日本的和平條件。待汪精衛政府建立後，在該政府與日本協商條約時，這些條件將包括在內。

本記者與一位瞭解政府觀點的日本官員進行了交談。這位官員所反覆強調的內容可以最好地表達日本的想法和希望。他強調中國新政府角色的重要性。他說，新政府的建立可以讓局勢發生變化，重慶政府的地位將降低，最後只能成為一個偏安一隅的政權而已。

期待獲得外國承認

這位日本官員聲稱，外國政府將不得不與中國新政府就其管轄範圍內的一切事務打交道。這位官員在強調美國承認了佛朗哥領導的西班牙政府後指出，不承認政策可能在一夜之間就會改變。他對未來做出如下的預測：

「這個新政府將統轄中國所有被佔領地區。一二年後，這個政府將擁有自己的軍隊。在中國，軍隊很容易招募，某些現在支持蔣介石委員長的地方將軍將轉投汪精衛。

「新政府將管轄長江流域、所有的鐵路、所有海港以及所有外國人商業利益所在的一切地區。汪處理與外國的關係時將避免發生摩擦。這也是日本的政策。」

新政府以中國的名義開展和平運動的能量仍未可知。但顯然，重慶方面已經拒絕接受日本提出的條件。義大利已經保證將承認汪精衛政權。德國將在諮詢俄國的意見之後再定，她的態度尚不明朗。[22]

---

22 記者休・拜阿斯：〈東京方面發誓援助傀儡政權〉，刊《紐約時報》1940 年 3 月 13 日；前引《南京大屠殺史冊集》（29），江蘇人民出版社 2007 年版，第

　　日本主子做了保證，汪精衛偽政府立即登臺表演。《紐約時報》在這天還刊登了美聯社發自上海的電訊〈汪精衛企求和平〉：

> 〔1940 年 3 月 12 日，上海訊（美聯社）〕：在南京汪精衛集團舉行國民黨政治會議的前夜，汪精衛先生今晚再次呼籲中國人民按照他所說的條件，接受與日本達成的和平。他說，他的這些條件是對中國最有利的。

> 汪先生的聲明「對現在不宜公開」他與日本方面協商之後做出的重新調整中日關係的計畫表示遺憾。但他請求國民接受他的保證——該計畫將確保中國的獨立，一旦條件改善，日本軍隊將從中國撤出，但那些需要日軍對付共產黨的地區除外。

> 該項聲明最後呼籲蔣介石政府「消除成見，立即停止敵對行動。國家的拯救有賴於此。」[23]

　　然而，被日本最高當局寄予很大希望的汪精衛偽政府卻遭到了中國人民的唾棄。這天的《紐約時報》還同時刊登了合眾社發自重慶的一篇電訊〈汪的著作被下令燒毀〉：

> 〔1940 年 3 月 13 日，星期三，中國重慶訊（合眾社）〕：據中方報紙今天報導，教育部已經下令焚毀前行政院院長汪精衛所寫的全部著作。汪精衛的主要同夥周佛海的著作也將被焚毀，以「杜絕他們著作對青年人的毒害。」[24]

557～559 頁。

[23] 美聯社 1940 年 3 月 12 日中國上海訊：〈汪精衛企求和平〉，刊《紐約時報》1940 年 3 月 13 日；前引《南京大屠殺史冊集》（29），江蘇人民出版社 2007 年版，第 559 頁。

[24] 合眾社 1940 年 3 月 13 日中國重慶訊：〈汪的著作被下令燒毀〉，刊《紐約時報》1940 年 3 月 13 日；前引《南京大屠殺史冊集》（29），江蘇人民出版社 2007 年版，第 559 頁。

　　1940 年 4 月 13 日，即在汪精衛偽政府成立不滿半個月，上海租界的英文《密勒氏評論報》上發表南京金陵大學美籍教授貝德士寫的〈湯良禮談傀儡如何炮製〉，對新成立的汪精衛偽政府、對偽中宣部國際宣傳局局長湯良禮進行公開的揭露與嘲諷：

> 作為汪精衛得力助手的湯良禮文采流溢，顯然凌駕於威爾士之上……
>
> ……
>
> 湯的父母雖然是中國人，但他本人卻是荷蘭國籍。他先在爪哇一所英語學校讀書，然後到德國和奧地利求學，不過未得到博士學位。他攻讀經濟學並在讀過書的地方學回極端崇拜希特勒和納粹。無疑他想把這一套引進南京。湯有 35 歲，長期為汪精衛從事英語宣傳……實際上他的經費全部來自汪精衛當權的國民政府，著作則由商務印書館出版。
>
> 其中一冊的題目是《「滿洲國」傀儡政府》（引號是湯博士加的）……這本書詳盡地描述了滿洲如何被大日本所征服，這裏列出若干章標題：「建立滿洲國傀儡政府」、「人民對傀儡政權的反抗」、「日本人主盟亞細亞」、「滿洲國——自由的珍品？」在第一章開頭一段，我們可以讀到，滿洲國是由一小撮墮落的滿洲人和漢奸為了殘羹剩湯而背祖忘宗造成的。第 2 頁則引證了朝鮮人信賴日本人並完全屈服之後的命運，——暗示滿洲國面臨類似的未來。[25]

　　湯良禮，原籍福建，1901 年生於荷屬東印度（今印尼）的一個華人家庭，青年時期到歐洲留學，先後取得倫敦經濟學院與維也納大學的

---

[25] 轉引自章開沅：《南京大屠殺的歷史見證》，湖北人民出版社 1995 年版，第 142 頁。按：該書中的「譚良禮」應為湯良禮。

學位。1929 年任中國國民黨中央執行委員會駐歐通訊主任。1930 年歸國，任《紐約時報》北平通訊員以及英、德幾家報紙的新聞通訊員，兼聯華書報社社長，後任香港《民眾論壇》（The People's Tribune）主編。他精通英文，不僅口語流利，而且出版了多種英文著作。1930 年他在倫敦出版英文著作《中國革命秘史》，採錄了許多內幕史事。他對南京國民政府產生不滿，靠攏汪精衛的改組派，成為國民黨內的「左派」，並與上海的中共地下組織有聯繫。1931 年 11 月，他曾秘密通過英國藍煙囪船運公司年輕的僱員諾曼・沃特斯，幫助周恩來乘上太古洋行的輪船，逃離上海前往廣東汕頭，進入閩贛蘇區。1936 年 1 月，他與曾仲鳴等人，隨侍汪精衛赴歐洲療傷。1939 年 5 月汪精衛叛逃到上海後，湯於 1939 年底秘密投靠汪精衛集團，更名李子良，出任汪偽新成立的中華通訊社英文部主任。1940 年 3 月 30 日汪偽政府成立後，4 月 1 日他被任為偽中宣部國際宣傳局局長。1941 年 5 月 1 日，他被升任為偽外交部政務次長；1941 年 10 月 21 日被任為偽中宣部政務次長。他寫作與出版了多種中、英文著作，宣傳汪偽的國內外政策，如收入「中華日報叢書」的《美帝國主義在中國》，就是其中一種。

貝德士在這篇文章中，並沒有直接責罵湯良禮等汪偽巨奸，而是以嬉笑怒罵的筆調，以其人之矛攻其人之盾，以湯良禮在隨汪精衛投敵前的著作中揭露偽滿洲國的論述，來揭露嘲諷此輩朝秦暮楚、前後不一的無恥與今日成為漢奸的醜態，並暗示汪偽政權的未來命運。

1940 年 4 月 6 日，《密勒氏評論報》刊登〈關於南京傀儡戲之背景〉；1940 年 8 月 10 日，《密勒氏評論報》第 93 卷 11 期刊登美國國際新聞社駐上海記者霍爾康勃的文章，記述他到南京採訪汪精衛的印象，題為〈南京的囚犯〉。這些報導與文章都深刻地分析了南京汪偽國民政府的背景，尖銳地揭示了它的傀儡本質。

（二）揭露日方當局「更有秩序」地掠奪南京人民的經濟政策及其後果

在經濟上，美、英新聞界則揭露日本當局將在佔領南京初期實施的瘋狂的破壞與公開的搶劫，改為「以戰養戰」的新經濟政策，一方面允許甚至鼓勵中國的部分中、小工廠、商店復業，安排一些中國職工就業，允許甚至支持偽政權開展一些有關發展經濟的活動；另一方面，則是通過與偽政權簽訂種種不平等的條約、協定，取得經濟特權；向偽政權及各重要經濟部門派駐大量的日本顧問，控制與監督偽政權的經濟活動；控制具有戰略價值的重要工業、交通、礦山等企業等，從而長期而全面地搜刮各種戰略物資，更有計劃、有秩序地掠奪中國的財富。誠如金陵大學美籍教授貝德士在 1939 年 11 月 28 日致朋友函中所說：

> 和剛佔領（南京）的頭幾個月相比，現在的局勢確實改善了不少。士兵大規模的強姦、謀殺被憲兵的斥責和粗暴及毒品對大眾的慢性摧殘所替代。焚燒和掠奪已讓位於日本人的專賣和沒收政策，已成為更有秩序的掠奪。[26]

1938 年 12 月 30 日，《紐約時報》刊登美聯社 1938 年 12 月 29 日發自上海的電訊，題為〈歷史學家報告南京的混亂〉，副題為〈貝德士告訴救濟委員會日軍佔領後南京遭搶劫，銀行和信貸機構不復存在，新聞發言人說上海的大學不會歸還給美國人〉，報導南京金陵大學美籍教授貝德士向新聞界揭露日本對南京的殖民主義統治與經濟掠奪政策造成了南京經濟的衰退與廣大民眾普遍的貧困：

---

[26] 章開沅編譯：《天理難容——美國傳教士眼中的南京大屠殺（1937-1938）》，南京大學出版社 1999 年版，第 58 頁。

〔1938 年 12 月 29 日，上海訊（美聯社）〕：金陵大學歷史教授、
美國人貝德士今天報告，……

「去年南京地區遭到徹底的搶劫，這個過程還在繼續。貧困普遍
存在，人們的生活維持在令人痛苦不堪的低水平上。」貝德士通
過對南京這座中國前首都及其周邊鄉村地區農作物和經濟狀況
進行一番調查後，在一份報告中指出了這樣的調查結果。

這項調查是為國際救濟委員會進行的。考慮到日本實施的經濟政
策，再加上從其他地方得到的報告，中立觀察人士認為，這些調
查結果代表了其他日占區的狀況。

貝德士教授估計，南京 44% 的人口處於赤貧狀態。

他說，農民為了生存在進行著勇敢的鬥爭，他們實際上達到了以
前的種植規模。不過，據說由於戰爭和洪水災害，收成嚴重低於
正常水平。

操縱市場

其他一些主要的調查結果還有：

由於官員或軍隊為牟利插手操縱市場，生產者和消費者都受到
傷害。

運輸困難，運費高，且還不可信賴。

貨物運輸過程中徵稅多，環節複雜，尤其是那些進入南京的貨物。

沒有銀行或信貸機構。

實際上沒有存貨。

所有商業報告全都千篇一律地強調「百姓沒有購買力」。

至關重要的棉花生產和手工業不景氣，以前重要的多產的輕工業也完全絕跡了。[27]

（三）揭露日方當局在南京肆無忌憚地販賣與推銷毒品及其惡果

日軍在佔領南京與大屠殺的幾乎同時，就開始向南京地區販賣與推銷毒品，隨著時間的推移，日方當局的販毒活動越來越猖狂與肆無忌憚，其造成的危害也越來越大，越來越觸目驚心。西方新聞傳媒對日本當局的這一嚴重犯罪行為進行了勇敢的揭露與譴責。

1938 年 6 月 27 日，美國《紐約時報》發表文章，揭露與譴責日本對中國進行的罪惡的毒品戰，指出日本對華侵略是以武力與毒品並用。日本在中國販賣與推銷毒品已使中國的人心為之墮落。[28]

1938 年 7 月 31 日，《紐約時報》刊登 7 月 13 日上海航空郵訊〈南京公開叫賣麻醉品〉，副題為〈銷售團夥受到日本人的武裝保護〉，報導如下：

通過航空郵件致《紐約時報》

〔1938 年 7 月 13 日，中國上海訊〕：被佔領後，遭遇日軍燒殺淫掠殘暴摧殘的南京，現在又被麻醉品販子折磨著。據仍舊生活在這座前中國首都的外國人寄送到這裏的機密報告稱，這些販子在日軍的保護下，公開叫賣麻醉品。

每盎司鴉片的公開出售價為 20 墨西哥元，不到 4 美元。每盎司海洛因價值 244 墨西哥元，大約合 45 美元。但這種麻醉品攙入

27 美聯社 1938 年 12 月 29 日上海訊：〈歷史學家報告南京的混亂〉，刊《紐約時報》1938 年 12 月 30 日；前引《南京大屠殺史料集》（29），第 547～549 頁。
28 〔日〕江口圭一：《日中鴉片戰爭》，第 191 頁；轉引自李恩涵：《戰時日本販毒與「三光作戰研究」》，江蘇人民出版社 1999 年版，第 126 頁。

了廉價的麵粉,它們被分別包裝成每 5 分錢或 10 分錢(折合美元 1 至 2 美分)一小袋,只賣給那些窮人。

販毒團夥的頭目擁有武器。據說他們是從日軍手中得到這些武器的。許多分銷毒品的傢伙是中國人,他們得到日軍的保護。這些人結成團夥,晚上出去搶劫,日軍不加干預。而不允許攜帶武器的中國警察對此則無能為力。

南京各條主要大街的貨攤上都在公開兜售吸食鴉片用的煙管和煙燈。執照存在等級區別,這一點在中國人統治下的南京從未聽聞過。事實上,如今南京的許多主要大街與天津日租界的情況相似。在後者那裏,鴉片及其派生物多年以來一直在公開叫賣。

中國貨幣依舊在南京流通。除電報局、火車站以及少數日本人開的商店外,到處都接受中國貨幣。一般的匯率是,1.04 元法幣兌換 1 日元,日軍就是按這種匯率強行促使大量日元進入流通。[29]

　　1938 年 11 月 26 日與 28 日,上海租界的英文《上海晚郵信使報》分兩次刊登了南京金陵大學美籍教授貝德士於 1938 年 11 月 22 日寫成的〈關於(南京)毒品問題的公開信〉,產生了很大影響。1938 年 11 月 28 日,上海租界的《申報》發表〈日軍積極毒化南京〉,報導貝德士寫的〈關於(南京)毒品問題的公開信〉的主要內容。其他中外各報也紛紛轉載或摘錄此文。

　　1938 年 11 月 27 日,《紐約時報》刊登該報記者 F‧蒂爾曼‧德丁 11 月 26 日發自上海的無線電電訊,題為〈美國指控日本人在南京進行毒品貿易〉,副題為〈吸毒成癮人數增加〉,報導「任教於金陵大學的美國教育家貝德士博士今天向當地媒體提交報告,指控日本人操縱南京毒品交易。」文章如下:

---

[29] 1938 年 7 月 13 日上海訊:〈南京公開叫賣麻醉品〉,刊《紐約時報》1938 年 7 月 31 日;前引《南京大屠殺史料集》(29),第 545~546 頁。

記者 F・蒂爾曼・德丁致《紐約時報》無線電電訊

〔1938 年 11 月 26 日，上海訊〕：任教於金陵大學的美國教育家貝德士博士今天向當地媒體提交報告，指控日本人操縱南京毒品交易。

貝德士的報告指出，南京八分之一的人口，即 5 萬人正慢慢遭受海洛因的毒害。這些海洛因是由日本人操控的銷售網路提供的。這些隸屬於日軍或與日軍結夥的毒品交易商每個月在南京地區至少實現 500 萬元的交易額。

貝德士博士報告的資訊來源於個人研究、可信賴友人的觀察、毒品交易商的報表以及南京傀儡政權的規定。貝德士博士是一位享有崇高聲望的歷史教授，他寫過其他有關南京形勢的報告，這其中包括記錄去年 12 月日軍南京暴行的報告。

他估算，包括未成年人在內的 5 萬人因染上吸食海洛因的惡習而喪失勞動能力，這一數字還不包含數千名抽鴉片及服用其他麻醉品的人。他說，南京最大的四個毒品交易商行由日軍特務部門直接掌管。據說傀儡政府獲利頗豐。

該報告還指出，「有充足的證據表明，鴉片的貨源渠道主要從大連經上海供應南京。」

貝德士博士斷言，滿洲國鴉片貨源充足，最近運輸和銷售環節改進後，大連鴉片將比日本佔領區安徽省的地產鴉片賣得便宜。後者直到最近一直都在南京銷售。

貝德士博士指出，日軍佔領前南京毒品的消費量一直很小，而今年則來了一場「邪惡革命」。現在南京有數萬名癮君子，其中包括為數眾多的年輕男女。據說有數千人從事這種勾當。

報告聲稱，「通過毒品貿易獲取的利潤非常龐大，促使軍、民、官員義無反顧地榨取利益。」

據說，有的官員「公開吸毒，聲名狼藉」。領有執照的煙館打出廣告，吹噓自己的貨品可以增強吸食者的健康和活力。南京官方的報紙還引誘市民前往這些「死亡之地」。

貝德士博士詳細地描述了鴉片的銷售系統。他說，鴉片銷售在鴉片管理局的監督下進行，由它直接向分銷商行發售。海洛因交易據說是私下進行的，不過據說日軍特務機構與之存在密切的保護關係。[30]

1938 年 11 月 30 日，新加坡《星島日報》譯載美國波士頓《基督教科學箴言報》刊登的該報駐遠東記者巴斯（Damarro Beas）所寫的一篇專論〈作為戰爭武器的鴉片煙〉。此文揭露了日本在中國販賣毒品的罪行及其險惡用心。[31]

一年以後，日方當局在南京的販毒活動更加猖獗。1939 年 11 月 28 日，金陵大學美籍教授貝德士在上海英文報紙《Thina Press》（《大陸報》）上發表〈南京毒品貿易〉，詳盡地介紹他在這年秋天再次調查到的南京毒品氾濫及其危害日益加劇的情況，引起中外輿論的極大震動。上海許多中、外文報紙紛紛轉載。

1939 年 11 月 29 日，南京日本總領事館就貝德士在前一天在上海英文報紙《Thina Press》（《大陸報》）上發表的〈南京毒品貿易〉一文，致信美國駐上海總領事館帕克斯登（J. Hall Paxeom），對貝德士的文章

---

[30] 〔美〕F・蒂爾曼・德丁 1938 年 11 月 26 日上海訊：〈美國指控日本人在南京進行毒品貿易〉，刊《紐約時報》1938 年 11 月 27 日；前引《南京大屠殺史料集》（29），第 546～547 頁。

[31] 〔美〕巴斯（Damarro Beas）：〈作為戰爭武器的鴉片煙〉，新加坡：《星島日報》1938 年 11 月 30 日譯載；轉引自李恩涵：《戰時日本販毒與「三光作戰研究」》，江蘇人民出版社 1999 年版，第 126～127 頁。

「提出正式抗議」，指責「貝德士關於這一主題的報告，至少是極不準確而且嚴重誇張的，同時，如果分析這個報告的全部內容及其通盤用心，人們只能得到一個結論，即作者撰寫並發表此文旨在一併誣衊日本當局與中國政府（本書著者按：指南京偽政權）」。並對貝德士與在南京、在中國的所有美國傳教士進行露骨的威脅：「就貝德士博士而言，即令不是居心叵測，也會引起有關當局的反感，並將構成一種印象，彷彿在中國的所有美國傳教士都持有類似態度。」[32]

南京販毒的猖狂與危害的觸目驚心引起了上海租界「洋商報」的嚴重的關切。1939 年年底，上海英文《大美晚報》主筆高爾德專程到南京進行社會調查與採訪。其中，關於南京的毒品貿易與毒品氾濫以及日偽當局的罪惡用心是他採訪南京的重要內容之一。他回上海後，以採訪所得寫成專文揭露南京毒品貿易真相，發表在上海英文《密勒氏評論報》（The China Weakly Review）上。此文發表後引起了極大的反響。上海有正義感的中、外文報紙紛紛轉載或報導。如英文《大陸報》轉載報導高爾德的文章後，上海租界的一家中文報紙據此，在 1940 年 1 月 19 日以〈黑化之南京——三分之一居民成鴉片吸食者〉為標題，報導了此文內容；另一家中文《新晚報》，在同日所做報導，冠以〈南京幾成煙土世界〉的醒目標題。[33]

西方人士在關於當時南京地區毒品嚴重氾濫及其可怕的社會後果的調查報告中說：在南京的販毒者有所謂「四天王」，其下有為數約兩千四百人的嘍囉腿子……全南京市已有四分之一甚至三分之一的人口（有警察說其比率甚至更高）已為偽政府與日軍所供應的毒品所污染。一位有良心的日本官吏透露，甚至在南京牢獄中的男孩、女孩也吸毒，而偽政府中的高、低級官吏，包括警察，也多有吸毒者。一位老教師因此感歎說：「一年後南京將無一好人。」[34]

---

[32] 章開沅：《南京大屠殺的歷史見證》，湖北人民出版社 1995 年版，第 126～127 頁。

[33] 章開沅：《南京大屠殺的歷史見證》，湖北人民出版社 1995 年版，第 123 頁。

[34] 〔日〕江口圭一：〈抗日戰爭時期的鴉片侵略〉，刊《國外中國近代史研究》

1940 年夏季，由「中華全國基督教協進會」（The National Chrisian Council of China）出版的《中國基督教年鑒》（China Christian Year Book）的編輯鑒於中國日占區毒品貿易情況「急劇惡化」，要求貝德士「對整個中國的毒品問題準備一個報告」。貝德士極其認真地完成了這個任務。他不僅在南京繼續調查，還請北平燕京大學社會系主任塞勒爾（Sailer）教授、漢口孟良佐（Alfred A. Gilman）主教等四十位朋友協助調查，得出的結論是「整個被（日軍）佔領地區的情況都一樣。」貝德士寫成的報告除刊登在 1938-1939 年的《中國基督教年鑒》以外，還在上海出版的《中國綜錄》（The Chinese Recorder）月刊上重新發表[35]，成為揭露日本在中國佔領區推行毒品毒化政策的最權威、最重要的文件。

第三節　美、英記者報導南京民眾不屈的鬥爭

日本當局企圖以血腥的大屠殺使中國人民懾服，再以編造的謊言欺騙麻痺中國人民，從而在南京建立起穩定的殖民統治。但日本當局沒有想到的是，他們的血腥大屠殺在絕大多數南京市民的內心裏卻深深地埋下了仇恨的火種，這火種總有一天要形成漫天的復仇怒火，燒死這些侵略者。一位南京難民說：「日本人這次在中國上了一次喚起民眾的課程，實在說非如此中國還不會徹底覺悟！」[36]而日本當局編造的謊言欺騙更不可能麻痺中國人民，只能進一步暴露日本侵略者的偽善與無恥，更加迅速地促進中國人民的覺醒與鬥爭。

第 19 輯，中國社會科學出版社 1992 年出版。

[35] 前引章開沅編譯：《天理難容——美國傳教士眼中的南京大屠殺（1937-1938），第 82～84 頁。

[36] 郭岐：〈陷都血淚錄〉，《侵華日軍南京大屠殺史料》編委會、南京圖書館合編：《侵華日軍南京大屠殺史料》，江蘇古籍出版社 1997 年版，第 14 頁。

　　美、英新聞傳媒克服重重困難，通過種種渠道，採訪與報導南京民眾在日偽統治下所進行的抗敵鬥爭。

　　1939 年 2 月 20 日，《紐約時報》刊登該報記者 2 月 20 日發自上海的無線電電訊，題為〈南京政權的外交部長遭槍殺〉，副題為〈外交官陳籙成為日本侵略者的「傀儡」，五十二人被刺客謀殺，春節期間兩天的時間內二十名槍手在上海發動的第二次襲擊〉，報導了南京偽「維新政府」的「外交部長」陳籙被抗日志士暗殺的消息：

> 〔美聯社消息，2 月 20 日，上海訊〕：日本人操縱的南京維新政府外交部長陳籙今天被闖進家門的 20 名中國槍手打死。
>
> 陳先生曾是中國派駐國聯代表，已經退休的他在 1938 年 3 月 28 日新政府成立的時候被召入內閣。這個新政府試圖取代中國的蔣介石委員長在這一帶的管轄權。

槍手襲擊後逃離

> 警方說，槍手於春節最熱鬧的時候進入這位外交部長位於日占區的家中，他的家與公共租界相鄰。這些槍手解除了他的保鏢的武器，來到臥室將其擊斃後逃離。
>
> 陳先生在送往醫院的路上死亡。
>
> 陳籙今年 61 歲，在加入日本人組建的「維新政府」之前，他曾在中國政壇有著長期的、輝煌的經歷。他曾在巴黎大學學習，1915 年至 1917 年在中國駐墨西哥公使身邊工作，1918 年至 1920 年任外交部副部長。
>
> 他最後一次出使海外是 1920 年至 1927 年任駐法國公使。1923 年曾任中國駐國聯代表。

……陳先生是南京成立的傀儡政權的高官之一。這些高官發現南京的情形太危險，於是都去上海求得更安全的保護，讓日本顧問去做具體的政府工作。

不過，最近外國租界，甚至日本人控制區，都很難為他們這些幫助日本侵略者建立政府的人士提供保護了。在家中會遭偷襲，在大街上也會遭暗殺。

陳先生被挑選出任外交部長，是因為他曾任中國駐巴黎大使，他在這個位置上還曾短暫擔任國聯理事會主席。

……陳先生是成立於 1938 年 3 月 28 日、由梁鴻志領導的南京政府裏一個重要的成員。在日本人的擺佈下，該政府舉行了盛大的遊行和成立儀式。據宣布，新的官員將管轄由侵略者控制的華中地區。慶祝儀式上演奏的主題曲是「祥雲兆和平」。日本大使谷正之（Masayuki Tani）向「四萬萬中國人民祝賀新中國的誕生」。

然而，這個政權失敗的跡象非常明顯，因此日本人自那以來一直都在試圖組建另一個政府。最近，日本費盡心機勸說吳佩孚出山，但吳拒絕了，除非他提的一些條件，包括把租界歸還中國等得到滿足。針對其他人士的誘降活動也毫無結果，大部分都是因為擔任日本人的職務會有遭暗殺的危險。[37]

南京人民反抗日本殖民主義統治的鬥爭此起彼伏。刺殺陳籙的事件剛過去約四個月，1939 年 6 月 10 日，南京又發生了暗殺日偽當局眾多大員的「日本公使館毒酒案」。中國抗日組織「軍統局」的成員詹長麟、詹長炳等人，長期以「僕人」的身份，潛伏在日本駐南京公使館裏，經

---

[37] 美聯社 1939 年 2 月 20 日上海電：〈南京政權的外交部長遭槍殺〉，刊《紐約時報》1939 年 2 月 20 日；前引《南京大屠殺史料集》（29），第 551～553 頁。

秘密策劃，製造了這一殺敵大案，而且在事後都安全地撤離南京。日偽當局出動大批憲兵警察特務四出搜捕，毫無所獲。

「日本公使館毒酒案」事件的影響更大。事件發生的第二天，1939年6月11日，美聯社記者就從上海發出電訊，刊登在6月12日的《紐約時報》上，題為〈20名日本隨從參謀在出席南京方面舉辦的晚宴時被酒毒倒〉，副題為〈東京方面的一位副大臣也是日本領事館投毒事件的受害者之一——中國人被指控對事件負責……〉，內容如下：

〔美聯社1939年6月11日，上海訊〕：據日方今晚報導，有20名日本和南京政府高級官員生病，他們都是在中國前首都喝了據稱是妄圖謀害新政權官員的毒酒。

他們聲稱，昨晚的圖謀發生在日本駐南京總領事館。當時日本官員正舉辦晚宴招待外務省常務次官清水（Tomesabiro Shimizu）。

據報導，原本計畫的歡樂之夜因此被迅速終止。

一位日本記者透露，「在為賓客舉杯後不久，整個現場一大群人就被毒倒。日方的軍醫和民醫及時阻止了這些毒酒造成更致命的傷害」。

報導還補充道，「儘管正在南京搜查肇事者，但仍有幕後策劃者逍遙法外」。[38]

1939年6月19日的《紐約時報》又刊登了當天發自上海的電訊，題為〈中國人聽說南京的傀儡死了〉，副題為〈日本人的總理是投毒陰謀的受害者〉，報導「日本公使館毒酒案」的後續新聞，內容如下：

---

[38] 美聯社1939年6月11日上海電：〈20名日本隨從參謀在出席南京方面舉辦的晚宴時被酒毒倒〉，刊《紐約時報》1939年6月12日；前引《南京大屠殺史料集》（29），第553～554頁。

2007 年 2 月本書著者經盛鴻採訪已 94 歲的詹長麟老人

〔1939 年 6 月 19 日　星期一　上海訊〕：據中方報紙報導，南京中日雙方官員集體中毒的犧牲者今天增加至 3 人，日本扶持的維新政府總理梁鴻志被毒死。

觀察家指出，如果中方的報導屬實的話，那麼日本人在日占區挖空心思建立中國政權的努力就白費了。

可以預計，日本人會否認這則報導。因為他們之前曾報導說有兩個日本人死於中毒，其他人已經康復。

20 名中日官員在 6 月 10 日日本領事館晚宴投毒陰謀中被毒倒。領事館的兩名中國廚師在為歡迎東京外務省政務次長清水（Tamesaburo Shimizu）招待會開始祝酒之後就消失了。

曾任中國北方政府交通部部長、1924 至 1925 年任段祺瑞臨時執政府秘書長的梁鴻志，於 1938 年 3 月 28 日在南京就任由日本人操縱的「維新政府」總理。

南京政權是建立在日本人控制的北京政府之下運作的。[39]

南京城內中國居民的隱蔽鬥爭震動海內外，南京城外中國軍民的武裝鬥爭更使日本侵略軍膽戰心驚。1942 年 2 月 12 日《紐約時報》刊登電訊〈中國人重新佔領南京附近城鎮〉，內容如下：

〔1942 年 2 月 11 日中國重慶訊〕：中國政府今晚宣布，中國軍隊在安徽發動攻勢，已經佔領了南京西北 150 英里處的蒙城，擊斃 400 名日軍，將侵略者趕到渦河以南。

公報說，400 名被擊斃的日軍中，有 100 人是在逃跑中，試圖渡過渦河時溺死的。蒙城位於皖北北部。不久前，大約 5,000 名日軍從南京出發渡過渦河佔領了這個地方。

這份公報說，3,000 多日軍從靠近和縣的一個據點出發正在攻打江北皖中一帶。和縣就是日軍飛機 1938 年 12 月 12 日炸沉美國「帕奈」號炮艇的那個地方。[40]

1944 年是中國人民抗日戰爭與世界人民反法西斯戰爭展開大反攻、不斷取得勝利的一年。在這一年，中國與盟軍的戰機連續空襲日偽在中國的大本營南京。西方新聞傳媒對此十分關注，多次做了報導。《紐約時報》1944 年 9 月 5 日刊登簡訊〈敵人報導南京遭空襲〉，報導如下：

---

[39] 1939 年 6 月 19 日上海電：〈中國人聽說南京的傀儡死了〉，刊《紐約時報》1939 年 6 月 19 日；前引《南京大屠殺史料集》（29），第 556～557 頁。

[40] 1942 年 2 月 11 日中國重慶電：〈中國人重新佔領南京附近城鎮〉，刊《紐約時報》1942 年 2 月 12 日；前引《南京大屠殺史料集》（29），第 560～561 頁。

日本同盟社昨天報導說，幾架美國駐華第 14 飛行大隊的道格拉斯轟炸機在濃霧的掩護下，於星期日晚上鑽入南京上空，試圖轟炸浦口碼頭。

同盟社的報導由美國聯邦通訊委員會錄音記錄。[41]

1944 年 12 月 27 日《紐約時報》刊登簡訊〈據報導南京遭轟炸〉，報導如下：

東京電臺昨天廣播，星期一下午，10 多架美國野馬式戰鬥機空襲了南京。這則由美國聯邦通訊委員會錄音下來的廣播稱，日本戰鬥機起飛迎戰阻擊。並稱有 5 架飛機「不是被擊傷就是被擊落。」[42]

1945 年 1 月 7 日，《紐約時報》再次刊登報導〈敵人說南京遭轟炸 7 個小時〉：

〔1945 年 1 月 6 日華盛頓訊（美聯社）〕：東京方面今天報導說，超級空中堡壘 B-29 轟炸機對東京和南京進行了新一輪轟炸，後者是日占區中國的首都。……[43]

1945 年 7 月，日本法西斯已到了日暮途窮的地步。中國軍隊全線向日軍反攻，收復失地，前鋒直指南京城下。1945 年 7 月 26 日《紐約時報》刊登美聯社電訊〈中國人對南京西面展開進攻〉，副題為〈中國軍隊佔領距偽政權首都 48 英里外的含山並抵擋住敵人的反攻〉，報導如下：

---

[41] 電訊：〈敵人報導南京遭空襲〉，刊《紐約時報》1944 年 9 月 5 日；前引《南京大屠殺史料集》（29），第 561 頁。
[42] 電訊：〈據報導南京遭轟炸〉，刊《紐約時報》1944 年 12 月 27 日；前引《南京大屠殺史料集》（29），第 561〜562 頁。
[43] 美聯社 1945 年 1 月 6 日華盛頓電：〈敵人說南京遭轟炸 7 個小時〉，刊《紐約時報》1945 年 1 月 7 日；前引《南京大屠殺史料集》（29），第 562 頁。

〔1945 年 7 月 25 日，中國重慶訊（美聯社）〕：中國方面今晚報導說，中國軍隊已經佔領日本傀儡政權首都南京以西 48 英里的一座城鎮，……南京是日本在華實施軍事和政治統治的中樞。

來自長江戰場的前線戰報稱，中國軍隊於 7 月 19 日佔領了南京西南 48 英里的公路重鎮含山。日軍從含山東南 15 英里外的和縣趕來增援反攻，但隨即又被中國軍隊擊退。

含山位於長江拐彎處的西岸與巢湖之間，沒有跡象表明中國軍隊將加強在該戰場的兵力。不過，有跡象顯示，中國軍隊可能試圖抵達 20 英里外的長江邊，藉以破壞南京和中國內地之間的江上運輸。

其他一些新聞電訊提到，日軍頻繁從漢口向下游南京和上海調動。報導說，日軍大多數情況下採取夜間航行以躲避美國空軍的攻擊，船下行時裝載得滿滿的，但返回時實際上是空載。[44]

同一天的《紐約時報》還刊登合眾社電訊〈地下工事保衛南京〉，報導日軍正在南京構築地下工事，企圖負隅頑抗：

〔7 月 25 日，中國重慶訊（合眾社）〕：據今天得到的可靠消息稱，準備在中國東北負隅頑抗的日軍部隊，已經在南京、北平和其他一些大城市修建了一系列大型地下工事。

據報導，在美國攻打硫磺島後，日軍開始修建地下鐵路、地下公路、龐大的防軍據點以及儲存倉庫。當沖繩島遭到美軍攻擊時，日軍還將遵循修建地下工事的計畫。

據報導，日軍司令部判斷盟軍將對滬寧杭三角地帶發動攻擊。這些地下工事就是為了使盟軍的行動付出盡可能昂貴的代價。一名

中國軍隊的發言人稱，滬寧杭三角地帶日軍的防禦工事與硫磺島和沖繩島一樣完備。

有些消息稱，8 年前的那座中國首都南京，其地下實際上已經挖空了。據報導稱，南京有 6 條地下軍事工事網。其中兩條網路可能是由戰前蔣介石修建的地下隧道擴建而成。而另外四條則是在過去 6 個月中修建的。

其中一條隧道中建了鐵路，可以在和平門車站與滬寧鐵路相連接。這條地下鐵路約 1 英里長，入口在日軍總部，也就是位於城北的前國民黨中央黨部大樓內。

另外一條隧道，從南京市中心蜿蜒 3 英里，通往可以俯瞰全城的紫金山。據報導，汽車也可以沿這條隧道行進。

第三條隧道有 10 英里長，從下關火車站延伸至可以俯看長江的燕子磯。該座重點防禦的磯石扼守著長江河口。日本人修建的第四條隧道據說通往雨花臺，這裏歷史上就是攻打南京的舊戰場。[45]

1945 年 8 月 13 日，已是日本即將宣布無條件投降的前夜。《紐約時報》在這天刊登美聯社 8 月 12 日發自重慶的電訊，題為〈中國軍隊計畫向南京開拔〉，副題為〈中國政府期望在那裏建都〉，報導如下：

〔8 月 12 日中國重慶訊（美聯社）〕：中國政府已經修改了返回日占區的計畫。據今天晚上得到的消息稱，抗日戰爭一結束，行政院一些重要部門的骨幹職員就將立即遷移到現在為日本傀儡政權首都的南京。

---

[45] 合眾社 1945 年 7 月 25 日中國重慶訊：〈地下工事保衛南京〉，刊《紐約時報》1945 年 7 月 26 日；前引《南京大屠殺史料集》（29），第 565～566 頁。本書著者按：日軍「中國派遣軍總司令部」設於南京城北原國民政府外交部大樓內，而不是原國民黨中央黨部大樓內。

以前的計畫是，先把首都遷往漢口，再遷往南京。但行政部門稱，根據現在形勢的發展，沒有必要搞中間周轉。整個政府的轉移工作預計將持續數月之久。[46]

第四節　美、英記者報導日本投降，南京光復

日本軍國主義當局對中國的侵略戰爭與殖民統治，在遭到中國人民八年英勇、頑強的反抗鬥爭與世界反法西斯戰線的共同打擊下，在天怒人怨中，終於遭到了徹底的失敗，在 1945 年 8 月 15 日不得不宣布向盟國無條件投降。

1945 年 8 月 15 日 12 時，南京各處的收音機裏按時傳來了日本東京的播音：事前錄製的裕仁天皇宣讀的《終戰詔書》。這位日本的最高統治者不得不承認日本當時面臨的徹底失敗的處境，因此，「朕深鑒於世界大勢及帝國之現狀，欲採取非常之措施，以收拾時局，茲告爾等臣民，朕已飭令帝國政府通告美、英、中、蘇四國，願接受其聯合公告。」

南京人民一片歡騰。

日本「中國派遣軍」總司令官岡村寧次大將在南京率部收聽了裕仁天皇的「終戰詔書」後，接著又收聽到重慶中國國民政府主席蔣介石通過廣播電臺發給他的命令，主要內容是關於日軍投降事宜的六項原則。日「中國派遣軍」總司令部將日本的無條件投降決定迅速通告偽國民政府。失去了日本靠山的南京偽政府迅速土崩瓦解。1945 年 8 月 16 日下午，由陳公博主持召開偽中央政治委員會的會議，決議解散偽國民政府，並發表《國民政府解散宣言》，立即送電臺廣播與送各報社刊登。

---

[46] 美聯社 1945 年 8 月 12 日中國重慶訊：〈中國軍隊計畫向南京開拔〉，刊《紐約時報》1945 年 8 月 13 日；前引《南京大屠殺史料集》(29)，第 566 頁。

1945 年 8 月 27 日下午 2 時 40 分，以重慶國民政府陸軍總司令部副參謀長冷欣中將為首的「國民政府陸軍總司令部前進指揮所」一行從湖南芷江飛抵南京大校場機場。這是自 1937 年 12 月 13 日南京淪陷後首次出現的中國軍隊。

1945 年 9 月 2 日，《紐約時報》刊登電訊〈中國人從敵人手中奪回南京〉，轉錄中國重慶廣播電臺播發的中央社記者南京電訊，報導中國陸軍總司令何應欽將軍派遣副參謀長冷欣中將率領的一百五十九名軍官及其部隊作為先遣部隊回到南京，受到「欣喜若狂」的南京民眾熱烈歡迎的情況：

> 昨天，重慶方面通過廣播用英語向美國播出了這份電訊。美國聯邦通訊委員會也監聽到這份電訊。該電訊稱，南京的中國人，對陸軍總司令何應欽將軍的副參謀長冷欣中將率領的 159 名軍官及其部隊的到來「欣喜若狂」。政府軍隊上次離開南京的時間是 1937 年 12 月 12 日晚上，即日軍次日早上入城之前。
>
> 冷將軍來南京是為了建立前方司令部，並為侵華日軍在南京大戲院的正式投降儀式做準備。政府軍的首批部隊是乘坐 7 架美國空軍飛機抵達的。
>
> 這份電訊還說：街頭百姓舉行了盛大的歡迎式，甚至連在街上巡邏的日軍部隊也向我們敬禮。與他們以前的行為相反，日軍似乎受到很大的束縛，紀律也不錯。[47]

1945 年 8 月 30 日至 9 月 5 日，重慶國民政府空運精銳的、美式裝備的新 6 軍陸續抵達南京及其附近地區，擔任南京及周邊地區的警備。1945 年 9 月初，戰前任南京市市長的馬超俊回到南京，復任南京市市

---

[47] 電訊：〈中國人從敵人手中奪回南京〉，刊《紐約時報》1945 年 9 月 2 日；前引《南京大屠殺史料集》（29），第 568 頁。

長。1945 年 9 月 8 日，中國國民政府陸軍總司令、盟軍中國戰區受降主官何應欽乘「美齡號」專機從湖南芷江飛抵南京。

中國戰區日軍投降簽字儀式的時間，由國民政府主席蔣介石選定為 1945 年 9 月 9 日上午 9 時。「三九」——這是中國傳統的吉利喜慶時刻。

1945 年 9 月 9 日上午，南京天氣晴朗，秋陽高照。城內城外，彩旗飄揚；大街上搭起了一座座用青松翠柏裝飾的高大牌樓。中國戰區日軍投降簽字儀式在南京黃埔路原國民政府中央軍校大禮堂舉行。軍校大門口懸掛著「中國陸軍總司令部」的匾額。軍校的廣場四周，旗杆林立，旗杆上高高飄揚著五十二個盟國國家的國旗。軍校大禮堂的正門上，懸掛著中、美、英、蘇四國的國旗。禮堂內，面朝大門的正面牆上掛有孫中山的遺像，遺像兩邊分別懸掛中華民國國旗與中國國民黨黨旗。遺像的下邊點綴著紅色的「V」字型英文「勝利」符號與「和平」兩字。遺像對面的牆壁上，並列懸掛著中、美、英、蘇四國領袖的肖像。禮堂正中木樑上懸掛著中、美、英、蘇四國的國旗。在掛有孫中山的遺像的正面牆前，放有一張長桌，上鋪白布，為受降席。受降席的對面也有一張長桌，為投降席。在受降席的兩邊分別是中外貴賓觀禮席與記者席。樓上是一般人員觀禮席。在軍校與禮堂的各個入口處與要道口以及各國國旗的旗杆下，在禮堂受降席與投降席每張座位的後面，都有武裝的士兵與憲兵守衛，戒備森嚴，氣氛嚴肅。應邀前來觀禮的外賓及中國官員、中外記者共計四百零五人，其中中國軍官兩百一十九人，中國文職官員五十一人，中國記者五十二人，同盟國代表四十七人，外國記者三十六人。中國重要官員有湯恩伯、王懋功、李明揚、鄭洞國、冷欣、廖耀湘、蔡文治、彭孟緝、谷正綱、丁惟芬、顧毓琇、馬超俊等，外國來賓有美國陸軍少將麥克魯爾、准將柏德若、海軍少將邁思斯、英國海思少將、法國保義上校以及加拿大、蘇聯、荷蘭、澳大利亞等國的軍官多人。

上午 8 時 51 分，何應欽率中國受降官四人先行入場，在受降席就座。這四位受降官是：第三戰區司令長官顧祝同、陸軍參謀長蕭毅肅、海軍總司令陳紹寬、空軍第一路司令張廷孟。

接著，日方投降代表由岡村寧次率領魚貫入場。他們是：日本「中國派遣軍」總參謀長小林淺三郎中將、副參謀長今井武夫少將、參謀小笠原清中佐、日駐華海軍艦隊司令官福田良三海軍中將、日第十方面軍（駐臺灣日軍）參謀長諫山春樹中將、日第三十八軍（駐印度支那北部日軍）參謀長三譯昌雄大佐。他們分別代表日本「中國派遣軍」、駐臺灣日軍與駐法屬印度支那北部日軍向盟軍中國戰區投降。

九時正，受降儀式開始。何應欽在驗簽了岡村寧次等人的代表簽降的證明文件後，令將兩份分別以中、日文印製的日軍降書交付岡村寧次閱讀簽字。岡村寧次與其他日軍代表都光著腦袋，神色黯然，在無數的眼光與照相機的逼視下匆匆閱過降書，隨即在降書上簽字，由小林淺三郎送呈給何應欽。受降儀式歷時二十分鐘結束。

然而這卻是歷史性的二十分鐘！它象徵著日本自十九世紀中葉以來對華近百年的侵略戰爭終於遭到最後的可恥失敗！它也象徵著日軍對南京的八年殖民統治的最終結束！象徵著日本軍國主義在南京建立的殖民社會的徹底崩潰！

1945 年 9 月 9 日，《紐約時報》刊登美聯社當日從南京發出的電訊（由於時差關係），題為〈在華日軍投降〉，副題為〈南京投降書顯示有一百萬日軍投降〉，報導了中國戰區日軍投降簽字儀式在南京舉行的有關情況：

〔據美聯社消息，1945 年 9 月 9 日，星期日，中國南京訊〕：約一百萬侵華日軍的正式投降書於今天上午 9 點 4 分在本地簽署。（東部戰時為星期六下午 8 時 4 分。）

岡村寧次將軍代表日本在投降書上簽字。何應欽將軍代表蔣介石委員長受降。何將軍於昨天乘飛機抵達南京，全然沒有理會等候在機場的 6 名日本軍官，徑直前往中國的西點軍校──中央陸軍大學。

投降文件明確，「除滿洲、臺灣和北緯16度法屬印度支那外，所有中國範圍內」的所有日本陸軍、海軍和空軍及其附屬武裝力量全部都向蔣介石委員長投降。

投降的部隊「將停止敵對行動，待在現在由他們佔據的車站，等候遣返」。

日軍同意向蔣介石委員長指定的中國部隊移交「所有武器、設施、物資、文件、情報和其他一切屬於日軍的資產」。

中國區域內所有日軍的飛行器、海軍艦隻和商船維持現狀不得損毀。

「上述日軍控制區內，所有盟國戰俘、被拘留的平民將會被立即釋放，日軍部隊要向他們提供保護、維持他們的生活，並將其轉移到指定的地點。」岡村將軍承諾道。

所有投降部隊都要聽從蔣介石的控制。他們的移動「由他裁定，日軍只須執行命令。由他發佈或經他授權發佈公告，日軍指揮官再根據他的命令下達指示。」

穿戴整潔的中國第六軍成員乘坐美國飛機抵達南京，他們簇擁著何將軍，沿路有日本武裝衛兵站在兩邊警衛。數千名學生揮舞著旗子歡呼解放部隊的到來。

同機抵達的還有美國少將羅伯特・B・麥克魯爾（McClure），他代表美國參加受降儀式。他住的地方是日占八年間滿洲國駐南京的大使館。

經常在受不公對待、被奴化煽動的南京百姓，隨著中國士兵的不斷到來，他們的精神明顯地高亢起來。許多人似乎第一次

意識到，多年的轟炸和挨打終於結束了，南京終於恢復自由
了。[48]

1945 年 9 月 10 日，《紐約時報》刊登電訊〈南京方面宣布日本投
降〉，副題為〈敵人簽字投降後首先將究辦漢奸傀儡〉，報導了 9 月 9
日在南京舉行的莊嚴肅穆的侵華日軍投降簽字儀式：

投降儀式

〔致《紐約時報》無線電訊，9 月 9 日南京訊〕：在一個天空晴
朗、陽光燦爛的日子裏，侵華日軍投降儀式在中央陸軍大學大禮
堂舉行。這所大學上週剛剛從侵華日軍總部手中接管過來，現在
成了中國軍隊的最高司令部。

何應欽將軍首先抵達儀式現場，其他出席儀式的中方參謀人員
有：海軍上將陳紹寬、何應欽的參謀長陸軍中將蕭毅肅、空軍上
校張廷孟以及第三戰區司令長官顧祝同將軍。

日方代表岡村寧次的陪同人員有：日本第 38 軍參謀長陸軍大佐
三澤昌雄、臺灣軍參謀長陸軍中將諫山春樹、支那方面軍艦隊司
令官海軍中將福田良三、岡村的參謀長陸軍中將小林淺三郎以及
日本帝國大本營中將參謀今井武夫。

中國戰區聯絡官羅伯特・邁克魯爾少將、少將的副手海頓 L・鮑納
准將、美國海軍駐華最高代表海軍少將密爾頓・E・邁爾斯以及他
的參謀長埃爾文・F・貝爾利上尉，他們作為美國代表出席了儀式。

代表英國出席儀式是埃里克・海耶斯少將，代表澳大利亞的是駐
重慶聯絡處的亨利・斯塔克斯，代表法國的是 C・A・索爾上校

---

[48] 美聯社 1945 年 9 月 9 日中國南京電：〈在華日軍投降〉，刊《紐約時報》1945
　　年 9 月 9 日；前引《南京大屠殺史料集》（29），第 574～575 頁。

和阿爾伯特‧菲利爾中校，代表荷蘭的是 L‧埃維拉德少將。俄國和加拿大代表沒有到場。

在一名中國軍官的引導下，日本代表按預定的時間上午九時進入禮堂。禿頂、戴著眼鏡、略有屈身的岡村寧次大將走在前面。所有日本人在落座之前，都向對面的中國人行鞠躬禮，在得到中國人的還禮後方才歸位。隨後，小林淺三郎向何將軍遞交日軍指揮官的名冊。

何將軍的參謀長（本書著者按：指蕭毅肅）代表何接受了名冊。在給印章和毛筆注完墨之後，岡村開始在自己面前的文件上蓋章簽名。隨即這份受降書交還給何將軍，由他蓋章簽字。

整個受降儀式均按照盟軍總司令道格拉斯‧麥克亞瑟將軍的命令進行的。根據投降書的規定，所有位於北緯 16 度以北，包括中國、中國臺灣、印度支那地區的日軍部隊「將停止敵對行動，全部待在原地不動」，聽從蔣介石委員長的指揮，等候遣散。[49]

《紐約時報》還刊登了美聯社 9 月 9 日南京電訊，報導了在日軍投降書簽訂儀式後，中國政府代表、中國陸軍總司令何應欽將軍向日方要求交出偽政府頭目陳公博等人接受審判以及宣布廢除日偽當局頒佈的一切法令法規：

〔1945 年 9 月 9 日，中國南京訊（美聯社）〕：何應欽將軍今天向蔣介石委員長緊急寄送 100 萬侵華日軍正式投降文書。何將軍並立即要求日本交出陳公博，陳是東京方面在這裏建立的傀儡政權的首腦。

中國陸軍總司令何應欽將軍，他是在侵華日軍總司令岡村寧次將軍在投降書上滿臉嚴肅地簽完字後不久提出這一要求的。

---

[49] 1945 年 9 月 9 日中國南京電：〈南京方面宣佈日本投降〉，刊《紐約時報》1945 年 9 月 10 日；前引《南京大屠殺史料集》（29），第 577～578 頁。

何將軍命令岡村交出陳公博及其他幾位被指控叛國的傀儡政府領導人。「這些人現在都藏在日本」。日本同盟社先前報導陳公博於 8 月 28 日自殺，但中國當局稱，事實上，這位漢奸就是在當天帶著 7 名隨員逃往日本的。

何將軍同時還廢除了日本人及其傀儡在統治期間發佈的一切法律和命令。他還命令警察堅守崗位，維護治安。

第三道命令，取消所有賦稅和其他派款，直到進一步的公告發佈為止。蔣委員長命令向南京前進，以便減輕南京人民的痛苦。[50]

日軍投降簽字儀式的舉行標誌著南京的徹底光復。從 1937 年 12 月 13 日淪陷，南京在日軍的屠刀下，被統治了近八年。現在，中國人民終於勝利了。南京城裏到處是一派「過節」的歡樂氣象。《紐約時報》報導說：

過節的氣氛瀰漫在這座新近被解放的中國首都，人群冒著星期天的烈日，慶祝日軍正式投降。

集市上擠滿了人，好奇的圍觀者向美國大兵高興地歡呼著。數千面中國國旗迎風飄揚。巨大的綠色拱形門樹立在商業街上，上面掛著用紅底白字寫的諸如「勝利和平」之類的標語。[51]

在日軍投降簽字儀式結束後，何應欽在南京電臺發表了講話。《紐約時報》報導了何應欽的講話，並簡要回顧了日本從 1931 年 9 月 18 日開始對中國發動的不宣而戰的侵略戰爭，說：

---

[50] 美聯社 1945 年 9 月 9 日中國南京電：〈南京方面宣佈日本投降〉，刊《紐約時報》1945 年 9 月 10 日；前引《南京大屠殺史料集》（29），第 576 頁。

[51] 美聯社 1945 年 9 月 9 日中國南京電：〈南京方面宣佈日本投降〉，刊《紐約時報》1945 年 9 月 10 日；前引《南京大屠殺史料集》（29），第 576 頁。

何將軍在電臺發表講話

投降簽字儀式結束後，何將軍通過電臺向全國人民發表講話。

「現在是建設新國家的時機，我們每個人都應該在蔣委員長的領導下為此而努力。今天將會成為國際永久和平奠基的一天，成為通向真正的世界睦鄰友好的墊腳石。這就是我的希望。」何將軍這樣說道。

日本對中國不宣而戰始於 1931 年 9 月 18 日的滿洲事變，當時日本侵略了中國的滿洲。

盧溝橋事變後，全面抗戰就開始了。1937 年 7 月 7 日晚上，一夥日軍要求進入該橋對面靠近北平的宛平縣城。日軍的要求被拒絕，侵略者於是就開火了。

位於華東富庶的農業和商業地區的所有大城市全都落入日本之手，直到珍珠港事變爆發，中國的抗日戰爭納入第二次世界大戰之後，這種情況才得以扭轉。[52]

當日晚 8 時，岡村寧次向全體駐華日軍下達投降命令。

第五節 「牢記南京（大屠殺）」

在歡慶中國人民的抗日戰爭與世界人民反法西斯戰爭取得了勝利的時刻，曾經與中國人民共同經歷了艱苦戰爭的西方新聞傳媒，特別是一些曾報導過戰爭初期日軍侵華暴行與南京大屠殺的美、英記者，在報

---

[52] 美聯社 1945 年 9 月 9 日中國南京電：〈南京方面宣佈日本投降〉，刊《紐約時報》1945 年 9 月 10 日；前引《南京大屠殺史料集》（29），第 577 頁。

導中國人民慶祝勝利的同時，提醒中國人民與中國政府不要忘記歷史，要「牢記南京」，即要「牢記南京大屠殺」。

1945 年 8 月 27 日，《紐約時報》刊登評論〈牢記南京〉，其意是要中國民眾乃至世界民眾不要忘記南京大屠殺慘案及其教訓，其中還引用了我們熟悉的該報記者德丁在 1937 年 12 月 17 日發出的關於南京大屠殺的電訊報導，寫道：

> 在對日戰爭中，美國使用過不止一條口號。我們被要求「牢記珍珠港」，後來又是「牢記巴丹半島」。中國人的口號可能有 50 條。但他們實際上只需要一條就夠了，那就是「牢記南京」。在攻打珍珠港前的 1937 年，在臭名昭著的松井將軍指揮下，日軍在中國首都上演了一場歷史上最為恐怖的大屠殺。蔣介石委員長選擇南京作為侵華日軍正式簽字投降的地點，是最合適不過了。

> 1937 年 12 月，日本人在南京樹立了一個征服的模式，他們隨後都是切實地按照這個模式行事的。在大街上看到的任何人都要遭槍殺。每家每戶都遭搶劫。老年人和兒童被日本士兵當作練習刺刀的活靶子。中國俘虜幾百人一組依次被槍殺，然後再將他們的屍體焚燒。《紐約時報》記者 F·蒂爾曼·德丁親眼目睹過這場大屠殺，他發回了這樣一條報導：

> 就在登上艦隻（美國炮艇瓦胡號）前往上海之前，記者親眼看見江邊上正在處決 200 名男子。這次屠殺用了 10 分鐘時間。這些男子排成隊靠在一面牆上，然後被槍殺。隨後，一批手持手槍的日本兵，面無表情地踩著堆在一起的屍體，對準還在動彈的遇害者補上一槍。這些幹著令人毛骨悚然勾當的日本士兵還邀請來自停泊在江邊日本軍艦的海軍士兵來現場觀看。一大批日軍圍觀者顯然對看到的這一幕極為開心。

也許直到現在也不可能準確地瞭解，到底有多少中國人在南京被殺害。估計這一數字高達 6 萬到 10 萬。這些人絕大多數都不是在戰場上被打死的，因為城內實際上很少有戰鬥發生。他們完全是被日軍毫無必要地、野蠻地殺害的。有一種解釋，說日本人希望把這種令人恐懼的情景展現出來，好讓任何其他中國城市不再膽敢阻擋日軍。還有一種說法稱，經過艱苦的淞滬會戰以及長江下游一帶的作戰之後，日軍部隊需要發洩他們被壓抑的情緒。而南京就是讓他們肆意去搶奪、強姦的地方。許多稱職的目擊者報告說，如果說強姦和殺戮不是由軍官挑動的話，那至少可以說這些日本軍官根本不打算制止手下士兵的這類行為。

南京暴行只不過是必須要日軍償還血債的諸多暴行中的一個。但它卻是性質最為惡劣，也是第一宗暴行。在南京暴行之後，人們對日軍隨後的任何暴行不再感到驚訝。這是一種不允許任何活著的日軍士兵忘卻的罪行。因為，如果有日本人對南京暴行提出抗議的話，那就不會有暴行的記錄了。[53]

　　這是極為意味深長又極為及時、極為必要的提醒！忘記歷史就意味著背叛！中國人民的抗日戰爭與世界人民反法西斯戰爭取得了勝利，這是值得慶賀的。但是，必須清醒地認識到，為了徹底剷除法西斯與軍國主義的毒瘤，使它永遠不能復活，必須清算它的罪行孽債，懲罰它的元兇大惡，以此教育全世界人民，尤其是日本人民。其中，尤其要清算南京大屠殺的罪惡，要嚴懲南京大屠殺的罪魁禍首松井石根等人！因為「南京暴行只不過是必須要日軍償還血債的諸多暴行中的一個。但它卻是性質最為惡劣，也是第一宗暴行。在南京暴行之後，人們對日軍隨後的任何暴行不再感到驚訝。」這篇評論以簡潔而又沉痛的語言，回顧與

---

[53] 評論：〈牢記南京〉，刊《紐約時報》1945 年 8 月 27 日；前引《南京大屠殺史料集》(29)，第 566～567 頁。但該書誤將此評論的最後兩段文字當成引用的德丁報導文字。

描述了南京大屠殺的血腥而悲慘的歷史，使讀者又想起了當年南京城內外的血海屍山，使讀者冷靜、警覺、深思！

令人欣慰的是，中國人民，世界反法西斯國家的人民，沒有忘記歷史，沒有忘記南京大屠殺！世界反法西斯國家後來組建了「遠東國際軍事法庭」，在日本東京對日本的甲級戰犯東條英機、松井石根等人的戰爭罪行進行了清算與嚴正的審判。松井石根、武藤彰作為南京大屠殺的罪魁禍首被判處絞刑。

同時，在中國南京、上海、北平、廣州等十個城市，中國國民政府國防部分別設立了「審判（日本）戰犯軍事法庭」，對日本的乙級、丙級戰犯進行了清算與嚴正的審判。南京大屠殺的罪犯、日軍第六師團長谷壽夫，進行「百人斬」殺人比賽的向井明敏、野田毅等被「國防部南京審判戰犯軍事法庭」判處槍決。這些審判伸張了正義，討回了公道，告慰了無數的死難者，鼓舞了人心。

《紐約時報》的評論〈牢記南京〉說明，世界上一切正直、善良的人們在心靈上永遠是相通的！

令人遺憾的是，在 1946 年至 1948 年期間，設於東京的「遠東國際軍事法庭」雖對松井石根、武藤章等南京大屠殺的戰犯進行了莊嚴的審判，並判決松井石根、武藤章絞刑；但該法庭對日本戰犯罪行的清算並不徹底，從而導致了戰後數十年來日本右翼勢力的再度興起甚至日益囂張，日本為松井石根、向井明敏、野田毅等南京大屠殺戰犯翻案的聲音不絕與耳！今日我們重溫《紐約時報》的評論〈牢記南京〉，感到是多麼深刻啊！

美、英報刊還對日軍 1937 年的大屠殺暴行和八年的殖民主義統治給南京造成的巨大物質損害與精神創傷進行了報導與分析。這實際上是**繼續揭露侵華日軍南京大屠殺暴行及其惡果**。

1945 年 9 月 2 日，《紐約時報》刊登〈中國人從敵人手中奪回南京〉，報導中國陸軍總司令何應欽將軍派遣副參謀長冷欣中將率領「前進指揮所」的官兵作為先遣部隊，於 8 月 27 日先期回到南京。他們所看到的浩劫八年後的南京是一個「半癱瘓城市」：

據隨中國軍隊進入南京的中央新聞社記者發出的電訊稱，儘管南京「或多或少從 1937-1938 年的那個冬天所遭受的流血和暴行中有所恢復」，但她現在是個「等待著完全從日軍手中解救出來的半癱瘓城市」。

……該電訊稱，南京的中國人對陸軍總司令何應欽將軍的副參謀長冷欣中將率領的 159 名軍官及其部隊的到來「欣喜若狂」。政府軍隊上次離開南京的時間是 1937 年 12 月 12 日晚上，即日軍次日早上入城之前。

……這份電訊還說：「街頭百姓舉行了盛大的歡迎式，甚至連在街上巡邏的日軍部隊也向我們敬禮。與他們以前的行為相反，日軍似乎受到很大的束縛，紀律也不錯。」

「對經過長期分離後回來的人來說，南京外表給人最顯著的不同是，有大量日本商店和眾多日本軍隊和平民的存在，後者大部分似乎很友好。」[54]

　　1945 年 9 月 5 日，《紐約時報》刊登該報記者德丁於 1945 年 9 月 3 日從南京發出的電訊稿（被延誤）：〈日本人繼續控制著南京〉，副題為〈夾雜在 5 萬日軍之中的美國和中國部隊等待日軍投降〉。德丁是在 1937 年 12 月南京被圍攻與陷落期間，堅持冒險留駐南京並最早報導日軍大屠殺暴行的五位美、英記者之一。他曾最早向《紐約時報》報導了他親見親聞的南京大屠殺，在世界上引起了極大的反響。現在他隨盟軍再次來到南京，採訪與報導中國軍隊光復南京與日軍舉行投降儀式。他在這篇報導中將戰前的南京與現時的南京做了比較，指出「從氣氛和精神上來看，南京與記者本人 1937 年看到的情形大不一樣」，「南京依然殘留著日軍佔領後的恐怖、悲傷、死亡和暴力的痕跡」。他寫道：

---

[54] 電訊：〈中國人從敵人手中奪回南京〉，刊《紐約時報》1945 年 9 月 2 日；前引《南京大屠殺史料集》（29），第 568 頁。

記者蒂爾曼‧德丁致《紐約時報》無線電訊

〔1945 年 9 月 3 日，南京訊（被延誤）〕：在南京的美國人生活和工作在日本人武裝把守的戰俘營中。日本 5 萬多名守備軍還沒有投降，仍然對這座城市實施著有效的軍事管制。

……日軍已經撤出美國大使館，但依舊佔據著金陵大學、金陵女子文理學院和其他美國財產地。

從氣氛和精神上來看，南京與記者本人 1937 年看到的情形大不一樣。當時南京是中國軍隊抵抗日本侵略的中心。南京依然殘留著日軍佔領後的恐怖、悲傷、死亡和暴力的痕跡。從外觀上看，南京沒有多大變化。日軍佔領期間南京沒有新建什麼建築，顯然，民事設施上也沒有什麼進展。

日軍 1937 年轟炸後留下的傷痕還在，但沒有看得見什麼新的創傷。大街上汽車特別多，都是日本人，或那些現在宣稱要效忠於重慶的傀儡政府官員駕駛的。與重慶那種古老的客棧完全不同的是，這座大都市有著設備完善的住宿客房。客房還提供冷熱水，其現代化的浴室與中國的新首都重慶相比是一個很受歡迎的變化。這些客房一直作為日本軍官的寓所使用。

……

大量的文件被焚毀，各種各樣的財產被處理掉。即便在任何事情都有可能發生的國家，今天的南京也是個讓人感覺陌生的城市。[55]

55　〔美〕德丁 1945 年 9 月 3 日電（被延誤）：〈日本人繼續控制著南京〉，刊《紐約時報》1945 年 9 月 5 日，前引《南京大屠殺史料集》（29），第 568～571 頁。

第二天，1945 年 9 月 6 日，《紐約時報》又一次刊登德丁 1945 年 9 月 5 日發自南京的電訊稿〈南京更多的地方被中國軍隊佔領〉，副題為〈美國飛機運來部隊，從日軍手中接管南京；居民們似乎被碾壓〉，報導被日軍統治八年後的的南京「現在已經變成了一個冷冷清清、又髒又亂的城市」，日軍「給南京留下了道德扭曲、宗派橫行、政治和社會觀念扭曲的後遺症。這些可能會數年不散」：

記者蒂爾曼‧德丁致《紐約時報》無線電訊

9 月 5 日中國南京訊：今天，美國第四航空大隊的運輸機開始陸續把中國第六軍運往南京機場。部隊今天下午開始向城內集中，接管日本兵剛剛撤走的兵營。

……在歷經 8 年的苦難、屈身日軍統治的南京，現在已經變成了一個冷冷清清、又髒又亂的城市。它的人民變得窮困潦倒，精神受壓抑，戰前的生活方式基本上被忘卻。

日本人的兇殘、日本人的宣傳和奴化教育已經深深地烙入南京大多數人的記憶之中。再加上賣國賊的腐敗、無恥的投機主義，這些都給南京留下了道德扭曲、宗派橫行、政治和社會觀念扭曲的後遺症。這些可能會數年不散。

德丁在這則電訊中報導了南京人民向記者控訴的日軍統治南京八年的種種罪惡，指出，南京人民將面臨著「如何面對人性回歸、如何改善生活」的艱巨任務：

南京人民垂頭喪氣

南京的慘劇是日本在中國作惡多端的一個象徵。解放了的中國人民如何面對人性回歸、如何改善生活，南京的慘劇也是衡量這項艱巨工作好壞的一個尺規。

一些當地的頭面人物今天上午與記者見面，向他們講述日本佔領期間南京的生活情景。大家都在私底下支持重慶政府。他們說，日軍入城後令人恐怖的一個月的強姦、屠殺和掠奪只是今後許多人因糧食缺乏而飢餓、自由完全被限制的艱難歲月的開始。

這些人為學校給孩子們的教育而痛苦。他們說，年輕人受到的教育，源自日本教科書，他們的思想被毒化。

日本的壟斷公司鼓勵吸食鴉片和海洛因。癮君子迅速擴大，以至於即便傀儡政權都害怕了，並於一年前成功地制定了限制措施。

一段時間裏，據說南京居民中麻醉劑依賴者占到了百分之三十，甚至連兒童都成了使用者。現在雖然使用麻醉品的人不像以前那麼多，但據說揚子江下游一帶的農村，癮君子人數還是駭人聽聞的。[56]

在抗日戰爭勝利與南京光復的喜慶時刻，曾報導過日軍南京大屠殺的西方記者沒有完全陶醉在狂歡與鮮花美酒之中，而是冷靜地將筆頭對準了日軍的暴行與八年殖民主義統治給南京與南京人民造成的巨大的物質損失與精神創傷。這是極有見地的新聞報導。

還要指出，許多曾經經歷過、揭露過與報導過日軍南京大屠殺的西方人士，包括記者、外交官、傳教士、商人等，為了牢記南京大屠殺的慘痛歷史，教育世人，特別是年輕人，同時也是為了回擊日本右派，保存與維護歷史的真實，有許多人在戰後，寫下了關於那段歷史的回憶錄，或者是整理出版了他們當日的書信、日記、報告等，刊登在西方的報刊上或者是出版單行本。這些有很高史料價值的資料是人類最為寶貴的精神財富。

---

[56] 〔美〕德丁1945年9月5日南京電：〈南京更多的地方被中國軍隊佔領〉，刊《紐約時報》1945年9月6日；前引《南京大屠殺史料集》(29)，第571～572頁。

　　例如弗蘭克・提爾蔓・德丁（Frank Tillman Durdin），美國《紐約時報》（The New York Times）記者。如前所述，他在日軍南京大屠殺期間，在南京採訪。他於 1937 年 12 月 15 日離開南京後，最早報導了南京大屠殺。此後，他繼續留在中國採訪。在 1938 年 11 月，他在《紐約時報》上報導了日軍在南京販賣毒品的消息。二戰期間他始終從事新聞採訪。在 1945 年 8 月 15 日日本宣布無條件投降後，他重新回到南京，採訪報導南京光復與日軍投降簽字儀式，報導日本侵華戰爭、大屠殺暴行與八年殖民主義統治給南京和南京人民留下的深重而悲慘的創傷。1946 年 6 月初，他會見了為審判南京大屠殺案專程來南京取證的「遠東國際軍事法庭」的美國檢察官大衛・納爾遜・薩頓（David Nelson Sutton）、中國檢察官助理裘劭恒等人，因為他當時正為馬歇爾的助手，參與調停國共內戰的工作，因而無法前往東京「遠東國際軍事法庭」出庭作證。1949 年以後他離開了中國大陸。1970 年代初，他擔任《紐約時報》香港站站長。在 1971 年中美關係解凍後，他成為首批獲准進入中國大陸採訪的美國記者之一。此後，他多次到中國大陸訪問，並於 1985 年得到鄧小平的接見。1988 年 6 月他重訪南京，參觀了「侵華日軍南京大屠殺中國遇難同胞紀念館」，並在美國的《聖地牙哥聯盟論壇報》（The San Diego Union-Tribune）上發表了觀感以及對當年日軍南京大屠殺慘景的回憶文章。

　　戰時《紐約時報》駐中國首席記者哈立德・愛德華・阿本德（Hallett Edward Abend），在日軍進攻南京與大屠殺期間，由於日軍的封鎖，未能到南京親身採訪，但他雖身處上海，仍積極採訪與收集材料，以自己的良心、自己的見聞、自己的判斷，寫出了一系列的關於日軍進攻南京與大屠殺的文章，及時加以報導，並對日軍的暴行加以譴責。他從 1930 年到 1950 年，出版了十部有關中國的著作。他曾認為當時的中國，外面面臨著日本日益加劇的擴張計畫，國內有許多嚴重的困難，將難以統一。但日本侵華戰爭與南京大屠殺改變了他對中國、對遠東國際關係的看法。1939 年他發表了《亞洲的混亂》一書。1940 年他獲得國際新聞

界的最高獎項──普利策新聞獎。他在 1940 年 10 月遭日軍當局的驅趕，離開上海回國，於 1944 年出版了回憶錄《我的中國歲月（1926-1941）》（My Years in China，1926-1941），其中有許多關於日軍侵華暴行和日軍戰機有目的地轟炸美國炮艇「帕奈號」的珍貴資料。1947 年他出版了《西方來的戰神》，寫的是太平天國戰爭時期從美國來華擔任「洋槍隊」隊長的華爾的傳記。1950 年他又出版了《一半人為奴，一半人自由：這割裂的世界》，這是他的第十一種著作，也是他一生的最後一種著作。阿本德終生未婚。1955 年他在美國去世。2008 年，他的回憶錄《我的中國歲月（1926-1941）》中譯本《民國採訪戰》由廣西師範大學出版社出版。

在上海租界擔任《密勒氏評論報》主編的 J・B・鮑威爾（John B. Powell），一直同情中國人民的抗日戰爭，曾在報上發表多篇揭露日軍在南京暴行的文章。在 1940 年 7 月 14 日，汪偽「國民政府」在日本當局的指使下，訓令偽上海市政府驅逐上海租界中 7 名新聞報業的著名人士離開中國，鮑威爾名列第一。1941 年 12 月 8 日太平洋戰爭爆發，日軍佔領上海，將鮑威爾關進集中營。1942 年日美雙方交換戰俘，他才得以獲釋。1943 年他寫成回憶錄《我在中國的二十五年》（My Twenty Five Yeears In China，中譯名《鮑威爾對華回憶錄》），1946 年出版，其中第四部分〈從西安事變到南京的陷落〉、第五部分〈太平洋戰爭爆發前後〉，有許多關於日軍南京大屠殺、日軍兩青年軍官舉行殺人競賽以及日軍當局迫害西方記者、封禁對南京大屠殺報導的內容。1947 年鮑威爾去世。

再例如美國基督教青年會南京分會負責人喬治・費奇（George Ashmore Fitch），戰時在南京任「安全區國際委員會」的委員兼行政主任──總幹事。1938 年 2 月底他離開南京，取道香港回到美國，在各地介紹日軍在南京的大屠殺暴行，並放映有關紀錄片。1938 年年底他回到中國，來到中國抗戰的大後方，在重慶等地參加基督教男青年會、工業合作社和救濟總署等項工作，直到 1945 年。其間，他於 1939 年訪

問中國共產黨的首府延安，與毛澤東、周恩來等會見合影。戰後，在
1946 年，他曾應邀前往東京，作為日軍南京大屠殺的證人出席「遠東
國際軍事法庭」對日本戰犯的審判；但因等待的時間太長，他有要事回
中國，只得留下書面證詞。此後，他一度在韓國主持基督教男青年會的
工作。1949 年後，他到臺灣生活多年，1961 年退休。他在臺灣度過八
十誕辰的慶典，受到蔣介石夫婦的接見。1979 年 1 月 21 日他在美國的
加利福尼亞州的帕默納去世。他生前著有《內蒙古的麥加》和回憶錄《我
在中國八十年》（My Eighty in China）。《我在中國八十年》第十章〈南
京的劫難〉，敘述了他在 1937 年到 1938 年的經歷，揭露了侵華日軍在
南京大屠殺的暴行。其中譯本於 1967 年由臺灣美亞出版社出版發行，
書名為《旅華八十年》，1974 年修訂再版。

費奇及其所著的《我在中國八十年》一書封面

（該書第 82～125 頁記載了 1937 年南京淪陷後日軍大屠殺暴行）

　　寫下涉及南京大屠殺回憶錄的，還有美國駐南京外交官約翰·摩爾·阿利森（John Moore Allison，1905-1978）。在日軍佔領南京後，阿利森於 1938 年 1 月 6 日來到南京，擔任美國駐南京使館三等秘書兼領事，親身經歷、親眼目睹了日軍在南京大屠殺中的暴行，還在調查日軍暴行時，遭到日軍的耳光，形成了轟動一時的「阿利森事件」。1938 年底，阿利森奉調至美國駐日本大阪總領事館任領事。1941 年 12 月太平洋戰爭爆發後，他與美國駐日本大使格魯及其他美國外交人員被日本當局拘押達六個月之久。1942 年他獲釋後，先後被任命為美國駐倫敦大使館的二等秘書、一等秘書，直至 1945 年。戰後，阿利森在美國國務院工作，負責遠東事務；後升任副國務卿。1953 年到 1957 年任駐日大使；1957 年到 1958 年任駐印尼大使，1958 年到 1960 年任駐捷克斯洛伐克大使。1960 年阿利森離開外交界，到夏威夷大學擔任教職。1978 年 10 月 28 日，在檀香山去世。[57]

　　阿利森在 1973 年出版了長篇回憶錄《來自草原的大使；阿利森奇境》。其中第三章〈一泓淚水與瘋狂的茶會〉，記載了他在 1938 年在南京任職期間，所目睹的日軍暴行，及其與日軍當局的抗爭和開展的外交活動。

　　其他西方人士沒有留下他們關於南京大屠殺的回憶錄。其中幾位記者後來的簡況如下：

　　阿契包德·特洛簡·司迪爾（Archibald Trojan Steele，1903- ？），美國《芝加哥每日新聞報》記者，於 1937 年 12 月 15 日離開南京後，第一個報導了日軍南京大屠殺。此後，他繼續在中國採訪抗日戰爭的新聞。三十年代末，他訪問了中國共產黨的首府延安，與毛澤東會見並一起合影。1971 年中美關係解凍以後，他多次訪問中國。1978 年他在北京受到鄧小平的接見。他著有多部關於中國的書籍，如《美國人與中國》等。日本著名記者松本重治在晚年寫的回憶錄《上海時代》中，稱他「終

---

[57] 關於阿利森的生平史料，引自陸束屏：《南京大屠殺——英美人士的目擊報導》，紅旗出版社 1999 年版，第 170～171 頁。

身對美中關係懷有濃厚的興趣，數年之前，寫下了《美國人與中國》一書，就美國輿論界對中國觀的歷史及現狀展開了分析與說明。」[58]

亞瑟‧B‧門肯（Arthur B. Menken，1903-1973），美國派拉蒙新聞電影社的攝影記者。他於 1937 年 12 月 15 日離開南京後，寫下了他親見的日軍南京大屠殺的報導。他不久回到美國。在第二次世界大戰中，他在美軍中服役，為海軍陸戰隊航空兵少校。戰後，他一直任職於美國政府。1973 年 10 月 10 日，他在義大利弗羅倫薩的寓所中去世。

萊斯利‧C‧史密斯（Leslie C. Smith），英國路透社記者。生年不詳；1937 年 12 月日軍進攻南京與大屠殺期間，他一直在南京採訪報導。他後來的情況不詳。

查理斯‧葉茲‧麥克丹尼爾（Charles Yates Mcdaniel，1907-1983），美聯社記者。在日軍佔領南京後，他於 1937 年 12 月 16 日最後一個離開南京，並迅速寫出日軍南京大屠殺的報導。1938 年 11 月他重回南京採訪，很快離開。1941 年 12 月日軍發動太平洋戰爭時，他在東南亞採訪。1942 年 2 月 15 日日軍攻佔新加坡之際，他又是最後離城的記者。戰後，他擔任美聯社底特律站站長；1949 年奉調去美國首都華盛頓任職，直至 1971 年退休。他前後在美聯社供職共有三十六年。1983 年 3 月 14 日，他在美國弗羅里達逝世。

在南京大屠殺期間留駐南京，為救護中國難民與向國際新聞界揭露日軍暴行做出偉大貢獻的西方僑民，除了前面介紹過的德國西門子公司駐南京代表約翰‧拉貝、美國基督教南京青年會負責人喬治‧費奇外，其他人則走上了不盡相同的道路，簡況如下：

克勒格爾（C. Kroeger），南京德資「禮和洋行」的工程師。1938 年 1 月 23 日離開南京，經上海、香港回國。他是日軍佔領南京後，第一個被允許離開南京的外國人。

---

58 〔日〕松本重治著，曹振威、沈中琦等譯：《上海時代》，上海書店出版社 2005 年版，第 92 頁。

曹迪希（A. Zautig），南京德資「基斯林－巴德爾糕餅店」經理。1938 年 2 月 27 日離開南京。

哈茨（R. R. Hatz），奧地利工程機械師，司機。1938 年 2 月 27 日離開南京。[59]

施佩林（E. Sperling），德商上海保險公司駐南京代表。日軍佔領南京後，他繼續在南京生活了兩年。他與留守江南水泥廠的卡爾・京特關係很好，曾贈送一幅繪有老虎的中國畫給京特，這幅畫一直保存在京特家中。1939 年他離開南京。

黑姆佩爾（R. Hempel），南京德資「北方飯店」經理。1938 年離開南京。

米爾斯（Wilson Plumer Mills），美國傳教士。1938 年 2 月 23 日拉貝離開南京後，他繼任「南京國際救濟委員會」主席。1939 年 5 月，他與其夫人一同離開南京回美國休假。不久他回到南京。1941 年 12 月太平洋戰爭爆發後，他於 1942 年被日軍趕出南京；1943 年 2 月在上海遭日軍關押。1943 年底獲釋回到美國。戰後他重回南京工作，於 1950 年離開中國。1959 年他在美國去世。

約翰・馬吉（John Gillespie Magee），美國傳教士。1938 年夏天他離開南京回到美國，曾長途旅行講演，介紹日軍南京大屠殺的暴行。1939 年 5 月他又回到南京教堂，長期居住與工作。戰後他曾作為日軍南京大屠殺的證人出席東京國際軍事法庭對日本戰犯的審判。

福斯特（Ernest H. Forster），美國傳教士。他一直留在南京教堂從事牧師工作，並於 1938 年 7 月接替史邁士出任「南京國際救濟委員會」的秘書，至 1939 年 4 月離開南京。

史邁士（Lewis S. C. Smythe），美國傳教士，金陵大學社會學系教授。1938 年 9 月，史邁士全家離開南京，前往四川成都，在西遷的金陵大學重執教鞭。戰後他曾作為日軍南京大屠殺的證人出席東京與南京軍事法庭對日本戰犯的審判。

---

[59] 前引《南京大屠殺史料集》（30），第 152 頁。

貝德士（Miner Searle Bates），美國傳教士，金陵大學歷史學系教授。在日軍佔領南京後，他一直留在這裏，致力於揭露日本對南京殖民主義統治的罪惡，直到 1941 年 5 月離開南京。他回到美國後，被安排到紐約協和神學院與哥倫比亞大學任客座研究員。他常應邀發表講演，揭露日本在南京的殖民政策與戰爭暴行。1942 年到 1944 年他擔任戰俘國際交換工作。戰後他奉命回到南京金陵大學負責接受校產，並參與復校工作。1946 年 7 月 29 日，他作為日軍南京大屠殺的證人，出席東京「遠東國際戰犯審判法庭」對日本甲級戰犯的審判。後來他又作為日軍南京大屠殺的證人，出席了南京中國政府國防部對日本乙級戰犯的審判。1950 年他離開中國，離開曾工作三十年的金陵大學，回到美國，在紐約協和神學院擔任教學工作，於 1965 年退休，1978 年 10 月去世。

里格斯（C. Riggs），美國傳教士，金陵大學農藝學系教授。直到 1939 年 2 月，他才離南京回美國休假。戰後他重新回到南京金陵大學任教，直到 1950 年回國，1978 年去世。

魏特琳（Minnie Vautrin），美國籍傳教士，金陵女子文理學院教授。日軍佔領南京後，她一直留在南京。1938 年 6 月開始，她先後在金陵女子文理學院主持創辦「家政班」與「實驗女子中學」，吸收難民婦女與失學女青少年入學；1940 年 5 月 14 日因精神長期受到刺激、疾病纏身，離開南京回美國治療休養；1941 年 5 月 14 日因病重在美國家中以煤氣自殺。

索恩（Hubert L Sone），美國傳教士，在金陵神學院任教。1938 年 2 月底費奇離開南京回美國後，他接任「南京安全區國際委員會」總幹事。

威爾遜（Robert Ory Wilson），美國傳教士，金陵大學鼓樓醫院醫生。1938 年 6 月初，他離開南京前往上海。戰後他曾作為日軍南京大屠殺的證人，出席東京「遠東國際軍事法庭」對日本戰犯的審判。

麥卡倫（James Henry Macallum），美國傳教士，金陵大學鼓樓醫院行政主管。1938 年 7 月接替史邁士擔任「南京國際救濟委員會」的

司庫，至 1939 年 5 月與其夫人一同離開南京，回美國休假一年；1940 年回到南京；不久，美日關係惡化，他於 1941 年 2 月將妻兒送回美國，自己仍堅守在南京。1941 年 12 月太平洋戰爭爆發後，他在南京被日軍關押多時。後被釋放，經上海回美國。

格瑞絲・鮑爾（Grace Bauer），女，美國傳教士。由於她參與拯救難民的工作，得到了中國國民政府嘉獎的采玉勳章。1941 年 12 月 8 日太平洋戰爭爆發前夕，她於 1941 年 10 月 8 日離南京回國，在美國霍普金斯大學工作。鮑爾一生未婚，她最後的日子是在其侄子瑞恩家度過的。1976 年逝世於美國巴爾的摩。

克拉（Cola Podshvoloff），白俄羅斯商人。1938 年 2 月以後在南京經營一家汽車修理廠，主要為日本人修車，生意紅火；1940 年夏，在一次夜總會的衝突中，他失手打死了汪偽政府特工頭目丁默邨的二弟丁時俊。還有材料說，他被日軍當局拉攏，暗中成為日方的「線人」。抗戰勝利後，他被捕，遭到國民政府有關方面的起訴。

卡爾・京特（Karl Gunthet），德國禪臣洋行在「江南水泥廠」的產權代表。日軍佔領南京後，他始終留守在該廠，並應該廠中國廠家邀請，於 1938 年 9 月擔任該廠代理廠長，與日軍企圖霸佔該廠的圖謀進行多次的抗爭，直到抗戰勝利。1939 年 3 月，由於他在日軍南京大屠殺期間救護中國難民的貢獻，德國紅十字會授予他二級紅十字會勳章。1943 年，他在該廠與伊蒂絲・京特結婚，共同在該廠生活了幾年。戰後，當盟國對納粹德國進行清算時，1945 年 9 月，江南水泥廠廠方特地寫信給南京政府有關當局，為京特在日軍佔領時期對中國難民的救護與各種貢獻作證。中國國民政府為其救助南京難民的功績授予他藍白紅綬帶玉石勳章，南京市政府也同意他不予遣返德國、繼續留在江南水泥廠工作。直到 1950 年年底他才離華回國。1987 年他在其德國故鄉去世。2002 年 4 月，京特夫人伊蒂絲・京特應南京市對外友好協會的邀請，重訪南京，受到南京人民的熱烈歡迎。

棲霞難民送給辛德貝格的條幅「見義勇為」（辛德貝格親屬提供）

　　辛德貝格（Bemhatd A.Sindberg），丹麥史密斯公司在「江南水泥廠」的產權代表。後因與卡爾・京特意見不合，他被丹麥駐上海領事館調離，於 1938 年 3 月 20 日乘軍用列車離開南京，於 21 日到達上海，準備經丹麥赴美國。英國《曼徹斯特衛報》著名記者田伯烈特地為他寫了推薦信，「證實他的品質」，寫道：「由於辛德貝格先生的人道主義精神，他在同日本人周旋時足智多謀，他還竭盡全力創辦了一所臨時醫院。在南京地區數以萬計受他國統治的中國難民中，大約有一萬名同胞擺脫了恐怖，水泥廠變成了他們的一處避難所」。[60]在辛德貝格離開南京後，棲霞的中國難民代表十一人聯名贈給他一幅絲質感謝狀，上書「見義勇為」四個大字，託卡爾・京特送至上海丹麥領事館轉交給他。

60　〔澳〕田伯烈：〈為辛德貝格寫的推薦信〉（1938 年 3 月 24 日），前引《南京大屠殺史料集》（30），第 346 頁。

　　在 1938 年 6 月，辛德貝格在日內瓦又得到中國勞工代表團的熱烈的感謝與勞工代表團負責人朱學範題贈的「中國之友」四字。後來他移民美國，長期從事海上航運工作，曾在二戰中為盟軍的軍事運輸做出貢獻。他一生未婚，於 1972 年退休，1982 年病逝。2011 年 2 月 19 日是他誕辰一百週年，南京有關方面在 2 月 16 日特意舉行了兩場紀念活動：舉辦辛德貝格史料專題展覽和專家座談會。丹麥駐華大使館副大使姚朔仁專程來到南京參加活動。

結語

　　如本書導論所述：1937 年 7 月 7 日，多年抱著吞併與滅亡中國野心的日本軍國主義終於利用盧溝橋事變，發動了全面侵華戰爭。日本當局憑著甲午戰爭以來的經驗，企圖依靠其強大的經濟與軍事力量，對中國實施武力征服與戰爭威懾的恐怖政策，迅速迫使中國國民政府就像甲午時的滿清政府那樣，向他們屈膝求和請降。為了達到這個目的，他們很快就將軍事打擊的重點與戰略進攻的主要矛頭指向中國的首都南京：從 1937 年 8 月 15 日開始對南京進行了近四個月的猛烈空襲；在1937 年 11 月 12 日佔領上海後，立即馬不停蹄地調動最精銳的數十萬陸、海軍，從四面八方向南京包抄圍攻；在 1937 年 12 月 13 日攻佔南京後，立即對約十萬放下武器的中國戰俘與無數手無寸鐵的平民百姓實施了四十多天的血腥大屠殺，殺害中國軍民達三十萬人，將南京變成了血海屍山的「人間地獄」……

　　南京大屠殺是日本侵華戰爭中最重要的歷史事件之一，也是第二次世界大戰史，乃至人類歷史上最血腥、最殘暴的大規模屠殺事件。

　　日軍對南京兇猛的軍事進攻與駭人聽聞的大屠殺暴行震驚了世界。全世界的目光都聚焦南京。作為廣大民眾眼睛與耳朵的各國新聞傳媒，包括中國的，日本的，以及西方美、英、德、法、義大利等所謂「中立國家」的，更都千方百計將自己採訪的重點放到南京，並以自己不同的立場、觀點、認識進行報導與評論，寫出了大量的稿件，刊登在世界各國的報紙、刊物上，或者在各種廣播電臺上播送，並反映到各國政府的外交政策中，形成了圍繞「南京事件」的一場新聞大戰。這是繼南京攻守戰後的又一場「戰役」，是世界近代新聞史上的重大事件，不僅在當時具有極重要的宣傳意義與輿論作用，而且它形成的大量的新聞資

料，成為後人研究日本侵華史、南京大屠殺史乃至第二次世界大戰史與國際關係史的最寶貴的史料。

通過本書的論述，我們可以對當時西方美、英、德、法、義大利等所謂「中立國家」的新聞傳媒關於南京大屠殺的報導與評論等，進行必要的總結了。

西方英、美等國新聞傳媒的記者，堅持人類的正義與良心，堅持西方傳統的人道主義與客觀、公正的新聞道德，利用其「中立國」的有利身份，以自己親見、親聞、親身經歷的事實，率先向全世界報導了日軍佔領南京後實施血腥大屠殺的暴行，引起了強烈的反響。這是他們對蒙受苦難的中國人民的有力聲援，也是他們對世界新聞史所做的巨大貢獻。

當時世界上新聞傳媒業最發達的國家與地區，無疑是西方的美、英、法、德等國家。尤其是美、英兩國，有長期的自由主義思想傳統作指導，有發達的經濟基礎與眾多的新聞傳媒機構，有先進的電信設備、四通八達的通訊網絡與大量高素質的新聞傳媒人才，因而號稱新聞傳媒大國。他們的新聞傳媒往往領世界之潮流，對全世界的輿論起導向的作用，對各國政府的外交政策也發生很大的影響。而當時西方國家設在中國上海租界等的的新聞傳媒，即所謂「洋商報」，更能直接影響中國的輿論，並能為中國的新聞傳媒提供各種難以獲得的新聞資料。

在 1937 年 7 月 7 日日本發動全面侵華戰爭以後，直至南京大屠殺之後很長一段時間，美、英、法、德等西方國家一直宣布對日中戰爭採取所謂「中立」政策，與中、日兩國保持同等距離的關係。這就使得這些號稱「中立國家」的新聞傳媒記者在採訪中日戰事上有許多便利；而他們以「第三國」與「客觀」相標榜的立場與態度，在國際輿論界具有特別重要的作用與影響，能發揮中國新聞傳媒與日本新聞傳媒界所不能起的作用。

這些西方新聞傳媒與西方記者，特別是美、英等國的新聞傳媒與記者，當 1937 年 8 月 13 日上海戰事發生後，將越來越多的新聞注意力集

中到中國的首都南京，報導日軍戰機對南京的轟炸，報導日軍從上海向南京的包抄進攻，報導中國廣大的無辜民眾突然蒙受的巨大戰爭災難，報導中國政府的抗戰政策、措施和中國人民的抗日救亡運動。

在日軍兇猛地進攻南京期間，多名美、英記者深入前線，採訪報導了南京保衛戰的全過程，讚頌了中國守軍的浴血奮戰，分析與抨擊了中國軍事當局在戰略上的失誤與軍事道德的淪喪。

當 1937 年 12 月 13 日日軍攻佔南京並對南京實施嚴格的新聞封鎖時，南京城裏卻有冒著生命危險留下進行採訪的五位美、英記者。他們成為全世界新聞界目睹日軍佔領南京後立即實施瘋狂大屠殺的唯一目擊者、見證人與最早報導者。他們親眼目睹了日軍在南京燒殺淫掠的無數戰爭暴行，震驚，痛苦，卻又無能為力。他們只能以記者的職業本能，立即記錄下他們目睹的這些血淋淋的事實。他們寫的都是他們親眼看到、親耳聽到的剛剛發生的暴行，特別具體，特別貼近現實，也特別生動，特別震撼人心。這些西方新聞傳媒雖堅守中立的立場，但在十分明顯的血淋淋的事實面前，他們中的大多數人能堅持人類的正義與良心，堅持西方傳統的人道主義與客觀、公正的新聞道德，因而能真實而客觀地報導南京的真實情況。他們的報導將日本侵略者的兇暴野蠻與踐踏國際公法公之於眾，在字裏行間流露出越來越多的對中國人民的同情與聲援，對日軍暴行的憤怒與譴責。

美、英記者以自己親見、親聞、親身經歷的事實，率先揭露日軍佔領南京後實施血腥大屠殺的的報導，迅速為西方各國與上海租界、香港以及中國各地的報紙轉載，引起了強烈的反響。日軍在南京的戰爭暴行，是因為美、英記者的報導，才突破了日軍當局的蓄意封鎖，傳遍世界，引起了國際輿論的震動與強烈譴責，也使中國廣大人民與中國政府瞭解了南京淪陷後的真實情況，激起了對日本侵略者的無比憤恨，增強了奮勇殺敵、抗戰到底的決心。

日本當局曾千方百計收買、刁難甚至迫害美英記者。但有著悠久的新聞自由與正義原則傳統的美、英新聞界，絕大多數人士是日方當局用

花言巧語與金錢美女所收買不了的，也是以刁難與威脅搞不垮的。反而，他們憑著豐富的經驗與敏銳的職業眼光，有越來越多的人識破了日本當局的用心，嚴正而又巧妙地將日軍南京大屠殺的暴行報導出去。隨著時間的推移，隨著日本侵略戰爭的日益擴大及其軍國主義面目的日益暴露，西方記者中目光銳利而又主持正義的的人也日益增多，美、英等西方國家的公眾輿論也將日益擺脫日本當局精心設置的騙局，走向歷史的真實。日方當局機關算盡，最後只能落得原形畢露、失道寡助、煢煢子立的可恥下場。

應該指出，美、英記者開始對日軍南京大屠殺的報導，基本上都是他們個人的目擊報導，是他們對親眼所見或親身經歷的日軍暴行事件的記錄，十分真實，十分鮮活，但也必然受到個人視野的局限。他們只能看到南京大屠殺暴行的某一局部地區甚至是某一個角落的情況，不可能對日軍南京大屠殺的全貌有所瞭解，更不能對日軍屠殺中國戰俘與中國平民的具體數目有較完整與正確的統計，出現一些差錯是難免的。後來，美英新聞傳媒繼續對南京大屠殺追蹤報導，但由於日本當局的更加嚴密的封鎖，存在許多困難。這是很大的遺憾與缺陷，當然這不能歸咎於這些美、英記者的。

日本右翼人士胡說當時西方中立國家的新聞傳媒，「沒有任何人報導過有關日軍在南京有組織、有計劃地大屠殺的消息」。本書揭載的事實是給他們一個響亮的耳光。

對日本明目張膽、窮兇極惡的侵華戰爭與南京大屠殺暴行，納粹德國與墨索里尼的義大利政府不僅沒有表示一點譴責，反而從所謂「中立」轉向日益明顯的偏袒日本；在新聞輿論上，則嚴屬禁止本國報刊與廣播報導南京大屠殺，並威逼曾經歷與目睹了南京大屠殺的德國僑民與外交官「禁口」。從德、意政府與德、意新聞傳媒對日軍南京大屠殺的態度上，世界人民與各國政府已經感到一個不祥的資訊：德、意、日三個法西斯國家正日益緊密地聯合在一起，在國際政治的角逐中互相支持，在輿論上互相配合，將成為世界大戰的策源地，成為全世界人民共同的敵人。

　　本書以鐵一般的事實證明：新聞傳媒是上層建築、意識形態的重要組成部分，有著強烈的政治性、社會性與現實性。它是一定的社會集團利益的集中代表。尤其是在高度極權的國家，它是這個占統治地位的社會集團與所謂「國家利益」的代言人，反映了他們的意志與願望；又反過來，它為這個「國家利益」與社會集團利益服務。當它所代表、所服務的社會集團與所謂「國家利益」是代表了歷史前進的方向，代表了人類的正義、文明、人道、良知與國際公法時，它們就會發出正義的聲音，成為社會進步的助手與推動力，贏得世人的尊敬。而當它所代表、所服務的社會集團與所謂「國家利益」是逆歷史潮流而動，代表了野蠻、暴虐與醜惡，踐踏國際法則時，它們就必然會表現得蠻橫、虛偽、無恥、弄虛作假、顛倒黑白、混淆是非、強詞奪理，成為反動、腐敗的社會集團與所謂「國家利益」的幫凶，遭到世人的唾棄。

　　日本、中國與西方各國的新聞傳媒圍繞著南京大屠殺事件的報導與評論等，對交戰雙方中、日兩國的政治、軍事、經濟、士氣、民心，對西方各國的外交政策與世界輿論，都產生了重大的影響。中國與西方民主國家的新聞傳媒克服種種困難，對南京大屠殺事件所做的報導與評論，客觀公正，揭露了日本侵略軍的野蠻兇殘，使之成為日本軍國主義永遠無法擺脫的罪惡，陷入孤立與失敗；同時激起了中國人民的聲討與國際輿論的譴責，匯成埋葬日本侵略者的汪洋大海。而軍國主義日本的新聞傳媒，鼓吹侵略有理，謳歌征服殺戮，頌戰爭為「聖戰」，視暴行為「善舉」，捧屠夫為「英雄」，墮落為好戰與熱衷於侵略擴張的日本皇族、軍閥、財閥集團的代言人、吹鼓手與辯護士，最後成為日本法西斯的殉葬品。

　　本書揭櫫的事實告訴我們：新聞傳媒在其所代表、所服務的社會集團與所謂「國家利益」之上，還有一個更崇高、更重要的人類的正義、文明、人道、良知與國際公法。這是世界上一切新聞傳媒應該遵循的永恆的最高標準與最高法則！

血歷史09　PC0166

新 銳 文 創
INDEPENDENT & UNIQUE

西方記者筆下的
南京大屠殺（下）

作　者	經盛鴻
主　編	蔡登山
責任編輯	鄭伊庭
圖文排版	陳宛鈴
封面設計	陳佩蓉

出版策劃	新銳文創
發 行 人	宋政坤
法律顧問	毛國樑　律師
製作發行	秀威資訊科技股份有限公司
	114 台北市內湖區瑞光路76巷65號1樓
	電話：+886-2-2796-3638　傳真：+886-2-2796-1377
	服務信箱：service@showwe.com.tw
	http://www.showwe.com.tw
郵政劃撥	19563868　戶名：秀威資訊科技股份有限公司
展售門市	國家書店【松江門市】
	104 台北市中山區松江路209號1樓
	電話：+886-2-2518-0207　傳真：+886-2-2518-0778
網路訂購	秀威網路書店：http://www.bodbooks.com.tw
	國家網路書店：http://www.govbooks.com.tw

出版日期	2011年12月　初版
定　價	360元

國家圖書館出版品預行編目

西方記者筆下的南京大屠殺 / 經盛鴻作. --
初版. -- 臺北市：新銳文創, 2011.12
　　面；　公分. --（血歷史；9）
ISBN　978-986-6094-20-0（上冊；平裝）
ISBN　978-986-6094-21-7（下冊；平裝）

1.南京大屠殺　2.軍事新聞　3.新聞媒體

628.525　　　　　　　　　　100013589

讀者回函卡

感謝您購買本書,為提升服務品質,請填妥以下資料,將讀者回函卡直接寄回或傳真本公司,收到您的寶貴意見後,我們會收藏記錄及檢討,謝謝!
如您需要了解本公司最新出版書目、購書優惠或企劃活動,歡迎您上網查詢或下載相關資料:http:// www.showwe.com.tw

您購買的書名:_____

出生日期:_____年_____月_____日

學歷:□高中 (含) 以下　　□大專　　□研究所 (含) 以上

職業:□製造業　□金融業　□資訊業　□軍警　□傳播業　□自由業
　　　□服務業　□公務員　□教職　　□學生　□家管　□其它_____

購書地點:□網路書店　□實體書店　□書展　□郵購　□贈閱　□其他

您從何得知本書的消息?

　□網路書店　□實體書店　□網路搜尋　□電子報　□書訊　□雜誌

　□傳播媒體　□親友推薦　□網站推薦　□部落格　□其他_____

您對本書的評價:(請填代號　1.非常滿意　2.滿意　3.尚可　4.再改進)

　封面設計____　版面編排____　內容____　文/譯筆____　價格____

讀完書後您覺得:

　□很有收穫　□有收穫　□收穫不多　□沒收穫

對我們的建議:_____

_____

_____

_____

11466
台北市內湖區瑞光路 76 巷 65 號 1 樓

秀威資訊科技股份有限公司　　　收

BOD 數位出版事業部

....

（請沿線對折寄回，謝謝！）

姓　　名：＿＿＿＿＿＿＿＿　年齡：＿＿＿＿　性別：□女　□男

郵遞區號：□□□□□

地　　址：＿＿＿＿＿＿＿＿＿＿＿＿＿＿＿＿＿＿＿＿

聯絡電話：(日) ＿＿＿＿＿＿＿＿＿＿　(夜) ＿＿＿＿＿＿＿＿＿＿

E-mail：＿＿＿＿＿＿＿＿＿＿＿＿＿＿＿＿＿＿＿＿＿